유권자는 어떻게 후보를 선택하는가?
투표행태의 구조와 이론

How Do Voters Choose a Candidate?
The Structure and Theories of Voting Behavior

장승진

서울대학교 외교학과에서 학사와 석사학위를 받은 후, 미국 컬럼비아(Columbia) 대학교에서 미국의 히스패닉계와 아시아계 이민자들의 정치 참여를 주제로 정치학 박사학위를 받았다. 2011년부터 국민대학교 정치외교학과에서 재직 중이며, 한국을 비롯한 다양한 민주주의 국가의 선거와 유권자 정치행태를 계량적 방법론을 사용하여 설명하는 것을 주된 연구 분야로 삼고 있다. 저서로는 『불평등과 재분배의 정치학: 한국, 미국, 그리고 유럽』(2017, 공저), 『국회 열어보기: 한국 국회의 제도와 행태』(2020, 공저), 『한국의 선거와 회고적 투표』(2023)가 있으며, 지금까지 50여 편에 달하는 영문 및 국문 학술논문을 출판하였다.

서강학술총서
154

유권자는 어떻게 후보를 선택하는가?

투표행태의 구조와 이론

장승진 지음

서강대학교출판부

서강학술총서 154

유권자는 어떻게 후보를 선택하는가?
—투표행태의 구조와 이론

초판 1쇄 발행 | 2025년 7월 28일

지 은 이 | 장승진
발 행 인 | 심종혁
편 집 인 | 하상응
발 행 처 | 서강대학교출판부
등록 번호 | 제2002-000170호

주 소 | 서울특별시 마포구 백범로 35(신수동)
전 화 | (02) 705-8212
팩 스 | (02) 705-8612

ISBN 978-89-7273-437-6 94340
ISBN 978-89-7273-139-9 (세트)

값 32,000원

* '서강학술총서'는 SK SUPEX 기금의 후원으로 제작됩니다.

책머리에

2024년 12월 3일, 이 책을 위한 초고를 거의 마무리할 즈음 한국에서는 비상계엄이라는 누구도 상상하지 못했던 사태가 발생했다. 부끄러운 고백이지만, 비상계엄이 선포되었다는 소식을 접하자마자—더 정확하게는 이것이 가짜뉴스가 아니라는 사실을 확인하자마자—처음 머리를 스쳤던 생각은 기껏 힘들게 써놓은 원고가 무의미해질지도 모르겠다는 걱정이었다. 선거와 유권자의 선택에 대한 모든 논의가 전제하고 있는 민주주의 자체가 무너질 위기를 맞이했기 때문이다. 다행히도 비상계엄이라는 어처구니없는 상황은 2시간여 만에 국회가 계엄 해제 요구 결의안을 통과시킴으로써 큰 사단 없이 마무리되었다. 그러나 비상계엄이 선포되고 공식적으로 해제되기까지의 6시간은 크게는 한국 민주주의의 회복력을 보여주는 시간이었지만, 작게는 1년 가까이 틈틈이 작업한 결과가 수렁에서 건져지는 경험이기도 했다.

이 책은 선거에 참여하는 유권자의 행태를 분석하는 다양한 개념과 이론을 체계적으로 소개하는 것을 목적으로 한다. 대학에 자리를 잡고 한국의 선거와 관련한 이런저런 이야기를 강의실 안팎에서 해온 지도 10여 년이 넘었다. 그러나 여전히 이 주제를 알기 쉽게 정리하여 제시한, 그래서 더 자세한 정보를 위해서는 한번 정독해 보라고 추천할 만한 책이 없다는 아쉬움을 항상 느껴왔다. 서점에서 쉽게 찾아볼 수 있는 관련 책들은 흥미로운 정치비평 정도의 수준을 넘어서지 못하는 것이 대부분이다. 정치학자가 쓴 학술서가 없는 것은 아니지만, 주로 여러 명이 나누어 집필한 것을 취합한 것이다 보니 장별 서술의 연계나 전체적인 그림을 제공한다는 측면에서 아쉬움이 많이 남는 것이 사실이다. 나름 이 책을 통해 10여 년이 넘도록 가져온 아쉬움을 조금이나마 덜어줄 수 있기를 바라지만, 그 판단은 이제 독자의 몫으로 넘긴다.

유권자가 선거에 참여하여 한 표를 행사하는 것이야말로 민주주의를 작동하게 하는 가장 기본적인 조건이다. 따라서 어떤 유권자가 어떤 후보에게 왜 투표하는가는 정치학 연구가 수십 년에 걸쳐 매달려 온 핵심적인 질문이다. 결과적으로 유권자의 투표 선택을 설명하기 위해 수많은 개념과 주장, 이론과 근거가 제시되었으며, 이 모든 것을 책 한 권에 담는 것은 현실적으로 불가능하다. 비록 이 책이 유권자의 투표 선택을 바라보는 특정한 이론이나 주장을 내세우는 것을 목적으로 하고 있지는 않지만, 그럼에도 불구하고 불가피한 취사선택의 과정에서 기존 논의에 대한 저자 나름의 이해와 평가가 반영될 수밖에 없다. 다시 말해서 이 책은 유권자의 투표 선택를 이해하는 하나의 틀을 제공하고 있을 뿐, 결코 유일하거나 최종적인 것은 아니라는 것이다.

다만 이 책에서 주안점을 둔 것은 두 가지이다. 첫 번째는 유권자의 투표 선택을 설명하기 위한 대표적인 개념과 이론을 설명하면서도 관련 주제에 대한 최근의 변화와 연구 경향을 최대한 반영하려고 노력했다는 것이다. 특히 이 책의 제4부에 포함된 정치적 양극화나 민주주의 퇴행 등의 장과 같이, 유권자가 후보를 선택하는 기준 자체와는 다소 거리가 있더라도 최근의 선거와 유권자의 모습을 이해하기 위해 꼭 필요한—따라서 현재 관련 연구가 활발하게 진행되고 있는—주제를 포함하였다. 두 번째로 비록 이 책이 소개하는 대부분의 개념과 이론 자체는 미국을 중심으로 서구 국가의 경험에서 출발하였지만, 그것들이 한국의 선거와 유권자에 적용되었을 때 어떠한 유사점과 차이점을 보이는지 보여주기 위한 국내 연구와 설문조사 결과를 함께 제시하기 위해 노력했다.

이 책에서 사용된 설문조사 자료와 관련하여서도 몇 가지 언급이 필요하다. 유권자의 생각을 엿보고 행동을 관찰하기 위해서는 설문조사를 실시하여 직접 질문하는 것이 가장 효율적인 방법이다. 따라서 유권자의 투표 선택에 대한 연구의 발전은 설문조사 기법의 발전 및 자료의 축적과 불가분의 관계에 있다. 한국에서 일반 유권자를 대상으로 정치적 태도와 행태를 측정하는 학술적 목적의 설문조사는 2000년대 들어 본격적으로 시작되었으며, 2010년대 이후로는 다양한 연구진과 기관에서 실시한 설문조사 자료가 상당히 축적되었다. 그러나 양적 성장과는 별개로 한국에서 실시되는 설문조사의 질에 대해서는 분명히 생각해 볼 부분은 존재한다. 문항 구성을 위한 충분한 시간이 주어지지 않고, 무엇보다도 엄격한 확률표집의 원칙이 지켜지지 않는 현실은 설문조사 결과를 전적으로 신뢰하기 어렵게 만드는 요인이 된다. 다만 자료의 한계를 이유로 연구 자체를 포기할 것인가와 불완전한 자료라도 최대한 활용해서 유의미한 연구를 수행할 것인가의 양자택일에서 후자를 선택할 수밖에 없었다.

한국에서 실시된 많은 설문조사 자료 중 이 책에서는 주로 중앙선거관리위원회의 의뢰로 한국정치학회가 매 선거 직후 시행하는 유권자의식조사 자료를 사용하였다. 비록 이 자료 역시 다른 설문조사 자료의 한계는 공유하고 있지만, 특정 연구진에서 실시한 설문조사에 비해 접근성이 더 좋다는 점 그리고 동일한 기관에서 반복적으로 비슷한 문항을 물어본 설문조사 자료가 축적되어 있어서 통시적 비교가 상대적으로 용이하다는 점에서 이 자료를 선택하였다. 물론 한국정치학회의 설문조사에 필요한 문항이 없는 경우에는 다른 기관에서 실시한 설문조사 자료에 의지할 수밖에 없었다. 그리고 설문조사 결과를 제시할 때 복잡한 통계분석은 최대한 지양하고, 관련 지식과 경험이 없는 사람도 충분히 이해할 수 있도록 표를 사용한 교차분석 정도에 그치기 위해 노력하였다.

이 책은 2024년 저자가 테네시대학교(University of Tennessee, Knoxville)에서 1년 동안 연구년을 보내는 동안 틈틈이 작업한 결과물이다. 한국의 교수 생활이 강의와 연구, 그리고 이런저런 활동으로 바쁘다 보니, 연구년을 통해 일상에서 벗어나지 않는다면 뭔가 긴 호흡을 가지고 여유 있게 작업을 진행하기 어렵다. 이러한 의미에서 테네시에서의 1년이 아니었다면 이 책은 아마도 불가능했을 것이다. 특히 아버지를 따라와 언어를 비롯해 많은 것이 낯선 곳에서 1년을 무사히 보냈다는 사실만으로 지우, 서연 두 아이는 이 책의 완성에 지대한 공을 세웠다고 할 수 있다. 그러나 동시에 이 책의 내용은 연구년 이전까지 바쁜 일상을 통해 축적된 강의 및 연구의 경험과 결과라는 점에서 단순히 연구년에만 공을 돌리는 것도 그리 공정한 것 같지는 않다. 결국 학자가 어떠한 형태로든 내놓은 결과물은 그 시점까지 그가 학자로서 살아온 전체 삶을 반영할 수밖에 없으며, 이 책 또한 예외는 아닐 것이다.

이 책은 선거 및 유권자의 정치행태에 관심을 가진 대학교 학부생 혹은 석사과정 수준의 독자를 상정하고 있다. 혹은 한국의 정치와 선거를 지켜보면서 도대체 왜 저런 결과가 나타났는지 궁금해할 일반 독자도 충분히 읽고 이해할 수 있는 책을 지향하고 있다. 이런 의미에서 본격적인 전문학술서보다는 가벼운, 그러나 대중 교양서보다는 조금 무거운 책을 원했는데, 애초의 의도가 얼마나 성공했는지 확신은 들지 않는다. 참고문헌 목록도 각 주제에 관심을 가진 독자에게 대표적인 문헌과 최신의 문헌을 고루 소개하려다 보니, 애초 계획보다 지나치게 길어졌다는 느낌을 지울 수 없다. 원고를 읽으면 읽을 때마다 고쳐야 할 부분이 여전히 눈에 띈다. 그러나 길지 않은 인생을 살면서 깨달은 것 중 하나는 무슨 일이든 아무리 아쉬움이 남더라도 언젠가는 내려놓아야 할 시점이 있다는 사실이고, 아마도 지금이 그 시점인 듯하다.

2025년 1월

장승진

목 차

1장
서론

1장

서론

선거가 끝나고 개표가 마무리되면 선거 결과를 보도하는 언론에서는 "민심의 선택"을 운운하고 정치권은 "민심의 뜻을 겸허히 받아들이겠다"라고 이야기한다. 그러나 이러한 표현은 오해의 소지가 있다. 선거는 민심이라는 초월적 존재가 원하는 결과를 만들어내기 위해 의도적으로 움직인 결과가 아니다. 선거에 임하는 유권자들이 투표에 참여할지 말지, 그리고 투표한다면 어느 후보에게 투표할지 각자 서로 다른 이유로 결정하고, 그러한 수많은 개별적 선택들의 총합이 선거 결과이다. 따라서 그 배후에는 어떠한 집합적 목표나 의도가 존재하지 않는다.

동시에 선거 결과가 아무런 의미를 가지지 않는다는 것도 아니다. 비록 유권자들이 지지 후보를 선택한 이유는 다양하지만, 각각의 이유는 서로 다른 측면에서 선거가 치러지는 시점의 정치적 구도와 흐름을 반영한다. 따라서 유권자가 어떻게 후보를 선택하는가를 종합적으로 살펴보면, 우리 정치의 현실과 그에 대한 우리의 인식과 평가를 재구성할 수 있다. 다시 말해서 선거 결과는 우리 자신의 모습을 투영하는 거울이다. 다만 거울이 보여주는 이미지는—정밀한 초상화가 아니라—개별적인 선택들이 모여 만들어내는 모자이크에 가깝다고 할 수 있다.

따라서 선거 결과에 의미를 부여하기 위해서는 유권자들이 어떻게 그런 선택을 내리게 되었는가를 이해하는 것으로부터 출발할 수밖에 없다. 물론 유권자의 투표 선택에는 수많은 다양한 요인이 영향을 끼치기 마련이며, 그중에는 지극히 개인적이거나 비합리적인 것도 존재한다. 따라서 누가 왜 특정 후보를 선택했는지 완벽하게 파악하는 것은 불가능하다. 다만 지난 70여 년 동안 선거와 투표행태를 연구한 정치학자들은 여러 선거에 걸쳐 많은 유권자에게 체계적으로 영향을 끼치는 대표적인 요인들을 발견해 왔다. 그리고 이러한 요인들은 크게 세 가지 유형으로 구분할 수 있다.

첫 번째는 유권자의 특성(i.e., characteristics)이다. 성별, 나이, 인종 등과 같이 우리의 의지와 무관하게 결정되는 특성이든, 혹은 소득 및 교육 수준과 같이 우리가 노력하여 얻은 특성이든, 우리의 삶과 사회적·경제적 지위는 여러 가지 다양한 특성에 의해 규정된다. 그리고 유권자의 특성은 우리가 어떠한 사회집단과 네트워크에 소속되어 활동하는지, 그리고 그 과정에서 어떠한 인지적 자원과 심리적 성향을 획득하는지에 영향을 끼치게 된다. 결과적으로 이 모든 영향력은 우리가 정치와 선거를 어떻게 바라보고 어떠한 선택을 내리는가에 쉽게 지워지지 않는 흔적을 남기게 된다.

두 번째는 선거가 치러지는 정치적 맥락에 해당하는 요인(i.e., context)이다. 선거는 진공상태에서 벌어지는 것이 아니라, 그 시점까지의 정치적 변화가 누적된 결과 위에서 이루어진다. 주요 정치인과 정당이 그동안 어떠한 정책을 펼쳤고 어떠한 성과를 거두어왔는가에 대한 유권자의 인식과 평가가 종합적으로 표출된 것이 정당 지지 및 진보-보수 이념성향의 분포라고 할 수 있다. 이와 더불어 특히 중요한 의미를 가지는 것은 지난 선거의 승자가 임기 동안 어떻게 국정을 운영했는가이다. 선거는 새로운 대표자를 선출하는 기능만큼이나 기존 대표자의 활동과 결과에 대해 평가하고 심판하는 보상과 처벌의 기제로서 기능하기 때문이다. 그리고 이와 같이 선거가 어떠한 맥락에서 치러지는가는 해당 선거에서 유권자에게 주어지는 구체적인 선택지와 별개로 그들의 선택에 영향을 끼치게 된다.

세 번째는 개별 선거의 양상에 해당하는 요인(i.e., campaign)이다. 예를 들어 어떠한 후보가 출마하였는가, 선거 당시 유권자들은 어떠한 이슈가 중요하다고 생각하며 해당 이슈에 대해 각 후보는 어떠한 정책과 공약을 제시하였는가, 그리고 언론과 미디어는 선거운동 과정에서 무엇을 어떻게 보도하는가 등의 요인들이 유권자의 선택에 영향을 끼치게 된다. 다시 말해서 특정 선거에서 유권자에게 어떠한 선택지가 제공되었는가에 따라 그들의 투표 선택이 달라질 수 있다는 것이다.

기표소에서 한 표를 행사하는 것은 매우 간단한 행위처럼 보이지만, 그 배후에는 유권자의 특성, 선거가 치러지는 정치적 맥락, 그리고 선거의 구체적인 양상—즉 3 C's—사이의 상호작용이 존재한다. 물론 세 가지 모두 선거를 이해하기 위해 빠트릴 수 없는 역할을 하지만, 선거에 따라 어느 하나 혹은 그 유형에 해당하는 특정한 요인이 다른 것에 비해 유권자의 투표 선택에 상대적으로 더 큰 영향을 끼칠 수 있다. 그리고 바로 그러한 요인이 해당 선거 결과에 부여되는 의미를 규정하게 된다.

투표는 우리가 살아가는 대의제 민주주의 하에서 벌어지는 가장 기본적인 정치적 행위이다. 그리고 이 책은 유권자의 특성, 선거가 치러지는 정치적 맥락, 그리고 선거의 구체적인 양상이라는 세 축을 중심으로 정치학의 가장 기본적인 질문에 대답하기 위한 지난 수십여 년에 걸친 연구를 정리하고 있다. 물론 여기에서 다루어진 것이 유권자의 투표 선택과 행태에 영향을 끼치는 모든 것을 포괄한다고 이야기할 수는 없다. 다만 이 책이 다루는 내용은 많은 연구를 통해 다양한 사회와 선거에서 많은 유권자의 투표에 영향을 끼쳤던 것으로 확인되었으며, 따라서 한국의 선거와 유권자를 이해하기 위해서도 빠뜨릴 수 없는 대표적인 요인들을 살펴보고 있다.

본격적인 논의에 앞서 오해의 소지를 피하기 위해 몇 가지 염두에 두어야 할 점이 있다. 첫 번째로 이 책에서 다루는 여러 가지 이론은 대부분 유권자 개인 수준에서 이루어진 설문조사 자료에 대한 분석에 근거하고 있다. 다시 말해서 현실 그 자체보다는 현실을 유권자가 어떻게 인식하는가에 초점을 맞추고, 그러한 인식이 유권자의 정치적 판단과 행동으로 어떻게 이어지는지에 주목한다는 것이다. 예를 들어 대통령의 국정운영에 대한 평가의 경우 실제로 어떻게 국정을 운영했는지에 대한 객관적인 결과가 아니라 대통령이 국정을 얼마나 잘 운영했다고 생각하는지에 대한 유권자의 주관적 인식이 가지는 영향력을 다루게 된다. 물론 유권자의 주관적 인식이 객관적 현실을 정확하게 반영하지 못할 가능성도 충분하다. 그러나 객관적인 현실이 유권자의 정치적 판단과 행동에 영향을 끼치기 위해서는, 현실에 대한—얼마나 정확한지와는 별개로—주관적 인식이 선행될 수밖에 없다는 점 역시 부정할 수 없다. 따라서 객관적 현실과 주관적 인식 사이의 괴리는 그 자체로서 설명되어야 할 현상이지, 유권자의 투표 선택이 비합리적이라고 치부할 수 있는 근거라고 할 수 없다.

두 번째는 특정한 요인이 유권자의 투표 선택에 유의미한 영향을 끼쳤다는 표현이 정확히 어떤 의미인가이다. 한 가지 예를 들자면, 미국을 비롯한 서구 사회와는 달리 한국 선거에서는 종교가 유권자의 정치적 선택에 큰 영향을 끼치지 못한다고 알려져 있다. 그러나 실제로 설문조사 결과를 살펴보면 불교를 믿는 사람들은 다른 종교인들이나 종교가 없는 사람들에 비해 상당히 보수적인 모습을 보이는 경우가 대부분이다. 그렇다면 이러한 차이에도 불구하고 종교가 한국 선거에서 별다른 영향력을 발휘하지 못한다고 평가하는 이유는 무엇인가? 이 부분을 이해하기 위해서는 불교를 믿는 사람들의 구성이 다른 종교에 비해 보수적인 고연령층이 훨씬 높다는 사실이 중요하다. 다시 말해서 종교가 실제로 투표 선택에 유의미한 영향을 끼치는지 확인하기 위해서는 같은 연령대의 유권자를 대상으로 종교에 따라 지지 후보가 달라지는지—혹은 반대로 같은 종교를 믿는 사람들을 대상으로 연령대에 따라 지지 후보가 달라지는지—살펴보아야 한다.[1] 비슷한 연령대에도 불구하고 종교에 따른 지지 후보의 차이가 나타난다면, 이는 종교가 유권자의 투표 선택에 '독립적인(independent)' 영향력을 끼친다는 것의 증거가 될 수 있다. 그러나 실제로는 연령대를 고정했을 때 종교가 독립적으로 투표 선택에 가져오는 차이가 크지 않으며, 따라서 종교의 정치적 영향력이 미미하다고 결론을 내리는 것이다. 이 책에서 다루는 다양한 이론은 이와 같은 분석을 통해 각 요인의 독립적인 영향력을 발견하고자 하는 노력이 축적된 결과이다.

마지막으로 유권자의 정치적 태도와 행태를 다루는 대부분의 개념과 이론은 미국을 비롯한 서구 민주주의 국가의 유권자를 대상으로 이루어진 연구에서 출발했다는 사실을 유념해야 한다. 비록 짧은 기간 동안 급속하게 정치적 발전을 달성하기는 했지만, 한국은 여전히 민주주의의 역사가 길지 않은 신생민주주의 국가에 속한다. 따라서 한국의 정치체제와 정치문화는 오랜 민주주의 경험과 전통을 가진 서구 민주주의 국가와 분명한 차이를 보이며, 이는 과연 서구 사회의 경험에 기반한 이론과 개념이 얼마나 일반화될 수 있는지에 대해

1 통계분석에서 다른 변수의 영향력을 '통제(control for)'한다는 말의 의미가 바로 이것이라고 할 수 있다.

의문을 제기하도록 한다. 실제로 한국 유권자를 대상으로 이루어진 연구는 한국 유권자들이 정치적으로 사고하고 행동하는 방식이 미국—및 다른 민주주의 역사가 오래된 국가의—유권자들과 비교하여 공통점만큼이나 차이점 역시 발견된다는 점을 보여주고 있다. 물론 그렇다고 해서 이 책에서 다루고 있는 개념과 이론의 유용성을 무시할 이유는 없지만, 한국의 선거와 유권자를 이해하기 위해 적용할 때에는 한국 정치의 제도적·문화적 특수성에 대한 고려는 반드시 수반되어야 한다.

이 책은 다음과 같이 구성되었다. 먼저 2장에서는 연령, 성별, 인종, 교육 및 소득 수준 등과 같은 유권자의 특성—즉 유권자가 속한 사회집단—에 따른 투표 선택의 차이를 살펴본다. 사실 청년 유권자, 여성 유권자, 저소득층 유권자 등과 같이 유권자들을 공통의 특성을 기준으로 구분하고 집단 수준에서 이들의 정치적 선택에 대해 이야기하는 것을 쉽게 접할 수 있다. 2장은 이러한 방식으로 선거와 투표를 이해하는 접근이 어떻게 시작되었으며 그 이론적 근거는 무엇인지, 그리고 이러한 접근을 이어받은 연구들이 지금까지 밝혀온 유권자의 특성과 투표 선택 사이의 관계를 살펴본다. 특히 2장의 마지막 부분에서는 유권자의 특성과 투표 선택 사이의 관계에 있어서 한국의 특수한 사례라고 할 수 있는 지역주의 투표에 대해서도 간략하게 논의한다. 종합적으로 2장의 논의는 유권자가 후보를 선택하는 하나의 기준인 동시에, 다른 두 가지 기준이 작용하기 위한 배경을 제공한다고 할 수 있다.

이어지는 세 장은 선거가 치러지는 정치적 맥락과 연관된 세 가지 변수를 각각 다루고 있다. 3장은 유권자가 특정한 정당을 지지하고 소속감을 느끼는 사람과 그렇지 않은 무당파 유권자 사이의 차이를 다루고 있으며, 4장은 진보와 보수로 대표되는 이념성향이 투표 선택에 끼치는 영향력을 다루고 있다. 이 두 가지 정치적 성향은 유권자 개인 수준에서는 우리가 정치 현상을 어떻게 인식하고 반응하는가에 커다란 영향을 주는 근본적인 태도이며, 동시에 집합적인 수준에서는 유권자 사이의 분포에 따라 선거가 치러지는 정치적 맥락을 결정짓는 중요한 요소라고 할 수 있다. 이어지는 5장은 대통령의 국정운영에 대한 유권자의 평가가 그들의 투표 선택에 어떠한 영향을 끼치는지 다루고 있다. 대통령제 하에서 대통령이 차지하는 정치적 중요성과 주목도를 고려한다면, 대통령이 어떻게 국정을 운영하는가야말로 유권자가 정치를 평가하기 위한 가장 중요한 기준 중 하나가 될 수밖에 없다.

6장에서 8장까지는 선거의 구체적인 양상과 관련된 요인들을 다룬다. 앞선 3~5장이 반드시 특정한 선거에 국한되지 않는 일반적인 정치적 성향을 다룬다면, 6~8장은 유권자가 선택을 내리는 특정 선거에서 불거지는 요인을 다루고 있다. 보다 구체적으로 6장은 어떤 후보가 출마하는가, 그리고 7장은 선거에서 어떤 이슈가 중요하게 제기되는가를 다룸으로써, 선거에 임하는 유권자에게 어떠한 선택지가 제시되는가에 따라 투표 선택이 달라지는 모습을 보여주고 있다. 물론 후보나 이슈에 대한 정보가 유권자에게 전달되지 않는다면, 이러한 요인들이 투표 선택에 영향을 끼치기는 어려울 것이다. 이러한 의미에서 8장은 바쁜 일상을 살아가는 유권자들이 후보와 이슈에 대한 정보를 획득하는 가장 중요한 통로라고 할 수 있는 선거운동과 미디어가 유권자의 선택에 어떻게 영향을 끼치는지 살펴본다. 특히 8장은 최근 들어 그 정치적 중요성이 강조되고 있는 뉴미디어의 등장과 확산이 선거 및 투표 선택과 관련하여 가지는 함의에 대해서도 간략하게 논의한다.

지금까지의 논의가 선거에 참여하는 유권자가 어떻게 후보를 선택하는가를 다루었다면, 9장과 10장은 선택 이전 단계인 참여의 문제를 살펴본다. 흔히 선거를 민주주의의 꽃이라고 표현하지만, 현실에서는 적지 않은 수의 유권자들이 가장 기본적인 주권의 행사를 자발적으로 포기하는 것도 사실이다. 이러한 관점에서 9장은 어떠한 요인이 유권자로 하여금 투표에 참여하거나 혹은 기권하도록 이끄는지, 그리고 투표율의 높고 낮음이 어떠한 정치적 의미를 가지는지 논의한다. 다만 선거에 참여하는 것은 대의제 민주주의 하에서 유권자가 선택할 수 있는 다양한 형태의 정치 참여 중 하나라는 점에서, 10장에서 투표 외의 다양한 정치 참여를 다룸으로써 9장의 논의를 보완하고 있다.

마지막으로 11장부터 13장까지의 세 장은 유권자의 참여와 선택이 이루어지는 정치적 환경과 제도의 변화에 대해서 다루고 있다. 먼저 11장은 정치적 양극화, 그리고 12장은 민주주의에 대한 유권자의 지지를 다룬다. 이 두 가지 주제는 특정 선거에서 유권자가 어떻게 후보를 선택하는가에 직접적으로 관련되어 있지 않을 수 있다. 그러나 최근 한국을 비롯한 많은 민주주의 국가가 정치적 양극화와 민주주의의 후퇴 문제를 경험하고 있으며, 이러한 변화는 각국의 선거와 투표행태에 장기적으로 커다란 영향을 끼칠 수 있다. 그리고 최근 한국에서 선거제도 개혁과 관련한 사회적 논의가 활발하게 이루어졌다는 점을 고려하여, 이 책의 마지막 장인 13장에서는 주요 선거제도의 유형 및 선거제도에 따른 유권자 참여 및 선택의 변화를 살펴보는 것으로 이 책의 논의를 마무리한다.

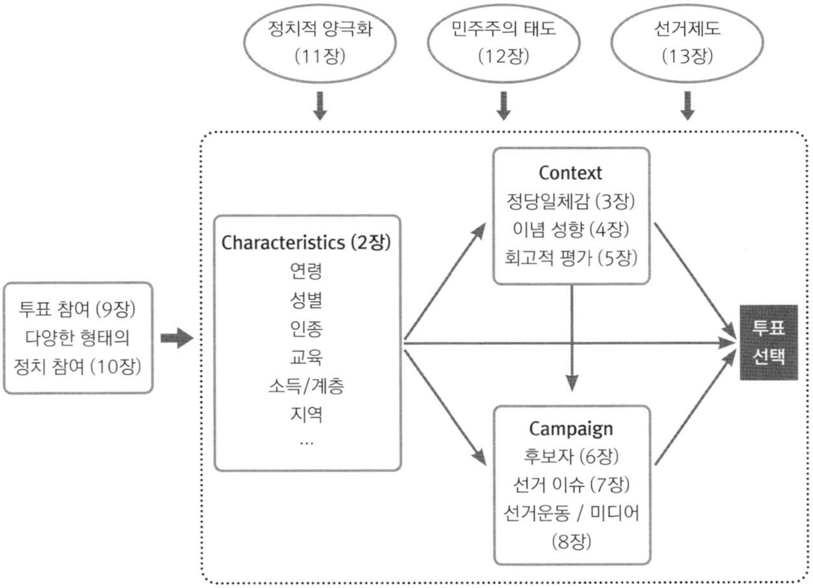

〈그림 1-1〉 책의 구성과 체계

〈그림 1-1〉은 이 책이 다루는 내용과 각 장의 주제가 전체적으로 어떻게 서로 연관되는지를 도식화하여 보여주고 있다. 특히 그림은 유권자가 누구에게 투표하는가를 결정하는 과정에서 유권자의 특성,

정치적 맥락, 선거의 구체적 양상이라는 세 가지 유형의 요인이 어떻게 서로 인과적으로(causally) 얽혀 있는지 개념적으로 보여주고 있다. 물론 〈그림 1-1〉이—나아가 이 책이—유권자가 행사하는 한 표 뒤에 존재하는 복잡한 상호작용을 빠짐없이 보여준다고 할 수는 없다. 그럼에도 불구하고 이 책은 유권자의 행동과 선택을 체계적으로 이해하기 위한 지난 수십여 년에 걸친 정치학자들의 노력을 정리·요약함으로써, 우리 각자가 지난 선거에서 그렇게 생각하고 행동한 이유를 돌아보는 데 조금이나마 기여하고자 한다.

2장
유권자의 특성과 투표

2장

유권자의 특성과 투표

선거를 앞두고, 혹은 선거 결과를 설명할 때 가장 일상적으로 듣게 되는 분석은 어떤 집단이 어떤 후보나 정당을 얼마나 지지한다는 것이다. 예를 들어 지난 2022년 대통령선거에서 가장 관심을 끌었던 현상은 소위 '이대남' 현상이었다. 출구조사에 따르면 양자대결로 치러진 선거에서 민주당의 이재명 후보는 40대와 50대 유권자 사이에서 각각 60.5%와 52.4%의 지지를 얻었지만, 정작 더 젊은 30대 유권자 사이에서는 46.3%, 그리고 20대 유권자 사이에서는 47.8%의 지지를 얻는 데 그쳤다. 특히 두드러진 것은 20대 남성과 여성 유권자들 사이에서 나타난 지지율 격차였는데, 20대 남성 유권자들은 이재명 후보에게 불과 36.3%의 지지만을 보내는 데 그쳐서 58.7%가 이재명 후보에게 투표한 동년배 여성 유권자들에 비해 22.4%p라는 큰 차이를 보였다.[2]

2 30대의 경우에도 이재명 후보는 남성 유권자 사이에서 42.6%의 득표율

이대남 현상이 관심을 끈 이유는 청년 남성 유권자들은 보수적 선택이 이전까지 한국 선거에서 관찰된 일반적인 패턴과 상당한 차이를 보였다는 점에 있다. 물론 청년 남성 유권자들 내부에는 다양한 생각과 성향을 가진 사람들이 공존하고 있으며, 이들 중 상당수는 이대남 현상이라는 이름에 부합하지 않는 선택을 한 것도 사실이다. 그럼에도 불구하고 우리는 유권자를 몇 가지 기준—예를 들어 성별, 연령대, 계층, 지역 등—으로 구분하고, 이렇게 정의된 다양한 사회집단 차원에서 정치적 성향과 선택에 대해 이야기하곤 한다. 예를 들어 한국에서—최소한 2002년 제16대 대통령선거 이래로—연령이 높은 유권자일수록 보수적인 정당과 후보를 지지하는 경향이 있다는 사실은 잘 알려져 있다(강원택 2010; 노환희 외 2013; 허석재 2014a). 미국의 경우에도 저학력 백인 노동자들이 공화당의 주요 지지 기반을 이루며, 이들이 2016년 대통령선거에서 트럼프 대통령의 당선에도 크게 기여했다고 이야기된다(Frank 2004; Aldrich et al. 2019).

이와 같이 유권자를 다양한 특성에 따라 구분한 사회집단 차원에서 그들의 정치적 성향과 선택에 대해 분석하는 것을 사회학적 접근이라고 일컫는다.[3] 사회학적 접근은 선거에서 유권자들이 내리는

을 기록하여 52.8%를 얻은 윤석열 후보에게 뒤처졌다. 반면에 30대 여성 유권자 사이에서는 49.7%를 기록한 이재명 후보가 43.8%의 윤석열 후보보다 높은 득표율을 기록했다.

3 립셋과 로칸(Lipset and Rokkan 1967)이 제시한 균열구조(cleavage structure) 이론이 거시적 차원에서 사회집단 간 이해관계 및 가치의 대립으로 서구 민주주의 사회의 발전을 설명한다면, 이 장에서 다루는 사회학적 접근은 개인 수준의 미시적 차원에서 사회집단에 따른 정치적 선택의 차이를 설명한다는 점에서 서로 보완적인 관계에 있다고 할 수 있다.

선택과 선거 결과에 대한 가장 직관적인 설명을 제시하는 동시에, 바로 그러한 이유로 유권자의 투표 선택을 설명하기 위한 가장 오래된 접근이기도 하다. 물론 사회학적 접근은 이론적으로나 경험적으로나 여러 가지 한계를 가지고 있으며, 이러한 한계를 극복하기 위한 노력이야말로 이후 투표행태에 대한 다양한 이론들이 등장하고 발전하게 되는 계기를 제공했다고 평가할 수 있다.

1. 컬럼비아 학파와 투표에 대한 사회학적 접근

일반 유권자의 투표행태를 이해하기 위한 노력은 필연적으로 이들의 생각과 태도를 구체적으로 측정하기 위한 설문조사의 발전과 궤를 같이하게 마련이다. 1930-40년대 미국에서 표본추출(sampling) 이론의 발전과 함께 과학적인 여론조사가 본격적으로 실시되기 시작했고, 이렇게 생산된 새로운 데이터를 사회과학에서 받아들이면서 투표행태와 관련한 체계적인 이론이 처음으로 제시되었다. 이러한 초기 투표행태 이론의 가장 대표적인 예가 당시 컬럼비아(Columbia) 대학교에 기반을 둔 일군의 사회학자들이 수행한 연구였다(Berelson et al. 1954; Lazarsfeld et al. 1948).

컬럼비아 학파의 연구가 애초에 목표로 삼았던 것은 투표 선택 자체에 대한 설명이라기보다는, 선거운동이 진행되면서 유권자들이 접하게 되는 다양한 정보가 그들의 선택에 어떻게 반영되는지 살펴보는 데 있었다. 이를 위해 연구자들은 대통령선거가 진행되는 동안 동일한 유권자들을 여러 번에 걸쳐 조사함으로써 후보 및 정당의 선거운동과 이에 대한 미디어의 보도에 따라 유권자의 정치적 선호가 어떻게 변화하는지 추적하였다. 흥미로운 점은 연구의 결과가 애초의 목적과는 정반대였다는 사실이다. 즉 많은 유권자가 선거운동이 본격적으로 시작되기 이전에 이미 지지 후보를 결정한 상태였으며, 선거운동이 진행되는 동안 자신이 애초에 지지하는 후보를 바꾸는 유권자는 거의 없었다. 선거운동이 영향을 끼친다고 하더라도 대부분의 경우 상대 후보로 지지를 변경하는 것이 아니라 기존에 이미 가지고 있던 선호를 더욱 강화하는 데 그치는 것으로 나타났다. 이와 같이 선거운동 및 미디어가 유권자의 선호에 미치는 영향이 미미한 이유는 사람들이 자신의 생각과 선호에 부합하는 정보와 매체에 선택적으로 노출되는(selective exposure) 경향이 있기 때문이다. 쉽게 말해서 보수성향의 유권자라면 진보적인 후보나 매체의 메시지에 굳이 귀를 기울이지 않는다는 것이다. 물론 선거운동 기간에는 수많은 정보가 오고가기 때문에, 자신이 어떤 정보에 노출되는지를 완벽하게 통제하는 것은 불가능하다. 따라서 어떠한 이유에서건 지지하는 후보에게 불리한 정보에 많이 노출되게 된다면, 그 사람은 자신의 선호를 바꾸기보다는 오히려 기권을 선택하기 쉽다.

만일 선거운동이나 미디어가 유권자의 선호에 큰 영향을 끼치지 않고 오히려 강화하기만 한다면, 애초에 그러한 선호는 어디에서 비롯되었는가? 이에 대한 대답으로 컬럼비아 학파의 사회학적 접근이 제시하는 것은 유권자가 속한 사회집단이다. 계층, 인종, 종교, 거주 지역 등을 기준으로 유권자가 어떠한 집단에 속하는가가 그들의 정치적 선호와 최종적인 투표 선택에 커다란 영향을 끼친다는 것이다. 예를 들어 미국 선거에서 저소득층 노동자나 유색인종 유권자들은 민주당을 지지하는 반면에 교외에 거주하는 백인 유권자나 개신교를 믿는 유권자들은 공화당을 지지한다. 다시 말해서 컬럼비아 학파의 연구는 투표라는 행위가 파편화된 개인 차원에서 이루어지는 행위가 아니라, 비슷한 이해관계와 경험을 공유하는 따라서 정치적으로 동질적인 집단 차원에서 이루어지는 사회적 행위라고 이해하는 것이다.

유권자의 정치적 선호 형성에 사회집단이 중요한 이유는 다음과 같이 설명할 수 있다. 첫 번째로 사회집단은 유권자가 정치적 사회화(political socialization)를 경험하는 주된 통로로서 기능한다. 우리는 부모로부터 종교나 경제적 배경을 비롯한 다양한 특성과 함께 정치적 선호 역시 물려받는다. 또한 성장 과정에서 비슷한 배경을 가진 친구나 동료들과 접촉하며 경험을 공유하기 마련이다. 비슷한 배경과 삶의 경험을 공유하는 사람들과의 지속적인 상호작용은 집단 구성원으로 하여금 비슷한 정치적 선호를 획득하도록 이끌게 되며, 혹시 그렇지 않은 사람들도 주위로부터의 또래 압력(peer pressure)을 경험하게 된다. 그리고 이러한 사회화 과정을 거치면서 나타나는 집단 간 정치적 차이는 우리가 살아가면서 지속적으로 경험하고 확인하면서 강화된다.

두 번째로 사회집단이 유권자의 정치적 선호에 중요한 영향을 끼치는 이유는 실제로 사회집단 수준에서 정치적 이해관계를 공유하기 때문이다. 실제로 정부의 경제 및 복지정책과 관련하여 경제적으로 부유한 유권자 집단과 그렇지 않은 유권자 집단은 상반되는 이해관계를 가질 수밖에 없다. 마찬가지로 인종과 관련한 여러 사안에 대해 백인 유권자와 유색인종 유권자의 이해관계는 충돌하기 마련이다. 혹은 또 다른 측면에서 생각해 보면, 집단 간 정치적 이해관계의 차이는 후보 및 정당에 의해 증폭될 수도 있다. 선거 승리를 위해 한정된 시간과 자원을 최대한 효율적으로 활용해야 하는 후보 및 정당으로서는 개별 유권자를 대상으로 맞춤형 선거운동을 펼치는 것에 현실적인 한계가 있다. 결과적으로 후보 및 정당은 선거운동 과정에서 주요 사회집단 차원에서 정책과 공약을 제시하고 이들을 동원하는 전략을 사용하게 되며, 이러한 과정을 통해 집단 간 정치적 이해관계의 차이가 더욱 커질 수 있다.

물론 이론적으로나 경험적으로나 컬럼비아 학파의 이론은 여러 가지 한계를 가지고 있다. 무엇보다도 어떤 사회집단이든 내부에 다양한 생각과 의견을 가진 구성원이 공존하기 마련이다. 이 장의 서두에서 언급한 이대남 현상의 경우에도 같은 20대 유권자라고 하더라도 남성 유권자와 여성 유권자가 상당한 정치적 차이를 보여준다는 증거라고 할 수 있다. 좀 더 자세히 살펴본다면 같은 20대 남성 유권자라고 하여라도, 그 안에는 다시 경제적으로 부유한 배경을 가진 청년 남성 유권자와 경제적으로 어려운 상황에 놓인 청년 남성 유권자 사이에 상당한 정치적 차이가 발견될 가능성이 있다. 결국 투표 선택에 대한 사회학적 설명이 가지는 한계는 유권자의 정치적 선택의 차이와 변화를 설명하기 위해 사회집단을 끊임없이—때로는 자의적으로—재정의해야 할 필요가 생긴다는 점이다. 다시 말해서 어째서 특정한 선거 결과가 나타났는가에 대한 사후적인 해석을 넘어서 유권자의 선택을 추동하는 원인에 대한 과학적 설명으로서는 한계를 가질 수밖에 없다.

두 번째로 컬럼비아 학파의 이론이 가지는 문제점은 선거 결과의 유동성을 설명하기 어렵다는 점이다. 개인이 어떤 사회집단에 속하는가는 단기간에 변화하지 않으며, 따라서 전체 유권자 중에 각 사회집단이 차지하는 비중 역시 상당한 안정성을 가지고 있다. 더구나 정치적 사회화를 통해 장기간에 걸쳐 형성된 유권자의 정치적 선호가 몇 년 사이에 급격한 변화를 겪는 일은 잘 발생하지 않는다. 그럼에도 불구하고 현실에서 선거 결과는 상당히 유동적이며, 한 선거에서 승리한 정당이 불과 몇 개월 후에 실시된 선거에서 패배하는 경우도 쉽게 찾아볼 수 있다.[4] 결국 컬럼비아 학파의 이론은 잘 변화하지 않는 요인으로 쉽사리 변화하는 것을 설명하려 한다는 점에서 근본적인 한계를 가질 수밖에 없다.

그러나 이러한 이론적·경험적 한계에도 불구하고, 컬럼비아 학파

---

4 2020년에 실시된 제21대 총선의 출구조사에 따르면 20대 유권자의 56.4%가 민주당 지역구 후보에게 투표했으며, 20대 남성 유권자에만 국한해도 47.7% 대 40.5%로 민주당 지역구 후보에 대한 지지가 미래통합당 후보에 비해 높았다. 이러한 점을 고려한다면 불과 2년 정도의 시차를 두고 발생한 이대남 현상 역시 컬럼비아 학파의 이론으로는 설명하기 어렵다고 할 수 있다.

가 제시한 사회학적 이론이 가지는 중요성을 부정할 수는 없다. 실제로 유권자가 성별, 연령, 소득, 교육수준, 거주 지역 등에 있어 어떠한 특성을 가지는가—즉 어떤 사회집단에 속하는가—에 따라 정치적 차이를 보인다는 사실은 부정할 수 없으며, 수많은 후속 연구에서 반복적으로 확인되어 왔다. 따라서 컬럼비아 학파의 설명은 어떤 유권자가 어떤 후보와 정당에 투표하는가를 이해하기 위한 기본적인 배경을 제시한다고 할 수 있으며, 이후에 컬럼비아 학파의 설명을 비판하며 등장하는 다양한 이론들 역시 유권자의 다양한 특성이 그들의 투표 선택에 매우 중요한 영향을 끼친다는 점을 부정하지 않는다. 다만 컬럼비아 학파 이후 투표 이론의 발전은 유권자의 객관적인 특성을 넘어 투표 선택에 영향을 끼치는, 혹은 유권자의 특성과 투표 선택 사이를 매개하는, 다른 요인들을 탐구하는 노력이라고 평가할 수 있다.

2. 유권자의 특성에 따른 투표 선택의 차이

이 절에서는 컬럼비아 학파의 연구 이후 오랫동안 축적된 연구 결과에 기반하여, 실제로 유권자의 다양한 특성—특히 그들의 사회경제적 지위(socioeconic status; SES)—에 따라 정치적 선택이 어떻게 달라지는지 대략적으로 살펴본다. 물론 유권자의 사회경제적 지위와 투표 선택 사이의 관계는 매우 복합적이며, 각 특성이 구체적으로 어떻게 정치적 선호로 이어지는가에 대해서는 이론적으로나 경험적으로나 완벽한 합의가 존재하지는 않는다. 다만 여기에서는 가장 일반적으로 받아들여지고 있는 몇 가지 핵심적인 패턴에 초점을 맞추어 논의하도록 한다.

1) 연령

〈표 2-1〉은 2002년에 실시된 제16대 대통령선거 이래로 한국의 역대 대통령선거에서 각 연령대의 유권자들이 주요 후보 중 누구에게 투표했는지 보여주고 있다. 2002년 이후 모든 대통령선거에서 보수 후보의 득표율이 연령대가 증가할수록 상승했다는 점을 알 수 있다. 보수 후보만큼은 아니지만, 진보 후보의 득표율 역시 높은 연령대보다는 낮은 연령대에서 상대적으로 더 높게 나타났다. 물론 2007년 대통령선거와 같이 진보 후보인 정동영 후보가 보수 후보인 이명박 후보에게 모든 연령대에 걸쳐 압도적으로 패배한 경우도 있었으며, 이 경우 연령에 따른 득표율의 차이가 그다지 두드러지지 않았다. 또한 2022년 대통령선거와 같이 진보 후보인 이재명 후보의 득표율이 20~30대 청년 유권자들 사이에서 40~50대 중년 유권자에 비해 더 낮게 나타나는 예외적인 모습도 관찰할 수 있다. 그러나 전체적으로 보았을 때 〈표 2-1〉은 연령대가 증가할수록 상대적으로 보수적인 투표 선택을 내리는 경향이 있다는 점을 분명하게 보여주고 있다.

〈표 2-1〉 역대 대통령선거에서 연령대별 투표 선택 (%)

		20대 이하	30대	40대	50대	60세 이상	70세 이상
제16대 대선	이회창	34.9	34.2	47.9	57.9	63.5	
	노무현	59.0	59.3	48.1	40.1	34.9	
제17대 대선	이명박	42.5	40.4	50.6	58.5	58.8	
	정동영	20.7	28.3	27.1	23.5	24.8	
	이회창	15.7	14.0	13.3	13.4	13.1	
제18대 대선	박근혜	33.7	33.1	44.1	62.5	72.3	
	문재인	65.8	66.5	55.6	37.4	27.5	
제19대 대선	문재인	47.6	56.9	52.4	36.9	24.5	22.3
	홍준표	8.2	8.6	11.5	26.8	45.8	50.9
	안철수	17.9	18.0	22.2	25.4	23.5	22.7
제20대 대선	이재명	47.8	46.3	60.5	52.4	32.8	28.5
	윤석열	45.5	48.1	35.4	43.9	64.8	69.9

자료: 각 선거 방송사 출구조사

사실 나이가 어린 유권자일수록 진보적인 후보와 정당을 지지하는 반면에 연령대가 높아질수록 상대적으로 보수적인 성향이 두드러지는 것은 자연스러운 현상이며, 한국만의 독특한 경험이라고 할 수 없다. 연령이 증가하면서 가정을 꾸려 정착하게 되며, 경제적으로도 좀 더 안정된 삶을 영위하는 것이 일반적이다. 심리적으로도 나이가 들수록 사람들은 새로움과 변화를 추구하기보다는 인지적으로나 감정적으로나 안정성과 현상 유지(status quo)를 좀 더 선호하는 경향이 있다. 또한 나이가 어린 유권자일수록 전통적인 위계와 규범보다는 탈물질적인(post-materialistic) 새로운 가치와 이슈에 좀 더 관심을 가지는 경향이 있으며, 이러한 관심은 대체로 진보적인 후보와 정당에 대한 지지와 친화성을 가진다(Dalton 2020).

그러나 연령에 따른 정치적 선호의 차이가 나타나는 원인은 겉으로 드러난 것보다 훨씬 복잡한 양상을 띨 수 있다. 예를 들어 청년층 유권자에 비해 장년층 이상 유권자가 보수적이라면, 이러한 현상은 몇 가지 서로 다른 이유로 나타날 수 있다. 첫 번째는 생물학적 연령의 증가와 함께 개인이 처한 생애주기의 단계가 변화하게 되면서 진보적이었던 유권자가 점차 보수적으로 바뀐다는 것이다. 앞서 언급했듯이 연령이 증가하면서 경제적으로나 사회적으로 안정된 삶을 누림에 따라 보수적인 성향이 강화되는 것을 예로 들 수 있다. 이러한 현상을 연령 효과(aging effect) 혹은 생애주기 효과(life-cycle effect)라고 한다.

두 번째는 특정한 세대에 속하는 사람들이 정치적 사회화의 과정에서 겪은 고유의 정치적·사회적·문화적 경험[5]이 그 세대 특유의 정치적 성향에 반영된다는 세대 효과(generation effect) 혹은 코호트 효과(cohort effect)이다. 즉 현재의 청년 세대가 경험한 정치적 사회화와 현재의 장년층 이상 세대가 경험한 정치적 사회화의 차이가 서로 다른 정치적 성향에 반영되었고, 이러한 차이가 평생에 걸쳐 지속된다는 것이다. 한국의 '386 세대' 혹은 미국의 '베트남 전쟁 세대' 등이 대표적인 예이다. 실제로 1980년대 민주화운동의 중심에 있었던 386 세

5 일반적으로 정치적 사회화가 집중적으로 일어나는 '민감한 시기(impressionable years)'를 청소년기부터 성년기 초기, 즉 10대 후반부터 20대 중반에 해당하는 기간으로 보며, 이 시기에 어떠한 경험을 했는지가 각자의 정치적 성향을 형성하는 데 매우 큰 영향을 끼친다고 본다.

대 유권자들은 다른 세대와 달리 연령의 증가에도 불구하고 보수화되지 않고 일정한 정치적 성향을 유지하고 있다는 증거가 있으며(노환희 외 2013), 앞서 〈표 2-1〉에서 2022년 대통령선거 당시 40~50대 유권자들이 더 젊은 유권자들에 비해 더 높은 비율로 이재명 후보를 지지한 것도 비슷한 맥락에서 이해할 수 있다.

마지막으로 특정한 시점에 모든 유권자들이 공통적으로 겪은 역사적 사건이 연령대와 상관없이 유사한 정치적 변화를 가져오는 경우를 기간 효과(period effect)라고 한다. 예를 들어 2016~17년에 걸쳐 벌어진 촛불시위를 통해 보수 정당 소속의 박근혜 대통령이 헌정 사상 처음으로 탄핵된 이후, 모든 연령대에서 보수 성향의 유권자가 급격하게 감소하고 대신 진보 성향 유권자의 비율이 대거 증가한 바 있다.

문제는 현실적으로 연령 효과와 세대 효과, 그리고 기간 효과를 구분하는 것이 매우 어렵다는 것이다. 다시 말해서 연령대가 높은 유권자일수록 보수적인 후보와 정당을 지지하는 현상 자체는 일반적이라고 하더라도, 이러한 현상이 각자가 나이가 들면서 점차 보수적으로 변화했기 때문인지, 아니면 기성 세대가 과거 정치적 사회화의 과정에서 획득한 정치적 성향이 현재의 젊은 세대에 비해 더 보수적이었고 그러한 차이가 지속되기 때문인지 분석적으로 구분하기 어렵다는 것이다. 실제로 여러 연구에 따르면 '민감한 시기'에 획득한 정치적 성향은 이후 성인이 된 이후에는 잘 변화하지 않으며, 따라서 연령대에 따라 나타나는 정치적 선호의 차이는 각 세대가 경험한 정치적 사회화의 차이에서 비롯되는 측면이 상당한 부분을 차지한다는 증거가 다수 제시되었다(Jennings and Markus 1984; Jennings and Niemi 1981; Sears and Funk 1999).

물론 그렇다고 해서 한 번 형성된 정치적 성향은 시간이 지나도 전혀 변화하지 않는다는 의미는 아니다. 최근 연구들에 따르면 세대 효과와 기간 효과를 고려하더라도 나이가 들수록 점차 보수적인 방향으로 변화하는 연령 효과의 증거 역시 분명히 찾아볼 수 있다(Geys et al. 2022; Peterson et al. 2020; Tilley and Evans 2014). 결국 나이가 많을수록 상대적으로 보수적인 후보와 정당을 지지하는 현상은 연령 효과와 함께 현재 유권자층을 구성하는 각 세대가 정치적 사회화를 경험했을 때의 정치적 환경의 차이가 결합하여 만들어낸 현상이라고 할 수 있다. 그리고 세대 효과의 강력한 영향력은 앞으로 유권자층에 새롭게 진입하는 세대가 어떠한 환경에서 정치적 사회화를 경험하는가에 따라 나이가 많을수록 보수적인 성향을 보이는 익숙한 현상이 얼마든지 변화할 수 있다는 것을 의미한다.

2) 성별

전통적으로 성별에 따른 정치적 선택의 차이는 그리 두드러지지 않았다. 가부장적 사회 구조하에서 여성들은 남성에 비해 정치나 선거에 적극적으로 참여하지 않았으며, 참여하더라도 그들의 배우자의 선택을 수동적으로 따르는 경우가 많았다. 만일 성별에 따른 정치적 차이가 나타나는 경우라면, 종교적으로 보수적인 여성들이 정치적으로도 남성들에 비해 보수적인 정당을 지지하는 경향이 좀 더 강하다고 믿어졌다.

잉글하트와 노리스에 따르면(Inglehart and Norris 2000, 2003), 탈산업화가 진행되고 여성의 노동시장 참여가 급격하게 증가한 1980년대 이후부터 대부분의 서구 사회에서 전통적 성차(traditional gender gap)가 사라지고 대신에 현대적 성차(modern gender gap)가 나타나기 시작했다. 참여라는 측면에서 여성의 투표율이 남성의 투표율에 육박하거나 혹은 오히려 더 높아졌으며, 후보 선택에 있어서 여성들이 남성에 비해 더 진보적인 성향을 드러내기 시작했다는 것이다. 여성들의 경제적 지위 상승 및 성역할의 변화, 그리고 양성평등 및 페미니즘 관련 가치관의 변화 등이 여성들의 상대적 진보 성향 강화에 기여한 요인으로 제시된다(Cook and Wilcox 1991; Manza and Brooks 1998).

현대적 성차의 또 다른 원인으로 복지 및 사회보장 관련 이슈에 대한 여성들의 선호를 들 수 있다. 비록 여성들의 노동시장 참여가 증가하면서 경제적 자립이 강화되었다고 하더라도 많은 사회에서 여전히 여성들이 남성에 비해 경제적으로나 사회적으로 불리한 조건에 처한 것이 사실이다. 따라서 남성에 비해 여성이 복지 및 사회보장 이슈에 대해 더 진보적인 성향을 띠게 마련이며, 이러한 선호의 차이가 관련 이슈의 중요성이 증가하면서 현대적 성차의 확대에 기여했다는 것이다(Box-Steffensmeier et al. 2004; Iversen and Rosenbluth 2006; Kaufmann and Petrocik. 1999).

짧은 기간 동안 급격한 산업화와 민주화를 동시에 겪은 한국에서도 전통적 성차가 점차 약화되고 현대적 성차가 나타나는 모습을 찾아볼 수 있다. 우선 2010년대 이후 주요 선거에서 여성 유권자의 투표율이 남성들을 종종 앞지르고 있으며, 정치에 대한 관심이나 지식, 그리고 효능감 등의 측면에 있어서 남녀 간 차이는 지속적으로 줄어들고 있다는 증거도 제시되었다. 또한 2002년 대통령선거 이후 성별에 따른 주요 후보의 득표율을 보여주는 〈표 2-2〉에 따르면, 남성에 비해 상대적으로 보수 후보를 더 지지하던 여성 유권자들이 2017년 대통령선거를 기점으로 진보 성향 후보에게 더 높은 지지율을 보내는 변화가 뚜렷하게 드러난다.

〈표 2-2〉 역대 대통령선거에서 성별에 따른 투표 선택 (%)

		남성	여성
제16대 대선	이회창	45.9	48.4
	노무현	49.2	48.3
제17대 대선	이명박	50.6	51.0
	정동영	26.7	25.3
	이회창	12.8	13.7
제18대 대선	박근혜	49.1	51.1
	문재인	49.8	47.9
제19대 대선	문재인	39.1	42.0
	홍준표	26.6	23.2
	안철수	22.3	21.6
제20대 대선	이재명	46.5	49.1
	윤석열	50.1	46.6

자료: 각 선거 방송사 출구조사

특히 한국 선거에서 현대적 성차의 등장을 주도적으로 이끌고 있는 것은 다름 아닌 20~30대 젊은 여성 유권자들이다. 우선 30대 이하 젊은 세대에 국한한다면 이미 여성 투표율이 동년배 남성 유권자들의 투표율을 역전한 현상은 그 이전 세대보다 훨씬 일찍부터 시작되었다(구본상 2021; 구본상 외 2015). 투표 선택에 있어서도 2022년 대통령선거를 전후하여 젊은 세대 유권자들 사이에서 남녀 간 투표 선택의 차이가 두드러지게 나타났다. 예를 들어 〈그림 2-1〉에 따르면 제20대 대선에서 20대와 30대 여성 유권자들은 상대적으로 진보 성향인 이재명 후보에게 더 많은 표를 주어 정반대의 선택을 한 동년배 남성 유권자들과 명확한 차이를 보였다. 반면에 40대 이상 유권자들 사이에서는 성별에 따른 눈에 띄는 차이가 발견되지 않았다.

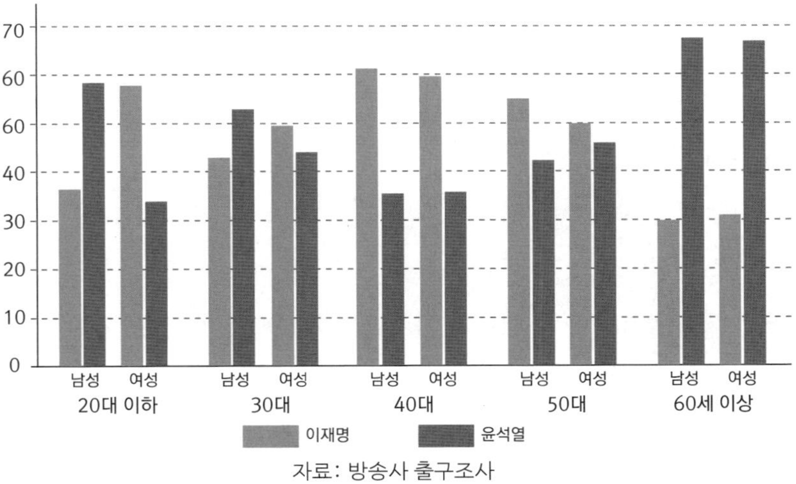

자료: 방송사 출구조사

〈그림 2-1〉 제20대 대통령선거에서 성별·연령대별 투표 선택 (%)

물론 제20대 대선에서 나타난 남녀 청년 유권자들의 상반된 선택이 특별한 상황에서 발생한 일시적인 현상일 수도 있다. 또한 청년 유권자 내에서 성별에 따른 정치적 성향의 차이가 흔히 생각하는 것보다 크지 않다는 반론도 존재한다. 그러나 젊은 여성 유권자들이 기성세대에 속한 여성 유권자들과는 상당히 다른 모습을 보이고 있다는 점은 부정할 수 없으며, 이와 같은 여성 내 세대 간 차이가 남성들 사이의 세대 간 차이에 비해 더 크다는 것이다(박선경 2020a). 다시 말해서 20~30대를 중심으로 여성 유권자들이 빠르게 변화하고 있으며, 이와 같이 유권자 집단에 새롭게 충원되는 세대에서 나타나는 현대적 성차는 앞으로 이들의 성장과 함께 지속적으로 강화될 가능성이 있다는 것이다.

3) 인종

미국을 비롯하여 자발적·비자발적 이민의 역사가 오래된 많은 서구 민주주의 사회에서 상당한 숫자의 유권자들이 인종적·문화적 소수집단의 구성원이다. 여전히 여러 가지 정치·경제·사회적 불이익과 차별을 경험하고 있는 소수 인종 유권자들은 주류—즉 백인—유권자들과는 구별되는 삶의 태도와 가치관을 가질 가능성이 높다. 또한 소수 인종 집단의 구성원들은 나름의 사회적 관계망을 구성하고 상호작용함으로써 주류 사회와는 구별되는 독특한 정치적 이해관계와 문화를 발전시킬 수 있다. 따라서 이들 국가에서는 유권자가 어떠한 인종집단(racial and ethnic group)에 속하는지가 그들의 투표 선택에 결코 무시할 수 없는 중요한 영향을 끼치게 된다.

일반적으로 소수 인종 유권자들은 상대적으로 진보적인 후보와 정당을 지지하는 경향이 있다. 실제로 미국에서 흑인 유권자의 압도적 다수가 민주당 후보를 꾸준히 지지해 왔다(Dawson 1995; Tate 1994). 또한 히스패닉계 유권자 또한 대략 2:1 정도의 비율로 민주당 후보에게 더 높은 지지를 보내는 것으로 알려져 있다(de la Garza et al. 1992; Fraga et al. 2012). 최근의 예로, 2020년 미국 대통령선거 출구조사에 따르면 흑인 유권자의 87%와 히스패닉계 유권자의 65%, 그리고 아시아계 유권자의 61%가 바이든 후보에게 투표함으로써 41%의 지지에 그친 백인 유권자와 명확한 대비를 이루었다.[6] 또한 이민자 및 소수 인종 출신 유권자들이 진보 성향의 정당과 후보를 지지하는 것은 유럽의 많은 국가에서도 마찬가지로 관찰되는 현상이다(Bird et al. 2011).

그러나 인종에 따른 투표 선택의 차이를 이해하는 데 있어서 몇 가지 주의해야 할 점이 있다. 첫 번째는 인종 집단 내부에 존재하는 정치적 다양성과 이질성을 간과해서는 안 된다는 점이다. 예를 들어 같은 인종 집단에 속한 유권자 사이에도 출신 국가, 사회경제적 지위, 주류 사회와의 동화 정도 등에 따른 정치적 선택의 차이는 얼마든지 나타날 수 있다. 두 번째로, 소수 인종 유권자들이 상대적으로 진보적인 후보와 정당을 지지하더라도 이러한 지지가 반드시 특정한 정책이나 이슈에 대한 동의에 기반하지 않을 수 있다. 즉 구체적인 정책과

6 다만 2024년 미국 대통령선거의 출구조사에 따르면 히스패닉계 유권자와 아시아계 유권자 사이에서 민주당의 해리스 후보의 득표율이 각각 51%와 55%로 하락하였다.

이슈에 대한 입장이 다소 어긋난다고 하더라도 상대적으로 진보적인 후보와 정당이 소수 인종에게 보다 우호적이라는 인식이 소수 인종 유권자로 하여금 이들을 지지하도록 이끌 수 있다는 것이다.

이러한 측면에서 중요한 개념이 인종과 관련한 '집단의식(group consciousness)'이다. 집단의식은 자신이 속한 집단의 다른 구성원들과 정치적·경제적 이해관계를 공유하며 이러한 이해관계를 추구하기 위해 집단적 행동이 필요하다는 인식, 혹은 차별과 불이익의 경험을 통해 끊임없이 재확인되는 집단 간 불평등에 대한 인식 등을 의미하며, 이러한 집단의식이 강한 소수 인종 유권자일수록 인종을 정치적 행동과 선택의 중요한 기준으로 고려한다는 것이다(Chong and Rogers 2005; Dawson 1995; McCain et al. 2009). 다시 말해서 집단의식을 자극하는 여러 가지 개인적·맥락적 요인의 변화에 따라 인종 간 투표 선택의 차이는 달라질 수 있다고 할 수 있다.

4) 교육 수준

학력은 대부분의 선진 민주주의 국가에서 유권자들 사이에서 정치적 선호와 선택의 차이를 가져오는 핵심적인 요인 중 하나로 꼽혀 왔으며, 고학력 유권자일수록 더 자유주의적인 성향을 보이고 상대적으로 진보적인 후보나 정당을 지지하는 경향이 있다는 사실은 잘 알려져 있다. 그리고 이와 같은 교육 수준에 따른 정치적 차이는 최근 들어 서구 민주주의 국가의 선거에서 그 중요성이 더욱 증가하고 있다(Ford and Jennings 2020). 무엇보다도 많은 나라에서 반이민 정서 및 자민족중심주의(ethnocentrism), 그리고 이에 기댄 우파 포퓰리즘 후보 및 정당에 대한 지지가 주로 저학력 유권자들 사이에서 높게 나타난다[7]는 점에서 교육 수준의 효과는 더욱 관심의 대상이 되었다(Grossmann and Hopkins 2024; Kinder and Kam 2010; Norris and Inglehart 2019).

이러한 현상이 나타나는 중요한 이유 중 하나는 교육 수준이 높은 사람일수록 사회적 다양성 및 소수자에 대한 관용과 수용성이 높고, 결과적으로 다양한 사회적 이슈에 대해 진보적인 태도를 가지는 경향이 있다는 점에서 찾을 수 있다(Bobo and Licari 1989; Dalton 2020; Nie et al. 1996). 이러한 관점에서 특히 중요한 의미를 갖는 것이 대학 이상의 고등교육을 받았는지인데, 많은 유권자에게 대학교는 익숙한 성장환경과 사회적 관계망에서 벗어나서 다양한 배경을 가진 동료들과 상호작용하게 되는 첫 번째 계기가 되기 때문이다. 또한 교육 수준의 상승은 주어진 상황과 권위를 그대로 받아들지 않고 비판적으로 인식할 수 있도록 하는 인지적 능력과 자원을 배양한다는 측면도 있다.

한국의 경우에도 교육 수준은 연령과 더불어 유권자의 투표 선택을 가르는 중요한 요인 중의 하나라고 할 수 있다. 아래 〈표 2-3〉에서

---

7 출구조사에 따르면 2016년 미국 대통령선거에서 트럼프 후보는 고졸 이하 학력을 가진 백인 남성의 72% 그리고 고졸 이하 학력을 가진 백인 여성의 62%로부터 지지를 받았다. 마찬가지로 영국에서 실시된 브렉시트(Brexit) 관련 국민투표에서 대졸 이상 학력을 가진 유권자의 75%가 EU 잔류를 선택한 반면에 고졸 이하 학력 유권자의 73%는 EU 탈퇴에 투표한 것으로 나타났다.

는 지난 세 번에 걸친 대통령선거 이후에 실시된 설문조사를 사용하여, 유권자의 교육 수준에 따라 지지 후보가 어떻게 달라졌는지 살펴보고 있다. 교육 수준이 낮은 유권자일수록 보수 성향의 후보에게 투표하며, 교육 수준이 증가할수록 진보 성향의 후보에 대한 지지율이 점차 상승하는 것이 명확하게 드러난다.[8]

〈표 2-3〉 역대 대통령선거에서 교육 수준별 투표 선택 (%)

	제20대 대선		제19대 대선			제18대 대선	
	이재명	윤석열	문재인	홍준표	안철수	박근혜	문재인
중졸 이하	30.2	69.8	47.4	42.8	7.2	78.3	21.7
고졸	40.9	57.0	53.9	26.7	10.7	60.0	40.0
대학재학 이상	55.1	42.7	60.9	11.6	14.6	42.2	57.8

자료: 한국정치학회(2022a, 2017), 동아시아연구원(2012)

다만 교육 수준이 정치적 선호에 끼치는 영향력은 일방적이지 않을 수 있다. 대표적인 예로서 교육 수준의 증가는 대체로 소득의 증가 혹은 보다 좋은 직업으로 연결되기 마련이며, 이러한 경제적 지위 상승은 흔히 보수적인 후보 및 정당에 대한 지지로 이어질 수 있기 때문이다. 실제로 한 연구에 따르면 교육 수준의 증가는 사회적 약자에 대한 관용적인 태도를 강화시키지만, 이와 동시에 이들에 대한 정부의

8 물론 1980년대 30%대에 그치던 한국의 대학진학률이 최근 70%대에 이르기까지 지속적으로 증가했다는 점을 고려한다면, 교육 수준이 낮은 저학력 유권자의 상당수가 보수적인 성향을 보이는 고연령층에 해당할 가능성이 높다. 따라서 실제로 교육 수준이 투표 선택에 끼치는 독립적인 영향력의 크기는 〈표 2-3〉에서 제시된 것보다는 다소 작을 것이라고 예상할 수 있다.

지원 확대에 대해서는 부정적인 태도를 가지도록 이끄는 것으로 나타났다(Phelan et al. 1995). 다시 말해서 교육 수준의 증가는 사회적 이슈에 대한 진보적인 태도와 경제적 이슈에 대한 보수적인 태도를 동시에 강화시킬 수 있다는 것이다. 다만 아직까지 교육 수준의 증가가 경제적 이슈에 대한 보수적인 태도를 넘어서 실제로 선거에서의 보수적 선택으로 이어진다는 증거는 상대적으로 부족하다고 평가할 수 있다.

5) 소득 및 계층

소득이 낮은 사람이라면 자신이 세금으로 납부하는 것보다 소득 재분배를 통해 얻을 수 있는 이익이 더 클 것이며, 따라서 적극적인 시장 개입과 복지정책을 추진하는 정부를 수립하는 것이 그들의 합리적 이해관계에 부합한다(Meltzer and Richard 1981). 이러한 예상은 실제로 소득 및 자산이 낮은 유권자일수록 복지 및 재분배정책에 대해 긍정적인 태도를 보인다는 증거에 의해 뒷받침된다(Alesina and La Ferrara 2005; Iversen and Soskice 2001). 이러한 관점에서 본다면 소득을 비롯하여 경제적 지위가 낮은 유권자는 진보적인 후보와 정당을 지지하고, 고소득층 및 자산을 보유한 상위 계층 유권자들은 보수적인 후보와 정당을 지지하는 것은 자연스러운 현상이라고 할 수 있다. 예를 들어 부유층이 모여 사는 서울의 강남 지역에서 보수 정당이 압도적으로 강한 지지를 받는다는 점도 마찬가지로 이해할 수 있다.

일찍이 컬럼비아 학파의 연구에서부터 유권자의 투표 선택을 결정짓는 여러 요인 중 가장 중요한 것 중 하나로 유권자의 계급적 지위를 꼽았다. 이후 연구들에서도 소득 및 직업에 따라 서로 다른 후보와 정당을 지지하는 소위 '계급투표(class voting)'는 경제적 이해관계를 중심으로 정당 간 경쟁이 이루어지는 서구 사회에서 일반적인 현상으로 받아들여졌다(Lipset and Rokkan 1967). 그러나 1970년대 이후 일반 대중들의 삶의 질 상승과 함께, 경제적 이슈의 중요성이 하락하고 탈물질주의(post-materialism)가 대두되면서 계급균열의 정치적 중요성이 상대적으로 약화되었다(Inglehart 1977, 2008). 계급균열을 중심으로 짜여진 기존 정치 구도와 새로운 정치적 환경 사이의 괴리는 무당파 유권자의 급격한 확대와 함께 선거의 유동성 증가를 가져왔다(Dalton and Wattenberg 2000; Nie et al. 1976). 결과적으로 많은 서구 민주주의 국가에서 유권자의 경제적 특성이 그들의 투표 선택에 끼치는 영향력이 하락하였다고 평가된다(Dalton 2020; Franklin et al. 1992).

물론 계급투표의 중요성이 정말로 하락했는가에 대해서는 논란의 여지가 존재한다(Evans 2000; Manza et al. 1995). 특히 2000년대 이후 경제적 불평등과 양극화가 심화되면서 소득, 직업, 재산 등과 같은 경제적 지위가 높은 유권자일수록 보수적인 후보와 정당을 지지하는 경향이 다시 뚜렷해졌다(Bartels 2008; Gelman et al. 2010; Thomassen 2005). 이와 같이 소득과 같은 유권자의 경제적 특성이 투표 선택에 끼치는 영향력에 대한 논란이 지속되는 핵심적인 이유는 계급투표의 중요성이 선거 및 정당정치의 변화와 맞물리며 변화하기 때문이다. 다시 말해서 과거 주요 정당이 차별적인 이념적 지향을 강조하기보다는 가능한 많은 유권자에게 호소할 수 있는 포괄적 정책과 공약 제시에 힘쓰던 시기에는 계급투표 현상이 약화되지만(Evans 1999; Katz and Mair 1994; Kitschelt 1994), 반대로 사회구조와 정치적 환경의 변화에 따라 경제와 분배정책과 관련하여 각 정당이 선명한 입장을 취하게 되면서 유권자의 경제적 특성이 가지는 정치적 중요성이 다시 증가할 수 있다는 것이다.

그렇다면 한국의 경우는 어떠한가? 〈표 2-4〉는 지난 세 번에 걸친 대통령선거 이후에 실시된 설문조사를 사용하여, 유권자의 월평균 가구소득에 따라 지지 후보가 어떻게 달라졌는지 보여주고 있다. 흥미롭게도 지난 세 번의 대선에서 모두 월평균 가구소득이 낮은 유권자일수록 오히려 보수 성향의 후보를 지지하고, 유권자의 경제적 지위가 상승할수록 진보 성향의 후보에 대한 지지가 상승하고 있다. 앞서 언급했듯이 서구 사회에서도 경제적 지위의 정치적 영향력을 둘러싸고 논란이 지속되고 있지만, 한국의 경우 단순히 유권자들이 과연 경제적 이해관계에 따라 투표하는가의 차원을 넘어서 오히려 계급투표의 논리와는 정반대의 모습이 관찰되고 있다는 것이다. 그리고 이러한 모습은 선거에서의 투표 선택뿐만 아니라 평소에 어떤 정당을 지지하는지와 같이 선거와 무관한 상황에서도 마찬가지로 관찰된다.

〈표 2-4〉 역대 대통령선거에서 소득 수준별 투표 선택 (%)

	제20대 대선		제19대 대선			제18대 대선	
	이재명	윤석열	문재인	홍준표	안철수	박근혜	문재인
200만 원 미만	40.7	59.3	50.0	43.4	4.9	66.1	33.9
200만~300만 원	40.0	58.9	48.9	34.8	7.4	51.0	49.0
300만~500만 원	42.2	55.9	57.6	20.0	11.9	49.4	50.6
500만 원 이상	51.2	46.3	59.4	12.3	16.6	50.3	49.7

자료: 한국정치학회(2022a, 2017), 동아시아연구원(2012)

〈표 2-4〉와 같이 저소득층일수록 보수 성향 후보와 정당을 지지하는 현상은 자신의 경제적 이해관계에 도움이 되지 않거나 오히려 불리한 후보나 정당을 지지한다는 점에서 '계급배반투표' 현상이라고도 불린다. 과연 한국 선거에서는 계급배반투표가 일어나고 있는지, 만일 그렇다면 어떠한 이유에서 한국 유권자들은 이렇게 행동하고 있는지에 대해서는 다음 절에서 좀 더 자세히 살펴보도록 한다.

3. 한국의 계급배반투표

실제로 한국 유권자들이 계급배반투표의 모습을 보이는지 좀 더 자세히 살펴보기 위해 〈표 2-5〉에서는 제20대 대통령선거를 대상으로 유권자의 소득 수준과 함께 계급적 지위를 보여주는 또 다른 중요한 요인인 직업에 따라 지지 후보가 어떻게 달라졌는지 보여주고 있다. 유권자의 소득을 기준으로 살펴보았을 때 상대적으로 가구소득이 낮은 유권자들 사이에서 보수 성향의 윤석열 후보가 과반 득표를 한 반면에, 이재명 후보는 가구소득이 높은 유권자들 사이에서 더 많은 표를 얻었다는 점을 알 수 있다. 또한 직업에 있어서도 이재명 후보는 화이트칼라 직업인 사무/기술/전문직에 종사하는 유권자들 사이에서 훨씬 많은 표를 얻었으며, 블루칼라 직업이라고 할 수 있는 직업군에 속하는 유권자들은 보수 성향의 윤석열 후보에게 더 높은 지지를 보냈다. 결국 〈표 2-5〉는 한국 유권자들 사이에서 나타나는 계급배반투표의 가능성을 다시 한 번 확인시켜 주고 있는 것이다.

〈표 2-5〉 제20대 대통령선거에서 소득 수준 및 직업별 투표 선택 (%, N=964)

		이재명	윤석열	사례수
월평균 가구 소득	300만 원 미만	40.2	59.0	117
	300~400만 원	35.6	61.6	146
	400~500만 원	46.6	52.1	219
	500~600만 원	52.0	45.1	204
	600~700만 원	50.4	46.3	121
	700만 원 이상	51.0	47.8	157
직업	판매/영업/서비스직	47.0	50.0	168
	생산/기능/노무직	38.4	61.6	86
	사무/기술/전문직	56.7	41.6	293
	자영업	44.2	53.6	181
	기타 (농어업 포함)	34.7	57.1	49
	실업/무직	39.0	59.9	187

주: 전체 응답자 중 선거에 참여하여 투표했다고 대답한 응답자만을 포함함.
자료: 한국정치학회(2022a)

그렇다면 과연 많은 한국 유권자들이 자신들의 경제적 이해관계와는 사뭇 거리가 있는 선택을 하는 이유는 무엇인가? 우선 잊지 말아야 할 사실은 선거에서 유권자들이 고려하는 이슈가 경제적인 것에만 국한되지 않는다는 점이다. 앞서 소득이 낮은 유권자일수록 적극적인 시장 개입과 복지정책을 추진하는 진보 후보와 정당을 지지할 것이라는 예측은 만일 경제와 무관한 다른 이슈가 선거에서 함께 주요하게 제기된다면 성립하기 어렵다(Roemer 1998). 예를 들어 미국 선거에서 저학력 백인 노동자들이 민주당이 아니라 보수적인 공화당 후보를 지지하는 것 역시 인종 문제 혹은 낙태나 동성결혼과 같은 종교적·사회문화적 이슈에 대한 입장 때문이라고 할 수 있다.

한국 선거에서 경제적 이해관계의 영향력이 역전되어 나타나는 또 다른 이유는 세대와 계급/계층이 혼합되어 있다는 사실에서 비롯된다. 이와 관련하여 〈표 2-6〉은 제20대 대통령선거 당시 각 소득구간 및 직업군이 어떠한 연령대로 구성되어 있었는지 보여주고 있다. 저소득층 및 블루칼라 직업군 등 경제적 이해관계에 따르면 진보 성향의 후보를 지지할 것으로 기대되는 유권자 집단이 주로 60세 이상 고령층으로 구성되어 있다는 점을 알 수 있다. 다시 말해서 저소득층 및 블루칼라 유권자들이 보수 후보를 지지하는 것은 이들의 계층적 지위와 무관하게 높은 연령에서 비롯된 보수적 성향으로 인한 것이며, 이러한 고연령층 유권자들을 제외한다면 계급배반투표는 크게 약화된다는 것이다(강원택 2013).

〈표 2-6〉 제20대 대통령선거에서 소득 수준 및 직업별 연령 구성 (%, N=1,046)

		20대 이하	30대	40대	50대	60세 이상
월평균 가구 소득	300만 원 미만	20.3	6.2	5.5	8.6	59.4
	300~400만 원	7.6	14.6	12.0	10.8	55.1
	400~500만 원	7.6	21.5	21.9	20.3	28.7
	500~600만 원	10.7	20.9	26.	21.9	20.5
	600~700만 원	23.9	14.2	26.1	22.4	13.4
	700만 원 이상	32.8	9.8	13.2	30.5	13.8
직업	판매/영업/서비스직	18.0	16.4	21.7	22.2	21.7
	생산/기능/노무직	6.7	4.4	18.9	18.9	51.1
	사무/기술/전문직	27.9	29.8	23.8	13.5	5.0
	자영업	0.5	4.8	18.7	33.7	42.3
	기타 (농어업 포함)	49.1	5.5	1.8	9.1	34.5
	실업/무직	5.3	10.2	10.7	17.5	56.3

자료: 한국정치학회(2022a)

세 번째로 한국 유권자의 계급배반투표에 대해 이야기하기 전에 과연 소득이나 직업이 얼마나 한국 사회에서의 계급/계층을 얼마나 잘 보여주고 있는가에 대해 고민해 볼 필요가 있다. 실제로 2010년대 이후 한국 사회에서 근로소득에 기반한 불평등은 지속적으로 개선되어왔지만, 자산에 기반한 불평등은 오히려 악화되었다(김낙년 2018). 특히 대부분의 한국인에게 자산의 절대적인 비중을 차지하는 것은 부동산이며, 부동산의 소유 여부는 각자의 경제적 삶의 질과 비용에 결정적인 영향을 끼치고 있다. 그러나 자산의 형성과 증식은 개인의 노력과 저축만으로는 한계가 있으며, 상속이나 증여, 혹은 자본이득에 기대는 부분이 큰 것이 사실이다. 다시 말해서 한국 사회에서 계급/계층을 규정하는 핵심적인 지표는 소득이나 직업보다는 자산의 규모, 특히 부동산의 소유 여부 및 형태라고 할 수 있다는 것이다.

실제로 소득이 아니라 유권자의 자산이 투표 선택에 끼치는 영향력을 살펴본 연구에 따르면, 자산 규모가 클수록 그리고 (비싼) 주택을 소유하고 있을수록 보수 후보 및 정당을 지지할 확률이 유의미하게 증가하는 것으로 나타났다(김수인·강원택 2022; 김도균·최종호 2018; 손낙구 2010). 〈표 2-7〉에서 보여주듯이 제20대 대통령선거에서도—매우 강력한 관계라고 하기는 어렵지만—가구 총재산이 증가할수록 진보 성향 후보에 비해 보수 후보를 지지하는 경향이 확인되었다. 다시 말해서 소득이나 직업이 아닌 자산에 초점을 맞춘다면 계급배반투표 현상은 나타나지 않으며, 경제적 이해관계 역시 한국 유권자들의 투표 선택에 일정한 영향을 끼친다는 것이다.

〈표 2-7〉 제20대 대통령선거에서 가구 총재산별 투표 선택 (%, N=964)

	이재명	윤석열	사례수
1억 원 미만	50.0	45.7	92
1~3억 원	45.4	54.1	194
3~5억 원	48.9	48.6	319
5~7억 원	50.0	47.9	146
7~9억 원	43.7	55.3	103
9억 원 이상	36.4	60.9	110

자료: 한국정치학회(2022a)

자산을 통해 드러나는 계급투표의 가능성은 또 다른 관련된 연구에 의해 간접적으로 뒷받침될 수 있다. 몇몇 연구에 따르면(이지은·강원택 2020; 장승진 2013a), 한국 유권자의 소득은 비록 직접적으로 투표 선택에 영향을 끼치지 않는다고 하더라도, 그들이 주관적으로 느끼는 계층의식에 유의미한 영향을 끼친다. 즉 소득 수준이 낮은 유권자는 스스로를 하층에 속하는 것으로 인식하며, 주관적 계층의식이 낮은 유권자는 진보 성향의 후보나 정당에게 투표하는 경향이 있다는 것이다. 이러한 연구 결과들을 종합한다면, 한국 사회의 경제적 불평등이 지금까지와 마찬가지로 계속 악화된다면 앞으로의 선거에서 경제 정책 등을 둘러싸고 계층별 태도의 차이가 더욱 크게 나타날 수 있음을 시사하고 있다.

4. 한국의 지역주의 투표

유권자가 거주하는 지역 또한 투표 선택의 차이를 가져오는 또 다른 특성이라고 할 수 있다. 예를 들어 '여촌야도(與村野都)'라는 표현이 보여주듯이, 농촌이나 중소도시에서는 (보수적인) 여당 후보의 득표율이 높고 대도시에서는 (진보적인) 야당 후보의 지지율이 높게 나타나는 것은 민주화 이전의 한국 선거부터 꾸준하게 관찰되었던 현상이었다. 농촌이나 중소도시에 비해 대도시에서는 유권자의 평균 연령이 낮고 교육 수준이 높으며, 상대적으로 다양한 배경의 사람들과 상호작용할 기회가 더 많기 때문에 문화적으로나 정치적으로 더 진보적인 색채를 띠기 때문이다. 미국의 경우에도 2024년 대통령선거 출구조사에서 공화당의 트럼프 후보의 득표율이 대도시 거주 유권자 사이에서는 38%에 그쳤지만, 교외(suburb) 지역 거주 유권자 사이에서는 51% 그리고 시골(rural) 지역 거주 유권자 사이에서는 64%를 기록하여 비슷한 양상을 보였다.

그러나 한국에서는 유권자의 거주 지역이 조금 다른 형태로 투표 선택과 선거 결과에 지대한 영향을 끼쳐왔다. 1987년 민주화 이후 치러진 첫 번째 대통령선거부터 유권자들이 자신의 지역 출신 정치인 및 대선 후보—가 이끄는 정당—를 압도적으로 지지하는 경향이 나타났으며, 이러한 지역주의 투표 경향은 1991년 3당 합당을 통해 한국 정치가 양당제적 구조로 재편된 이후에도 지속되었다. 이러한 한국의 지역주의 투표의 핵심은 호남 지역 유권자들은 압도적으로 민주당 계열의 정당과 후보를 지지하는 반면에, 영남—특히 대구/경북—지역 유권자들은 보수 정당 계열의 정당과 후보를 지지한다는 것이다. 그리고 〈표 2-8〉이 보여주듯이 지역주의 투표는 최근에 실시된 대통령선거에서도 여전히 사라지지 않고 있다.

〈표 2-8〉 최근 대통령선거에서 지역별 득표율 (%)

	제18대		제19대			제20대	
	박근혜	문재인	문재인	홍준표	안철수	이재명	윤석열
서울	48.2	51.4	42.3	20.8	22.7	45.7	50.6
인천/경기	50.7	49.0	41.9	20.7	23.1	50.6	45.9
대전/충청	54.4	45.1	40.4	23.5	22.8	45.9	50.1
부산/울산/경남	61.2	38.4	37.8	33.5	15.5	38.2	57.7
대구/경북	80.5	19.1	21.7	47.1	14.9	22.8	73.9
호남	10.5	89.0	62.0	2.5	28.1	84.6	12.9
강원	62.0	37.5	34.2	30.0	21.8	41.7	54.2
제주	50.5	49.0	45.5	18.3	20.9	52.6	42.7
전국	51.6	48.0	41.1	24.0	21.4	47.8	48.6

오랫동안 지역주의 투표는 한국의 정치와 선거를 왜곡시키는 주요한 원인 중 하나로 꼽히면서 비판의 대상이 되어 왔다. 그러나 2000년대 이후 한국 선거에서 이념이나 세대 등의 중요성이 커지면서, 유권자 투표행태에 지역주의의 영향이 줄어들고 있다는 증거가 제시되기 시작하였다(강원택 2003; 최준영·조진만 2005). 일단 부산/울산/경남 지역 유권자의 경우—비록 아직까지 상대 정당에 대한 애착이나 충성심의 강화로 이어지지는 않았지만—보수 정당에 대한 지지로부터의 이탈(dealignment)이 발생하였다(강원택 2019). 또한 영호남 지역의 유권자 내부에서도 지역 내 동질성이 과거에 비해 상당히 완화되었다. 실제로 제19대와 제20대 대통령선거에서 영호남 지역 유권자들의 투표 선택을 연달아 살펴보고 있는 〈표 2-9〉에 따르면, 최소한 영남 지역에서는 같은 지역 내에서도 유권자의 연령대에 따라 지지 후

보의 차이가 적지 않게 나타나고 있음을 확인할 수 있다.[9] 다시 말해서 청년 유권자들을 중심으로 전통적 지역 패권 정당에 대한 투표 쏠림 현상이 점차 약화되고 있으며, 이는 앞으로 지역주의가 변화할 가능성을 보여준다고 평가할 수 있다.

〈표 2-9〉 제19대와 제20대 대통령선거에서 영호남의 연령대별 투표 선택 (%)

			20대	30대	40대	50대	60대 이상
第20대	부산/울산/경남	이재명	29.4	45.5	39.1	36.7	12.0
		윤석열	52.9	45.5	60.9	63.3	86.0
	대구/경북	이재명	46.2	45.5	33.3	10.5	11.8
		윤석열	46.2	45.5	66.7	89.5	88.2
	호남	이재명	91.7	75.0	100	95.0	94.0
		윤석열	8.3	25.0	–	5.0	5.0
第19대	부산/울산/경남	문재인	73.7	61.8	59.5	31.0	22.6
		홍준표	5.3	8.8	14.3	65.5	64.5
		안철수	5.3	14.7	11.9	3.4	6.5
		유승민	5.3	8.8	7.1	–	3.2
	대구/경북	문재인	50.0	47.1	30.4	20.0	22.7
		홍준표	–	29.4	43.5	65.0	77.3
		안철수	28.6	17.6	4.3	10.0	–
		유승민	21.4	5.9	21.7	–	–
	호남	문재인	75.0	57.1	68.0	65.2	86.4
		홍준표	–	–	–	–	–
		안철수	16.7	42.9	24.0	30.4	13.6
		유승민	–	–	–	–	–

자료: 한국정치학회(2022a, 2017)

9 물론 특정 지역 내 특정 연령대에 속하는 응답자의 수가 많지 않기 때문에, 〈표 2-9〉의 수치 자체에 큰 의미를 부여하기는 어렵지만, 그럼에도 불구하고 전체적인 패턴을 파악하는 데에는 무리가 없다.

물론 약화되고 있다는 증거에도 불구하고 지역주의가 여전히 한국 정치와 선거에 무시할 수 없는 영향을 끼치고 있는 것은 사실이다. 우선 지역은 한국 유권자가 소속감을 느끼는 주요한 사회집단 중 하나이며, 실제로 지역에 대한 소속감을 강하게 느낄수록 내집단 지역에 대한 애착과 외집단 지역에 대한 반감으로 표현되는 지역주의 태도를 강하게 드러낸다(김기동·이재묵 2022). 두 번째로 호남 지역 유권자들은 다른 지역에 비해 이념적으로 더 진보적이며, 특히 대북 및 통일정책과 관련하여 호남 지역 유권자와 대구/경북 지역 유권자 사이의 선호 차이가 분명하다. 다시 말해서 지역주의 투표는 사회심리적 태도의 차이뿐만 아니라 이념적 요소 역시 중첩되어 있다는 것이다(문우진 2017; 윤광일 2018).

세 번째로 과거에 비해 노골적인 지역감정이나 차별은 거의 사라졌지만, 특정 지역민에 대한 고정관념이나 편견은 변형된 모습으로 여전히 한국 사회에 남아 있을 수 있다(김용철·조영호 2015). 예를 들어 '상징적 인종주의(symbolic racism)' 이론은 미국에서 흑인에 대한 제도적·공식적 차별이 사라지면서 생물학적 우열에 기반한 노골적인 인종 편견은 완화되었으나, 대신에 흑인들의 부정적인 가치관과 불성실한 태도에 대한 사회적 편견으로 구성된 정치화된 신념체계가 여전히 백인 유권자들의 정치적 태도와 행태에 영향을 끼치고 있다고 주장한다(Sears 1988; Tarman and Sears 2005). 마찬가지로 한국의 지역감정도 이념적 '색깔론'의 형태로 변형되어 차별적 편견과 담론을 정치권과 사회에서 지속적으로 재생산하고 있다는 것이다.

마지막으로 지역주의의 영향력을 설명하는 데 있어서 선거제도의 영향력도 무시할 수 없다. 2024년 제22대 총선에서 부산 지역에서 국민의힘과 민주당 지역구 후보의 총 득표율은 각각 53.86%와 42.04%였지만, 차지한 의석의 비율은 17:1이라는 일방적인 결과였다. 다시 말해서 선거구에서 1등만 당선될 수 있는 '승자독식'의 선거제도로 인해, 각 정당이 영호남에서 획득하는 의석수와 득표율은 실제로 존재하는 정당 지지의 차이보다 훨씬 더 과장되어 표출되는 경향이 있다는 것이다.

Part 1

컬럼비아 학파에서 출발한 사회학적 이론은 유권자의 투표 선택을 이해하기 위한 중요한 배경을 제공한다. 그러나 사회학적 이론은 쉽게 변화하지 않는 유권자의 객관적 특성을 사용하여 매번 달라지는 선거 결과와 유권자의 선택을 설명하려고 한다는 점에서 한계를 가질 수밖에 없다. 또한 앞에서 살펴본 바와 같이 시간이 흐르고 정치적 환경이 바뀌면서 특정 연령, 성별, 사회경제적 지위를 가진 유권자의 투표 선택 역시 변화하기 마련이다. 이러한 한계를 극복하기 위해 이후의 투표 선택 이론은 유권자의 객관적 특성과 선거에서의 투표 사이를 매개해 주는 변수를 발견하고 그 영향력을 검증하는 것에 초점을 맞추었다.

이러한 변수에 대한 탐구는 또 다른 관점에서 중요한 의미를 가질 수 있다. 흔히 선거에 임하는 이상적인 유권자의 자세는 각 후보의 자질과 그들이 내세우는 공약을 꼼꼼히 살피고 비교하여 가장 훌

륭한 사람을 선택하는 것이라고 이야기한다. 그러나 평범한 유권자가 바쁜 일상 속에서 이상적인 자세를 실천하기 위해 상당한 시간과 노력을 투자하기를 기대하기는 어려우며, 더구나 나의 한 표가 실제로 선거 결과에 영향을 끼칠 확률은 극히 미미하다는 점을 고려한다면 더욱 그러하다. 이러한 상황에서 유권자들은 지나치게 많은 시간과 노력을 기울이지 않고서도 선거에서 올바른—비록 최적의(optimal) 선택은 아니더라도 합당한(reasonable)—선택을 내리기 위해 활용할 수 있는 대안적 기준을 필요하게 된다.

물론 수많은 요인들이 이러한 역할을 할 수 있겠지만, 그중 가장 빈번하고 체계적으로 유권자의 투표 선택을 매개하는 것으로 드러난 것이 정당일체감, 이념성향, 그리고 회고적 평가이다. 이어지는 세 장에서는 이 세 가지 개념을 중심으로 유권자의 투표 선택을 설명하는 이론을 각각 살펴본다.

Part 1

3장

정당일체감과 투표

3장

정당일체감과 투표

1948년에 실시된 제41대 미국 대통령선거를 앞두고 현직 대통령이자 민주당 대선 후보인 트루먼(Harry S. Truman)의 선거 전망은 그리 밝지 않았다. 인종 정책 및 외교 정책을 둘러싸고 민주당 내부는 극심한 분열을 겪었으며, 결과적으로 두 명의 유력 정치인—서먼드(Strom Thurmond)와 왈라스(Henry A. Wallace)—이 제3당 후보로 각각 선거에 출마하였다. 따라서 당시 거의 모든 여론조사는 공화당의 듀이(Thomas E. Dewey) 후보가 손쉽게 선거에서 승리할 것이라는 예측을 내놓았다. 그러나 정작 선거 결과는 49.6%의 득표율로 선거인단 303명을 획득한 트루먼이 45.1%의 득표율로 선거인단 189명에 그친 듀이에게 넉넉하게 승리를 거두었다.

1944년 선거에서 루즈벨트(Franklin D. Roosevelt) 대통령이 거둔 일방적인 승리[10] 이후 불과 4년이라는 짧은 기간 동안 요동친 선거구도, 그리고 거의 모든 선거 전 예측[11]을 뒤엎은 트루먼 대통령의 재선으로 이어진 일련의 상황은 사회집단을 중심으로 유권자의 투표 선택을 설명하는 컬럼비아 학파의 사회학적 접근의 한계를 여실히 드러내었다. 전체 유권자층에서 각 사회집단이 차지하는 비중은 4년 동안 큰 변화가 없었으나 선거결과는 유동적이었다는 점이나, 혹은 4년이라는 짧은 시간 동안에도 사회집단의 정치적 지지 성향이 상당한 변화를 겪었다는 점 등은 사회학적 접근으로는 설명하기 어려웠기 때문이었다.

이러한 상황에서 미시간(Michigan) 대학의 몇몇 정치학자와 심리학자들은 컬럼비아 학파의 투표 이론이 가지는 한계를 극복하기 위한 새로운 이론을 제시하였다(Campbell et al. 1954, 1960). 이들은 유권자의 사회경제적 특성과 투표 선택 사이를 매개하는 요인이 존재한다고 주장하며, 이를 정당일체감(party identification)이라는 심리학적 개념으로 제시하였다. 즉 유권자의 사회경제적 특성은 그가 어떤 정당에 대해 일체감을 가지는가에 영향을 주며, 정당일체감의 변화 즉 유권자들 사이에서 정당에 대한 지지의 분포가 어떻게 변화하는가가 선거결과에 단기적인 변동성을 가져온다는 것이다. 그리고 정당일체감은 이후 유권자의 투표 선택을 설명하는 거의 모든 이론에서 빠지지 않고

10 트루먼은 1944년 선거에서 루즈벨트 대통령의 러닝메이트로 부통령에 당선되었으나, 임기 중 루즈벨트 대통령이 사망함에 따라 대통령직을 승계했다.

11 이와 같은 선거예측조사의 대실패는 여론조사를 위한 표본추출 기법이 당시까지 주로 사용되었던 할당표집(quota sampling) 방식에서 확률표집(probability sampling) 방식으로 변화하는 계기를 제공하였다.

등장하는 핵심적인 개념으로 다루어지게 된다.

1. 미시간 학파와 정당일체감

미시간 학파의 연구에서 제시된 정당일체감 개념은 특정 정당에 대한 안정적이고 지속적인 심리적 애착심(enduring psychological attachment to a political party)으로 정의된다(Campbell et al. 1960). 정당일체감이 무엇인지 이해하기 위해서는 역으로 정당일체감이 무엇이 아닌지 이해할 필요가 있다. 우선 정당일체감은 정당에 당원으로 가입하여 활동하는 것을 의미하지 않는다. 특정 정당과 직접적으로 공식적인 연관을 가지고 있지 않더라도 해당 정당에 대해 애착심을 느끼고 그 정당을 '나의 정당'이라고 생각한다면 정당일체감을 가지고 있다고 할 수 있다. 또한 정당일체감을 가지고 있다고 해서 선거 때마다 무조건적으로 해당 정당의 후보에게 투표한다는 것을 의미하지도 않는다. 물론 어떤 정당에 대해 애착심을 느낀다면 그 정당 소속의 후보에게도 호의적인 태도를 가질 것이며, 다른 조건이 비슷하다면 그 정당 소속의 후보에게 투표할 확률이 매우 높은 것은 사실이다. 그러나 특정한 이슈와 관련하여 일체감을 가진 정당의 입장에 실망했다거나 혹은 어떠한 이유에서건 후보 개인에 대해 거부감을 느끼는 등 상황에 따라서는—그렇다고 해서 정당일체감 자체가 변화하지는 않더라도—정당일체감을 느끼는 정당 소속 후보를 선거에서 지지하지 않는 경우도 얼마든지 발생할 수 있다.

미시간 학파가 제시한 정당일체감은 두 가지 중요한 특징을 가진다. 첫 번째로 정치적 이해관계에 따른 합리적 계산의 결과라기보다는 정서적인(affective) 태도이다. 다시 말해서 정당일체감은 각 정당의 활동과 성과, 혹은 어떤 정당의 정책이 자신의 선호와 더 가까운가에 대한 평가와는 무관한, 어찌 보면 종교적 신념과 유사한 개인의 사회적 정체성(social identity)의 일부라고 할 수 있다. 두 번째로 정당일체감은 한 번 형성되면 쉽게 변화하지 않고 오랫동안 유지되는 경향이 있다. 정당일체감은 유권자가 정치에 눈을 뜨기 훨씬 이전부터 부모로부터 물려받으며, 이후 소속 집단의 정치적 가치와 문화를 습득하고 내면화하는 정치적 사회화 과정을 통해 형성된다(Jennings and Niemi 1981; Niemi and Jennings 1991). 그리고 일단 형성된 정당일체감은 쉽게 변화하지 않으며 오히려 시간이 지날수록 점점 강화되는 경우가 많다. 유권자가 새로운 정보를 접하더라도 정보의 내용에 따라 정당일체감이 변화하기보다는 오히려 정당일체감이 기존에 지지하는 정당에 유리한 방향으로 정보를 선택적으로 해석·수용하도록 하는 인식의 장막(perceptual screen)으로 작용하기 때문이다(Bartels 2002).

미시간 학파에 따르면 정당일체감은 유권자의 정치적 행태에 여러 가지 측면에서 중요한 영향을 끼친다. 우선 정당일체감이 강한 유권자일수록 자신이 애착심을 느끼는 정당의 정치적 승리를 위해 선거에 더 적극적으로 참여하는 경향이 있다. 또한 정당일체감은 유권자로 하여금 복잡한 정치적 이슈를 직관적으로 이해하고 평가하는데 도움을 준다. 일반적인 유권자들은 정치 현상을 이해하고 평가하기 위한 체계적이고 논리적인 사고 구조를 가지고 있지 않으며, 특정한 이슈에 대해 가지고 있는 생각도 수시로 변화하는 모습을 보인다(Converse 1964). 정당일체감은 이러한 유권자들이 중요한 이슈에 대한 입장을 정하고 선거에 출마한 후보를 평가하여 선택하기 위해 활용하는 가장 중요한 휴리스틱스(heuristics)를 제공한다. 결과적으로 정당일체감은 단기적인 정치적·경제적 상황에 의해 영향을 받지는 않으면서 유권자의 정치적 태도나 투표 선택에 궁극적인 영향을 끼치는 '추동되지 않는 추동자(unmoved mover)'라는 것이다.

〈그림 3-1〉은 미시간 학파의 이론에서 어떠한 요인들이 최종적으로 유권자의 투표 선택으로 이어지는지 시각적으로 보여주는 소위 '인과성의 깔때기(funnel of causality)'를 보여주고 있다. 가장 근본적인 차원에서 사회구조는 사회 내 이해관계 간 갈등의 서로 다른 형태를 만들어낸다. 그리고 그 위에서 유권자가 부모로부터 어떠한 정치적 태도를 물려받고 어떤 사회집단에 속해 정치적 사회화를 경험하는가에 따라 어떤 정당에 대해 정당일체감을 획득하는가 결정된다. 이렇게 형성된 정당일체감은 그 자체로서 투표 선택에 직접적으로 영향을 끼치거나, 혹은 후보에 대한 평가나 선거에서 쟁점으로 부각된 이슈에 대한 입장에 영향에 줌으로써 간접적으로 투표 선택에 반영되게 된다.

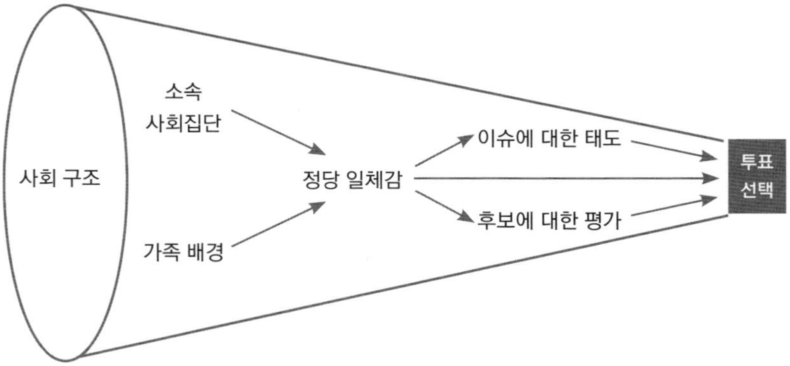

출처: Campbell et al. (1960)

〈그림 3-1〉 미시간 학파의 투표 선택 이론

2. 정당일체감 개념을 둘러싼 논쟁

미시간 학파의 연구 이후 정당일체감은 유권자의 정치적 태도와 행태를 이해하는 데 있어서 핵심적인 위치를 차지하게 되었지만, 그만큼 다양한 비판에 직면하게도 되었다. 특히 많은 연구가 주목했던 것은 미시간 학파가 연구 대상으로 삼았던 1950-60년대 미국 유권자들의 모습과 1970년대 이후 유권자들의 모습이 상당히 달라졌다는 점이었다. 정당일체감이 안정적이며 잘 변화하지 않는다고 보았던 미시간 학파의 설명과는 달리 1970-80년대에 걸쳐 정당일체감을 가진 유권자의 비율이 눈에 띄게 감소하고 대신에 무당파 유권자의 숫자가 증가하였다. 이와 함께 동시에 시행되는 대통령선거와 의회선거에서 각각 서로 다른 정당 소속의 후보에게 투표하는 유권자들이 늘어났는데, 이러한 분할투표(split-ticket voting) 현상 역시 전통적인 정당일체감 개념으로는 쉽게 설명되지 않는 것이었다(Nie et al. 1976).

이러한 배경에서 정당일체감을 새롭게 이해하려는 소위 수정주의(revisionist) 이론이 등장하기 시작했다. 물론 새로운 이해에서도 정당일체감이 유권자의 정치적 태도와 행태에 매우 큰 영향을 끼친다는 점에 대해서는 전적으로 동의한다. 다만 정당일체감 역시 새로운 쟁점의 등장이나 경제상황의 변화, 후보에 대한 평가와 같은 단기적 요인에 의해 변화할 수 있다고 주장하는 점에서 차이를 보였다(Fiorina 1981; Franklin and Jackson 1983; Page and Jones 1979). 특히 피오리나(Fiorina 1981)는 정당일체감이 해당 정당의 국정운영 성과에 대한 평가의 총합(running tally)을 나타내며, 이러한 의미에서 정서적인 태도가 아니라 인지적(cognitive) 측면의 태도라고 주장했다. 즉 대통령이나 집권당의 성과에 대해 긍정적으로 평가할수록 해당 정당에 대한 일체감이 강화되며, 반면에 대통령이나 집권당의 성과에 대해 부정적으로 평가하는 경우에는 정당일체감의 약화를 경험한다는 것이다.

예를 들어 특정 정당에 대해 일체감을 가진다는 의미는 유권자가 정치에 눈을 뜬 이후 지금까지 경험한 두 정당의 국정운영 성과를 비교했을 때 해당 정당의 성과를 다른 정당에 비해 상대적으로 더 높게 평가한다는 것과 크게 다르지 않다는 것이다. 물론 정당이 집권하여 국정운영을 제대로 못 한다면 그 정당에 대한 일체감은 약화될 것이며, 이러한 변화가 충분히 쌓인다면 유권자는 무당파가 되거나 아예 다른 정당에 대한 일체감을 획득하는 일도 충분히 벌어질 수 있다. 그렇다고 해서 정당일체감이 수시로 변화하는 유동적인 개념이라는 의미는 아니다. 추가적인 정보가 정당일체감에 끼치는 영향은 누적적이기 때문에 새로운 정보에 노출된다고 하더라도 정당일체감은 상당한 안정성을 보일 수 있다(Achen 1992; Gerber and Green 1998). 중요한 점은 정당일체감이 사회적 정체성에 뿌리내린 심리적·정서적 태도라기보다는 현실정치, 특히 각 정당의 국정운영 성과에 기반한 정치적 평가(evaluation)라는 것이다.[12]

정당일체감에 대한 수정주의적 이론이 등장한 이후 미시간 학파의 전통적 입장으로부터 반론이 제기되는 등(Green et al. 2002; Miller and Shanks 1996), 정당일체감을 둘러싼 다양한 논쟁이 지속적으로 제기되었다. 특히 1990년대 이후 정당에 대한 태도가 미국 유권자의 투표에 끼치는 영향력이 더욱 증가했다는 점에서(Bafumi and Shapiro 2009; Bartels 2000), 이러한 논쟁은 더욱 중요한 의미를 가진다고 할 수 있다. 그러나 이러한 반론과 재반론은 대부분 일찍부터 양당제가 정착하여 오랫동안 큰 변화 없이 유지된 미국의 경험을 바탕으로 하고 있으며, 따라서 제도적 맥락이나 역사적 경험이 상이한 국가에서도 정당일체감 개념이 마찬가지로 적용될 수 있을지에 대해서는 의문의 여지가 있다.

실제로 다당제가 보편적인 유럽 국가에서는 정당일체감이 미국과는 상당히 다른 모습을 보이는 것이 사실이다. 예를 들어 유럽의 많은 국가에서는 정당 간 경쟁 구도가 계급이나 종교와 같은 사회균열

12 이런 의미에서 미시간 학파의 입장을 강하게 내포하고 있는 정당일체감이라는 용어보다는 당파심(partisanship)이라는 보다 일반적인 용어를 사용하기도 한다.

(social cleavages)에 훨씬 더 밀착되어 있으며, 따라서 유권자의 일차적인 일체감의 대상은 자신의 사회집단 및 계급이며 이를 대변하는 정당에 대한 일체감은 오히려 부차적인 경우가 많다. 결과적으로 유권자들이 비슷한 이념적 지향을 가진 복수의 정당에 동시에 일체감을 느끼거나, 혹은 정당일체감의 변화에도 불구하고 투표하는 정당은 오히려 더 안정적으로 유지되는 등 미국의 특수한 경험에서 비롯된 정당일체감 개념을 적용하기 어려운 모습들이 관찰되었다(Budge et al. 1976; Richardson 1991; Thomassen and Rosema 2009). 그리고 이와 같은 다당제의 특성을 반영하여 전통적인 의미의 정당일체감에 대한 대안으로서 '정당에 대한 (이념적) 근접성(party closeness)'이라는 개념이 제시되었다(Barnes et al. 1988).[13]

정당일체감을 어떻게 이해하고 측정할 것인가에 대한 논쟁은 여전히 현재진행형이다. 미시간 학파의 이론 이후 지금까지 수많은 논쟁을 거치면서, 관련 연구의 추세는 유권자가 정당에 대해 가지는 태도를 크게 두 가지 서로 다른 관점에서 이해하는 것으로 종합되어 경쟁하고 있다. 첫 번째는—미시간 학파의 입장을 계승하여—사회적 정체성의 일종인 '표현적 당파심(expressive partisanship)'으로 바라보는 입장이며, 두 번째는 유권자가 정당으로부터 기대하는 기대 효용

13 실제로 여러 국가에 걸쳐 정당에 대한 태도를 측정하는 설문조사에서는 정당일체감을 측정하기 위해 "어느 정당에 대해 일체감을 가지는가(identify with)"라고 묻기보다는 "어느 정당과 가깝다고 느끼는가(feel close to)"라고 묻는다.

—정당이 집권했을 때 거둔 성과든 아니면 혹은 유권자의 선호와 유사한 정당의 이념적·정책적 입장이든—을 강조하는 '도구적 당파심(instrumental partisanship)'으로 이해하는 입장이다(Huddy et al. 2015; 2018).[14] 그러나 여전히 상반된 증거가 제시되고 있으며, 어느 한 쪽으로의 합의는 이루어지지 않고 있다. 또한 1990년대 이후 많은 신생민주주의 국가들이 등장함에 따라, 미국을 비롯한 서구 민주주의 국가를 넘어 다양한 정치적 환경과 제도적 맥락에서 유권자들이 과연 표현적 당파심이나 도구적 당파심 중 어느 것에 더 가까운 모습으로 정당에 대한 태도를 형성하는지 탐구하는 것도 중요한 과제로 대두하고 있다.

3. 한국 유권자의 정당일체감

한국에서도 일반 유권자를 대상으로 주요 정당에 대한 지지도를 조사하고 그 결과가 언론에 보도되는 일을 일상적으로 접할 수 있다. 정치권에 어떤 사안이 발생하면, 곧이어 해당 사안이 각 정당의 지지도에 어떻게 반영되었는지에 대한 조사와 보도가 뒤따른다. 각 정당과 자지자들은 조사 결과의 유불리에 따라 희비가 엇갈리겠지만, 지지율의 높고 낮음을 따지기 이전에 보다 근본적인 차원에서 질문을

14 과거 미시간 학파와 수정주의 이론 사이에서 벌어진 논쟁은 주로 유권자의 당파심이 얼마나 안정적인지 혹은 다른 요인에 의해 변화하는지를 중심으로 벌어졌다면, 최근의 연구들은 새로운 설문 문항을 개발하여 표현적 당파심과 도구적 당파심을 측정하는 변수들이 각기 정당에 대한 태도에 끼치는 영향력을 직접적으로 비교하는 방식을 취하고 있다.

던질 필요가 있다. 한국 유권자들이 어떤 정당을 지지하거나 가깝게 느낀다고 대답하는 것은 과연 어떤 의미를 가지는가?

한국 유권자들 사이에서도 정당일체감 혹은 그와 유사한 정치적 태도가 발견되는지, 그렇다면 그 성격은 무엇인지는 여전히 논쟁의 대상이 되는 질문이다. 한국의 정당정치에 대한 오랜 통념은 정당의 잦은 이합집산과 당명 변경으로 인해 유권자들이 특정 정당에 대해 안정적인 소속감과 일체감을 형성하기 어렵다는 것이다. 실제로 한국 정당의 빈번한 당명 변경은 정당과 유권자 간 연계를 약화시킨다는 실증적 증거가 제시되기도 하였다(한정훈 2019). 또한 정부의 국정운영에 대한 평가나 특정 정치지도자에 대한 지지에 민감하게 반응하며 정당 지지도가 단기간 내에도 출렁이는 모습은 한국 유권자들이 정당에 대해 가지고 있는 태도가 얼마나 안정적인가에 대해 큰 의문을 제기하는 것이 사실이다. 이러한 관점에서 본다면, 한국 유권자들이 정당에 대해 가지고 있는 태도가 도구적 당파심에 가깝다고 볼 수 있다.

반면에 한국 유권자들 사이에도 정당일체감과 유사한 태도가 존재한다는 의견도 존재한다. 주요 정당 사이에서 나타나는 정책 및 이념적 차별성은 역사적으로 구조화된 정치·사회·경제적 균열에 기반하고 있고, 이러한 균열은 정치지도자들의 일시적인 선거 전략이나 정당의 이합집산으로 쉽게 변형되지 않는 것도 사실이다(강원택 2011). 따라서 정당 지지층의 인구사회학적 특성이나 이념적 특성은 적어도 1990년 3당 합당 이후로는 큰 변화가 없었으며(강원택 2012a), 결과적으로 "한국의 유권자들은 정당의 이름을 알지는 못하더라도 어느 정당이 '나의 정당'인지는 알아낼 수 있다"고 할 수 있다는 것이다(박원호 2013, p. 47).

실제로 한국 유권자들이 정당에 대해 가지고 있는 태도가 표현적 당파심에 가깝다고 보여주는 증거도 존재한다. 몇몇 연구에 따르면 한국 유권자의 정당 지지 여부와 강도는 각 정당에 대해 느끼는 정서적 호감 또는 반감에 의해 결정된다(박원호 2013; 박원호·신화용 2014; 장승진 2012a). 특히 장승진(2012a)은 이러한 태도가 정당에 대한 정서적 호감도의 함수이지 정치지도자에 대한 입장의 함수가 아니라는 점을 명확히 보여준다.[15] 나아가 최근에는 표현적 당파심 이론에서 주장하는 것처럼 한국 유권자들이 특정 정당을 지지하는 것이 그들의 사회적 정체성의 하나를 이루고 있다는 보다 직접적인 증거를 제시하는 연구도 존재한다(김기동·이재묵 2021; 장승진·하상응 2022).

한국 유권자들이 정당에 대해 가지고 있는 태도가 표현적 당파심과 도구적 당파심 중 어느 것에 더 가까운지에 대해서는 여전히 합의가 이루어지지 않고 있다. 물론 모든 유권자들이 동일한 형태의 당파심을 가지고 있다고 볼 이유는 없으며, 유권자의 특성에 따라 표현적 당파심에 가까운 태도를 가지고 있는 사람과 도구적 당파심에 가까운 태도를 가지고 있는 사람이 함께 공존하고 있을 가능성도 있다. 다만 이 경우라면 과연 유권자의 어떠한 특징이 표현적 혹은 도구적 당파

15 반면에 한국 유권자의 정당일체감 형성에 정당지도자의 능력과 자질이 독립적인 영향력을 지닌다고 주장하는 연구도 존재한다(한정훈 2012).

심을 획득하도록 이끄는가에 대한 분석이 필요하겠지만, 아직까지 관련 연구와 증거는 미진한 상황이다.

정당일체감의 성격에 대한 서로 다른 입장에도 불구하고, 거의 모든 연구가 동의하는 것은 한국 유권자 사이에서도 어떤 정당을 지지하는가는 다양한 정치적 태도와 행동에 매우 중요한 영향을 끼친다는 점이다. 아래에는 이와 관련한 몇 가지 최근 사례가 제시되어 있다. 우선 〈표 3-1〉과 〈표 3-2〉에서는 2024년 제22대 총선과 2022년 제20대 대통령선거 당시 자신이 지지하는 정당에 따라 투표 선택이 어떻게 달라졌는지 보여주고 있다. 무엇보다도 주요 정당을 지지하는 유권자는 거의 대부분 해당 정당의 후보에게 투표했다는 사실로부터 정당일체감이 투표 선택에 끼치는 결정적인 영향력을 엿볼 수 있다. 그러나 이와 동시에 정당일체감의 영향력은 표를 행사하는 맥락에 따라 달라질 수 있다는 점 역시 알 수 있다. 예를 들어 최다득표자 1인만 당선되는 제도 하에서 군소 정당 지지자들은 당선가능성을 고려하여 자신의 정당일체감의 대상이 아닌 주요 정당의 후보를 지지하는 모습을 보인다. 또한 2024년 총선 당시 민주당 지지자의 상당수는 정당투표에서 민주당과 손잡고 국회 내에서 협력할 수 있는 파트너로서 조국혁신당의 비례의석 확보를 위해 전략적으로 표를 던지는 모습을 보이기도 했다.

〈표 3-1〉 지지 정당에 따른 제22대 총선 투표 선택 (%, N=837)

	지역구 투표			정당 투표			사례수
	민주당 후보	국민의힘 후보	기타 정당 후보	민주당	국민의힘	기타 정당	
민주당 지지	96.3	1.9	1.9	62.0	1.2	36.4	324
국민의힘 지지	0.7	96.6	2.7	–	91.8	8.2	292
기타 정당 지지	60.7	7.1	32.1	–	3.6	96.4	28
지지 정당 없음	39.4	40.4	20.2	30.0	33.7	36.3	193

자료: 한국정치학회(2024)

〈표 3-2〉 지지 정당에 따른 제20대 대선 투표 선택 (%, N=964)

	이재명	윤석열	기타 후보	사례수
민주당 지지	86.6	12.4	1.0	291
국민의힘 지지	10.0	89.7	0.3	339
기타 정당 지지	53.6	35.7	10.7	28
지지 정당 없음	48.0	47.7	4.3	306

자료: 한국정치학회(2022a)

정당일체감은 유권자들이 정치적 사안을 어떻게 인식하고 평가하는가에도 큰 영향을 끼친다. 〈표 3-3〉을 살펴보면 민주당을 지지하는 유권자는 그렇지 않은 유권자에 비해 민주당 소속의 문재인 대통령의 전반적인 국정운영 및 코로나19에 대한 대응을 훨씬 긍정적으로 평가한다는 점을 알 수 있다. 반면에 제1야당인 국민의힘 지지자들은 민주당 지지자는 물론이고 다른 정당 지지자나 무당파 유권자에 비해서도 유난히 문재인 정부를 부정적으로 평가하는 정반대의 모습을 보여준다. 심지어 국가경제와 같이 객관적인 상황에 대한 평가에 있어서도 어떤 정당을 지지하는가에 따라 전혀 다른 인식이 나타나고 있다.

〈표 3-3〉 제20대 대선 당시 지지 정당에 따른 정치적 인식 (%, N=964)

	문재인 대통령 국정운영 평가		코로나19에 대한 문재인 정부 대응		문재인 정부 기간 경제상황 변화		
	(매우) 잘했다	(매우) 잘못했다	(매우) 잘했다	(매우) 잘못했다	(매우) 좋아졌다	이전과 비슷하다	(매우) 나빠졌다
민주당 지지	73.6	26.4	78.0	22.0	24.7	48.3	27.0
국민의힘 지지	20.9	79.1	48.1	51.9	4.3	34.5	61.2
기타 정당 지지 및 무당파	45.9	54.1	57.8	42.2	11.9	46.9	41.2

자료: 한국정치학회(2022a)

4. 무당파는 누구인가?

정당일체감에 대한 논의에서 빼놓아서는 안 될 부분이 바로 정당일체감을 가지고 있지 않은 유권자들, 즉 무당파는 어떤 사람들이며 이들은 정당일체감을 가진 유권자와 어떻게 다르게 판단하고 행동하는가이다. 애초에 정당일체감 개념을 처음 제시한 미시간 학파 역시 적지 않은 숫자의 유권자들이 어떠한 정당에 대해서도 일체감을 느끼지 않는다는 사실을 잘 인식하고 있었다. 그러나 유권자로 하여금 정치 현안을 이해하고 평가할 수 있는 기준을 제공하며 또한 정치에 참여할 유인을 제공하는 정당일체감의 역할을 고려했을 때, 미시간 학파의 입장에서 무당파 유권자는 선거에 대한 관심과 정보가 부족하고 참여에도 소극적인 비정치적(apolitical)인 유권자에 지나지 않았다(Campbell et al. 1960; Converse 1964).

그러나 시간이 지나면서 이와 같이 단순하게 무당파를 이해하는 것에 대한 비판이 제기되었다. 무엇보다도 1970년대—즉 무당파 유권자의 숫자가 급격하게 증가하던 시기—를 지나면서 일반 대중들의 교육 수준이 상승하고 동시에 TV와 같은 새로운 미디어가 본격적으로 보급되기 시작했다. 일반적으로 미디어의 발달은 새로운 정보에 보다 쉽게 접근할 수 있게 도와주며, 교육 수준의 증가는 그렇게 습득한 정보를 보다 효율적으로 활용할 수 있도록 도와주는 역할을 한다. 다시 말해서 미시간 학파가 무당파를 관찰하던 시기와는 달리, 유권자들이 정당에 기대지 않고 독자적으로 정치를 이해하고 판단할 수 있는 역량이 크게 제고되었다는 것이다.

더구나 많은 경우 스스로 특별한 정당에 대해 일체감을 느끼지 않는다고 답하는 무당파 유권자들이 오히려 더 당파적인 모습을 보이기도 한다. 이 부분을 정확히 이해하기 위해서는 일반적으로 정당일체감을 어떻게 측정하는지 살펴볼 필요가 있다. 보통 정당일체감은 두 단계에 걸친 설문을 통해 측정된다. 첫 번째 단계에서 평소에 특정 정당에 대해 일체감을 가지고 있는지[16] 질문한다. 그리고 특정 정당에 대한 일체감을 표현한 응답자들을 대상으로 정당일체감의 강도를 물어 강한 지지자와 약한 지지자를 구분하는 한편, 어느 정당에 대해서

16 설문에 따라 구체적인 질문은 '특정 정당을 가깝게 느끼는지' 혹은 '특정 정당을 지지하는지' 등 다양할 수 있다.

도 일체감을 가지고 있지 않다고 대답한 응답자들—즉 무당파—을 대상으로 "조금이라도 더 가깝게 느끼는 정당이 있는지" 질문하여 정당 편향 무당파(leaning independents)와 순수 무당파(pure independents)를 구분한다. 문제는 정당 편향 무당파들이 종종 특정 정당의 지지자들과 큰 차이를 보이지 않거나, 때로는 오히려 더 당파적인 모습을 보인다는 것이다(Keith et al. 1992).[17]

이상까지의 논의는 무당파 유권자들이 단일한 집단이 아니라, 상당히 이질적인 속성을 가진 유권자들이 혼합되어 있을 가능성을 보여주고 있다. 다시 말해서 스스로를 무당파로 지칭하는 유권자 사이에는 정치적으로 무관심한 전통적인 무당파 유권자들뿐만 아니라, 정치적 관심과 정보를 보유하고 정치에도 적극적으로 참여하지만 기성 정당체제에 대한 불만으로 인하여 주요 정당과의 연계를 의식적으로 거부하는 유권자들 역시 상당수 존재할 수 있다는 것이다. 이러한 관점에서 달튼(Dalton 1984, 2020)은 인지적 동원(cognitive mobilization)이라는 개념을 통해 전통적 무당파와 새로운 무당파 유권자를 구분하려고 시도한다.

달튼은 무당파 중에 정치에 대한 높은 관심과 높은 교육 수준을 통해 풍부한 정치적 자원을 보유하고 있는 비당파적(apartisan) 유권자들이 상당수 포함되어 있다고 주장하며, 이들을 인지적 무당파

17 실제로 우리가 언론을 통해 접하는 대부분의 정당 지지도는 첫 번째 단계 질문에서 해당 정당을 지지한다고 대답한 비율과 두 번째 단계 질문에서 해당 정당을 다른 정당에 비해 조금이라도 더 가깝게 느낀다고 대답한 정당 편향 무당파의 비율을 합하여 계산된다.

(cognitive independents)라고 지칭한다. 물론 이들은 특정 정당 지지자들 못지않게 선거에 적극적으로 참여한다. 다만 이들은 정당이나 진영논리에 얽매이지 않고 사안별로 독자적인 판단을 내리고 행동하는 경향이 있기 때문에, 선거 때마다 투표하는 정당을 바꾸는 부동층(swing voters)의 큰 부분을 차지한다. 이와 동시에 인지적 무당파는 정당과의 연계가 약하기 때문에, 오히려 정당이나 선거 이외의 정치 참여 통로를 다양화시킴으로써 대의제 민주주의를 보완하는 긍정적인 역할을 수행할 수도 있다. 실제로 달튼은 정당일체감 유무와 인지적 동원을 기준으로 유권자들을 네 집단으로 구분하고, 인지적 무당파들은 다른 유권자들과 비교하여 여러 가지 정치적 태도 및 후보 선택의 기준 등에 있어 차별성을 보인다고 주장한다.

〈표 3-4〉 정당일체감과 인지적 동원에 따른 유권자 분류

		정당일체감 (당파적 동원)	
		정당 지지자	무당파
인지적 동원	강	인지적 당파층 (cognitive partisan)	인지적 무당파 혹은 비당파적 유권자 (apartisan)
	약	의례적 당파층 (ritual partisan)	전통적 무당파 혹은 비정치적 유권자 (apolitical)

출처: Dalton(2020)

지금까지의 논의에 기반하여 한국의 무당파 유권자는 어떤 사람들이며 정당일체감을 가지고 있는 유권자와는 어떤 점에서 구별되는지 살펴보았다. 〈표 3-5〉는 2024년 제22대 총선 직후에 실시된 설문

조사를 사용하여 기본적인 인구통계학적 특성과 몇몇 정치적 태도에 따라 주요 정당에 대한 일체감 여부가 어떻게 달라지는지 살펴보고 있다. 우선 전체적으로 정당일체감을 가지지 않는 무당파의 비율은 응답자의 약 30% 정도에 그쳤다. 즉 기성 정당에 대한 반감으로 인해 무당파층이 지속적으로 확대되어 왔다는 일반적인 통념과는 달리, 대부분의 한국 유권자들은 특정 정당에 대한 지지와 소속감을 표현하고 있다고 할 수 있다.

무당파 유권자의 특성에 초점을 맞추었을 때 먼저 눈에 띄는 것은 연령대를 기준으로 연령이 낮을수록 무당파일 확률이 높아진다는 사실이다. 연령이 낮은 유권자들은 정당정치에 노출된 시간이 짧고 따라서 특정 정당에 대한 소속감을 형성할 기회가 적다고 할 수 있다. 그리고 이들이 나이가 들면서 정치적 경험이 쌓일수록 '나의 정당'을 발견하여 정당일체감을 획득하는 비율이 증가하게 된다(허석재 2014b). 다른 한편으로 교육 및 소득 수준이 높은 사람들 사이에서 무당파의 비율이 증가하는 현상도 발견되었다. 이는 무당파 유권자 중 상당수는 정당에 의해 당파적으로 동원되지 않았을 뿐, 정치적 판단과 참여를 위한 자원(resources)은 충분히 보유하고 있을 가능성을 보여준다(박원호·송정민 2012).

〈표 3-5〉 제22대 총선 당시 정당 지지자와 무당파 유권자의 특징 (%, *N*= 1,000)

		민주당 지지자	국민의힘 지지자	무당파	사례수
성별	남성	36.2	30.2	30.2	500
	여성	34.2	31.6	31.0	500
연령대	20대 이하	352	11.7	46.9	162
	30대	43.2	16.2	37.2	148
	40대	42.4	23.2	32.8	177
	50대	38.3	31.6	26.0	196
	60대	25.6	47.7	23.8	172
	70세 이상	25.5	55.9	17.2	145
교육수준	고졸 이하	26.7	47.8	23.4	431
	대졸 이상 (전문대학 포함)	41.7	18.1	36.0	569
월평균 가구소득	300만 원 미만	28.4	50.3	17.8	169
	300~500만 원	34.5	32.1	30.0	287
	500~700만 원	38.6	28.3	29.6	368
	700만 원 이상	35.8	15.9	46.0	176
정치적 관심	전혀/별로 없다	33.8	22.2	41.3	482
	조금/매우 있다	36.5	39.0	20.7	518
총선 투표 여부	투표했다	38.7	34.9	23.1	837
	투표하지 않았다	17.2	10.4	69.3	163
이념 성향1	진보	72.4	4.9	17.8	366
	중도	21.3	17.8	57.8	287
	보수	7.5	69.2	21.6	347

이념성향은 매우 진보를 뜻하는 0부터 매우 보수를 뜻하는 10까지의 11점 척도를 사용하여 측정되었으며, 편의상 0~4점은 진보, 5점은 보수, 그리고 6~10점은 보수로 분류하였다.

자료: 한국정치학회(2024)

이와 같은 한국 무당파 유권자의 특징은 이들을 하나의 단일한 집단으로 뭉뚱그려 이야기하기 어렵다는 사실을 의미한다. 물론 무당파 유권자들이 정당 지지자에 비해 평균적으로 정치에 대한 관심이 낮고 투표에도 적극적으로 참여하지 않는 경향이 있다. 그러나 이와 동시에 한국 무당파 유권자들 사이에도 정치에 대해 관심을 가지고 참여를 위한 자원을 적극적으로 활용하는, 즉 인지적 무당파로 분류할 수 있는 사람들도 상당수 존재한다는 점도 사실이다(정진민·길정아 2014). 더구나 무당파라고 해서 정치적 선호를 드러내지 않는 것이 아니며, 이들 중 절반 가까이는 진보 혹은 보수적인 이념성향을 명확히 드러내기도 한다. 결과적으로 이들은 기성 정당에 대한 비판적 거리를 유지하면서도 사안과 상황에 따라서는 능동적인 참여의 모습을 보일 가능성이 높다는 것이다.

Part 1

4장
이념성향과 투표

4장

이념성향과 투표

한국의 선거정치를 묘사하는 여러 가지 표현 중의 하나는 바로 '기울어진 운동장'이다. 보수 정당의 주요 지지 기반인 영남 지역의 인구가 호남에 비해 2배 이상 많은 현실, 보수 성향이 강한 중·장년층 이상 유권자들이 전체 유권자에서 차지하는 비중이 증가하는 추세, 그리고 청년 유권자의 상대적으로 낮은 투표율 등의 요인들이 결합하면서 진보 진영에 비해 보수 진영에게 상대적으로 유리한 정치지형과 선거구도를 형성해 왔다는 것이다. 이러한 현실을 운동장이 보수에게 유리하게 기울어져 있는, 따라서 애초부터 보수가 상대적으로 골을 넣기 쉬운 축구 경기에 빗대어 표현하는 것이다.

기울어진 운동장이라는 표현은 그만큼 유권자들 사이에 진보와 보수 이념이 어떻게 분포되어 있는지가 정치적으로 중요한 의미를 가진다는 점을 보여준다. 실제로 2000년대 이후 한국 정치에서 진보–보수 이념성향은 선거 결과와 유권자의 투표 선택을 이해하기 위해 빠뜨릴 수 없는 요인으로 등장했다(강원택 2010). 이념은 흔히 "사회의 바람직한 질서 및 이를 달성하기 위한 방법에 대한 믿음의 집합"으로 정의되며(Erikson and Tedin 2019), 이러한 믿음의 서로 다른 조합의 대표적인 예가 진보와 보수라고 할 수 있다.[18] 그리고 유권자가 어떠한 이념성향을 가지고 있는가는 그들이 후보와 정치적 사안을 인식하고 평가하는 핵심적인 기준 중 하나이다. 특히 앞 장에서 논의하였듯이, 정당정치의 불안정성과 유동성으로 인해 한국 유권자 사이에서 정당 일체감의 특징과 영향력에 대해 회의적인 시각이 존재한다는 점을 고려한다면, 이념성향이 유권자의 사회경제적 특징과 투표 선택 사이를 매개하는 역할이 한국 유권자들 사이에서 더욱 중요한 의미를 가질 가능성이 높다고 할 수 있다.

1. 선거에 대한 합리적 선택 이론

시장에서 상품을 구매하는 소비자를 생각해보자. 시장에는 품질과 가격, 브랜드 등에서 차이가 있는 다양한 상품이 존재하며, 합

18 진보와 보수는 한국 사회에서 이념을 규정하는 개념이며, 각 국가와 문화에 따라 서로 다른 용어가 사용되고 이러한 차이는 해당 사회에서 이념이 어떠한 의미를 가지는지를 반영한다. 예를 들어 유럽에서는 이념이 주로 좌(left)–우(right)의 축으로 규정되며, 이는 계급균열과 경제적 이슈가 이념성향에 대해 가지는 결정력이 강한 상황을 반영한다. 마찬가지로 미국에서는 이념이 자유주의(liberal)–보수주의(conservative)의 축으로 규정되며, 이는 이념의 구분에 경제적 이슈와 더불어 종교적, 문화적 이슈가 강하게 반영되는 현실을 반영한다.

리적 소비자라면 각 상품을 통해 얻을 수 있는 혜택과 그 상품을 구매하기 위해 치러야 하는 비용을 비교하여 가장 큰 효용(utility)을 주는 상품을 선택할 것이다. 마찬가지의 논리를 선거에 대입한다면, 상품이 제공하는 효용은 후보가 선거에서 승리했을 경우 추진할 정책—과 그 정책이 유권자에게 가져올 결과—에 해당한다. 즉 합리적(rational) 유권자는 주요 정책에 대해 각 후보가 가지고 있는 입장을 자신의 선호와 비교하여 그중 가장 큰 효용을 주는, 즉 자신의 선호와 가장 유사한 입장을 가지고 있는 후보를 지지하게 된다(Downs 1957; Enelow and Hinich 1984).

그러나 지지 후보를 결정하는 과정에서 유권자들이 모든 정책에 걸쳐 후보의 입장을 하나하나 따지기 힘든 것이 현실이다. 유권자의 관심과 정보 부족으로 인해서든 혹은 후보가 민감한 정책에 대해 취하는 전략적 모호성 때문이든, 일반 유권자가 모든 정책에 대해 후보의 입장을 정확하게 파악하기 어렵다. 특별히 유권자가 중요하게 생각하는 정책이 아니라면, 때로는 유권자 스스로도 명확한 선호를 가지고 있지 않을 수도 있다. 따라서 많은 유권자가 진보-보수라는 차원으로 단순화된 척도, 즉 이념을 사용하여 다양한 정책에 대한 후보의 입장을 직관적으로 파악하고 자신의 생각과 비교한다(Downs 1957; Hinich and Munger 1994). 여기에서 이념은 각자가 가진 정치적 가치(core political values)와 다양한 쟁점에 대한 선호에 일관성을 부여하고, 이를 요약적으로 보여주는 수단이라고 할 수 있다. 결과적으로 진보-보수의 척도 위에서 유권자가 인식하는 후보의 위치와 유권자 자신의 위치 사이의 거리가 가까워질수록 해당 후보로부터 기대되는 정치적 효용이 높아지고 이는 다시 선거에서 해당 후보를 선택할 확률이 높아진다는 것을 의미한다.

유권자가 지지 후보를 결정하는 과정에 대한 합리적 선택 이론은 정당 및 후보의 행위에 대해서도 몇 가지 흥미로운 예측을 제공한다. 진보–보수의 이념 척도 위에 유권자들이 정렬되어 있는 상황에서 두 후보(혹은 정당)가 득표를 위해 경쟁하는 상황을 생각해 보자. 만일 유권자가 자신과 이념적 거리가 가까운 후보에게 투표한다면, 후보 A의 왼쪽에 위치한 모든 유권자는 후보 A에게 투표할 것이고 후보 B의 오른쪽에 위치한 유권자는 모두 후보 B에게 투표할 것이다. 양 후보 사이에 위치한 유권자의 경우 후보 간 거리의 중간 지점을 기준으로 어느 후보에게 투표할 것인지 갈릴 것이다.

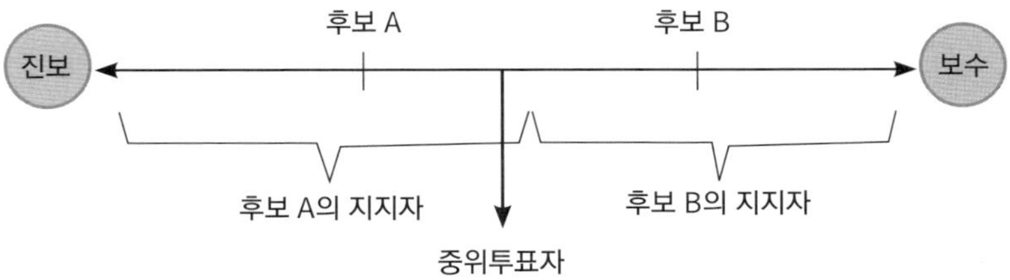

〈그림 4–1〉 이념투표와 후보 선택

〈그림 4–1〉는 두 가지 중요한 함의를 보여주고 있다. 첫 번째로 양자대결 상황에서 일렬로 정렬된 유권자의 정중앙에 위치한 유권자, 즉 중위투표자(median voter)가 지지하는 후보가 선거에서 승리할 것

이라는 점이다. 다시 말해서 선거를 분석하기 위해 전체 유권자를 관찰할 필요가 없으며, 단순히 중위투표자의 선택만 관찰함으로써 선거결과를 단순화하여 이해하고 예측하는 것이 가능하다는 것이다. 두 번째로 유권자의 의사결정과정을 잘 알고 있는 후보의 입장에서는 중위투표자에 가까워지는 방향으로 자신의 입장을 조정함으로써 득표를 증가시키는 것이 가능하다. 즉 〈그림 4-1〉에서 후보 B의 경우 자신의 이념적 위치를 조금씩 왼쪽으로 이동시킨다면 상대 후보의 지지를 줄이고 본인의 지지를 증가시킬 수 있다. 그러나 동일한 전략적 선택은 후보 A도 마찬가지로 가능하며, 결과적으로 두 후보의 이념적 위치는 중위투표자의 위치로 수렴하게 될 것이라고 예측할 수 있다.

물론 현실에서 두 후보가 정확하게 동일한 이념적 위치에 자리잡는 상황은 좀처럼 발생하지 않는다. 무엇보다도 유권자의 투표 선택이 전적으로 후보와의 이념적 거리에 의해서만 결정되는 것은 아니다. 또한 후보의 이념적 위치가 지나치게 중도로 치우쳐버리면 양극단에 있는 유권자들은 후보와의 거리가 너무 멀어짐에 따라 차라리 투표를 포기하거나, 혹은 이러한 유권자들의 지지를 노리는 제3후보가 등장하는 경우도 나타날 수 있다. 그러나 현실 가능성과는 별개로 〈그림 4-1〉과 이념투표의 논리는 어째서 선거마다 중도층의 선택에 모두가 주목하고 대부분의 후보와 정당이 중도층의 지지를 확보하기 위한 정책과 공약 개발에 매진하는지 이해할 수 있는 틀을 제공하고 있다.

2. 이념투표에 대한 비판

많은 국가에서 유권자의 이념성향 및 그들이 인식하는 각 정당 및 후보자와의 이념적 거리가 실제로 그들의 투표 선택에 중요한 영향력을 행사한다는 것이 실증적으로 밝혀졌다(Adams, Merrill and Grofman 2005). 이념투표는 유권자의 선택 및 후보와 정당의 전략을 통합적으로 이해할 수 있는 이론적·경험적 틀을 제시한다는 점에서 큰 장점을 가지지만, 이와 동시에 여러 가지 한계 역시 가지고 있다. 첫 번째는 과연 일반 유권자들이 얼마나 이념적으로 사고하고 행동하는가에 대한 의문이다. 컨버스(Converse 1964)에 따르면 이념적 사고를 위해서는 이념적 제약성(ideological constraint)이라는 조건이 충족되어야 하는데, (1) 개별 이슈에 대한 입장과 진보–보수의 추상적 이념성향 사이의 강한 연계가 존재하며, (2) 다양한 이슈에 대한 입장들 사이의 일관성이 높고, (3) 각 이슈에 대한 입장이 상대적으로 안정적일 것 등을 제시하였다.[19] 그러나 미시간 학파의 초기 연구에 따르면, 일반 유권자 중에 이념적 제약성의 조건을 충족시키는, 즉 진보와 보수의 의미를 이해하면서 이념이라는 추상적인 기준을 활용하여 각 정당의 입장을 평가하고 판단을 내리는 사람들('ideologue')의 비율은 매우 낮은 수준에 그칠 뿐이다.[20] 대신에 대부분의 유권자들은 단순히

19 이러한 관점에서 컨버스는 이념(ideology)이라는 용어 대신에 신념체계(belief system)라는 용어를 사용한다.

20 바로 이 점이 미시간 학파의 이론에서 유권자들이 정치적 판단을 내리는 가장 중요한 기준으로 이념 대신에 정당일체감이 제시되는 이유라고 할 수 있다.

어떤 집단이 어떤 정당의 정책으로부터 수혜를 받는가('group interest') 혹은 그때그때의 정치적·경제적 상황('nature of the times')에 따라 정당을 평가하거나, 심지어 정책과 아무런 상관이 없는 기준으로 후보와 정당을 선택하는 ('no issue content') 모습을 보인다고 주장한다(Campbell et al. 1960; Converse 1964).

물론 미시건 학파가 연구의 대상으로 삼았던 시기의 미국 유권자들은 현대 유권자의 모습과는 상당한 차이가 있을 수 있다. 실제로 미시건 학파의 연구 이후 50여 년 가까이 지난 후 동일한 방법을 사용하여 미국 유권자의 모습을 다시 분석한 결과에 따르면 일반 유권자들 사이에서 이념적으로 사고하고 행동하는 비율이 상대적으로 증가한 것은 사실이다(Lewis-Beck et al. 2008). 특히 의원을 비롯한 정치인들 사이에서 이념적 양극화가 심화되면서 일반 유권자들의 정치적 사고와 판단 기준에서 이념이 차지하는 위상이 더욱 중요해졌다고 할 수 있다(Druckman et al. 2013; Hetherington 2001; McCarty et al. 2006). 그러나 정치에 관심을 가지고 적극적으로 관여하는 유권자를 제외한다면 평범한 미국 유권자들 사이에서 진보-보수 이념성향이 가지는 정치적 중요성은 여전히 제한적인 것도 사실이다(Kinder and Kalmoe 2017).

이념투표에 대한 또 다른 비판은 과연 유권자가 각 후보의 이념적 위치를 얼마나 정확하고 객관적으로 인식하는가이다. 여러 연구에 따르면 유권자가 후보의 이념적 위치를 인식할 때 체계적인 왜곡이 발생할 수 있다. 예를 들어 이념과 상관없는 이유로 지지하는 후보가 이념적으로도 자신과 비슷한 입장을 가질 것이라고 생각하는, 즉 자신의 이념적 위치를 후보의 위치에 투사(projection)하는 경우가 종종 발생한다(Brody and Page 1972). 반대로—역시 이념과는 상관없는 이유로—지지하는 후보의 입장에 따라 자신의 이념을 변경하고 결과적으로 해당 후보와의 이념적 거리가 가깝다고 생각하게 되는 설득(persuasion) 효과도 존재한다. 마지막으로 후보의 이념적 위치를 직접적으로 파악하는 수고를 기울이기보다는 다른 보다 익숙한 정보—예를 들어 소속 정당이나 후보의 성별, 경력 등 이념과 무관할 수 있는 특성—로부터 유추(inference)하는 일도 종종 발생한다(Conover and Felman 1989; Feldman and Conover 1983). 이와 같은 현상은 한편으로는 후보에 대한 정보가 부족한 유권자가 이념투표를 위해 대안적인 휴리스틱스(heuristics)를 활용하는 모습인 동시에, 또 다른 한편으로는 이념적으로 가깝다고 인식하는 후보에게 투표한다고 해서 이를 엄밀한 의미에서 이념투표로 볼 수 있는가 하는 의문을 제기하도록 한다.

마지막으로 유권자가 자기 자신과 후보의 이념적 위치를 나름 정확하게 인식한다고 하더라도, 실제 투표에서 과연 그러한 정보를 이념투표의 논리대로 활용하는가에 대해 의문이 제기될 수 있다. 앞서 설명한 이념투표는 기본적으로 유권자와 후보 간 이념적 근접성(proximity)에 따른 선택이다. 그러나 이러한 근접성 모델을 따르는 것은 유권자 입장에서 상당한 인지적 부담으로 다가올 수 있다. 우선 진보–보수의 이념 척도 상에서 가능한 수많은 위치 중 하나에 각 후보를 특정해야 하며, 이후 자신의 위치와의 거리를 계산하여 비교해야 한다. 그러나 이러한 사고과정을 부담스러워하는 많은 유권자는 보다 단순한 선택 기준을 따를 가능성이 높다. 예를 들어 이들에게 중요한 것은 각 후보와의 정확한 거리가 아니라, 어떤 후보가 진보 혹은 보수 후보이며 그래서 누가 나와 같은 진영에 속하는지에 대한 이분법적인 구분일 수 있다는 것이다.

라비노비츠와 맥도날드(Rabinowitz and Macdonald 1989)는 이와 같은 단순한 선택 기준에 따른 방향성(directional) 모델을 제시한다. 이들에 따르면 유권자들은 지지 후보를 결정하기 위해 두 단계에 걸쳐 이념을 활용한다. 첫 번째로 자기 자신이 진보 진영에 속하는지 아니면 보수 진영에 속하는지 평가하고, 나와 같은 진영에 속하는 후보가 누구인지 판단한다. 두 번째로 만일 나와 같은 진영에 복수의 후보가 존재한다면, 그중 누가 더 선명하고 강력한 이념적 입장을 보여주었는지 판단하여 그를 지지한다. 〈그림 4-2〉의 예에서 살펴본다면, 다소 보수적인 입장을 가진 유권자의 경우 진보 진영에 속하는 후보 A보다는 자신과 같은 보수 진영에 속하는 후보 B와 후보 C를 선호할 것이며, 이 중에서도 더 선명하고 강력한 입장을 내세우는 후보 C에게—이념적 거리가 더 가까운 후보 B가 아니라—투표할 것이라고 예측한다.[21]

21 이와 같은 방향성 모델의 예측을 이어나가면, 후보나 정당은 점점 더 극단적인 입장을 취할수록 오히려 더 많은 유권자의 지지를 받게 된다는 결론에 도달하게 된다. 그러나 현실에서 극우 혹은 극좌 성향의 정당과 후보가 선거에서 승리하는 일은 좀처럼 발생하지 않는다는 점에서 방향성 모델의 예측에 대한 반론이 제기될 수 있다. 방향성 모델의 주창자들은 이러한 문제를 해결하기 위해 '용인 지역(region of acceptability)'이라

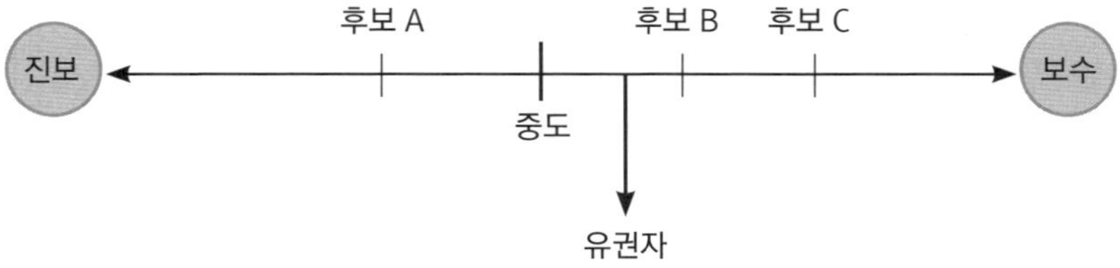

〈그림 4-2〉 이념투표의 방향성 모델

근접성 모델과 방향성 모델 중 어느 것이 더 설명력이 높은지는 학술적으로 흥미로운 질문일지라도 현실적으로는 크게 중요한 문제가 아니라고 할 수 있다. 무엇보다도 진보와 보수 중 한쪽의 이념성향을 띠는 대부분의 유권자들에게 있어서 근접성 모델과 방향성 모델은 동일한 예측을 내놓는 경우가 많다. 유권자와 동일한 이념 진영에 속한 후보가 이념적 근접성에 있어서도 더 가깝게 위치할 가능성이 매우 높기 때문이다. 근접성 모델과 방향성 모델이 서로 다른 예측을 내놓는 것은 주로 특정한 이념성향을 강하게 띠지 않는 중도 성향의 유권자들의 투표 선택에 대해서이다. 그러나 특정한 이념성향을 강하게 띠지 않는다는 것은 지지 후보를 결정하는 데 있어서 이념이 차지하는 비중이 상대적으로 높지 않다는 점을 의미한다는 점에서, 이들 사이에서 근접성 모델과 방향성 모델을 구분하는 것은 그리 중요한 의미를 가지지 않는다고 할 수 있다.

는 개념을 도입한다. 즉 유권자는 선명하고 강력한 입장을 표명하는 후보를 선호하지만, 그 정도가 지나쳐 용인할 수 있는 범위를 벗어난다면 자신의 지지를 철회한다는 것이다. 그러나 용인 지역이라는 개념은 엄밀하게 도출된 이론적 결과라기보다는 현실에 이론을 끼워맞추기 위한 사후적인(ad hoc) 임시방편에 가깝다는 점에서 비판을 받는다.

또한 지지 후보를 결정하기 위한 유권자의 의사결정과정에 대한 설명으로서 근접성 모델과 방향성 모델은 서로 상충되기보다는 상호 보완적인 관계를 맺고 있을 수 있다(Merrill and Grofman 1999; Tomz and Houweling 2008). 예를 들어 방향성 모델에 비해 근접성 모델이 유권자들에게 더 큰 인지적 부담을 요구한다는 점에서 정치적 세련도(political sophistication)가 낮은 유권자일수록 근접성 모델보다 방향성 모델이 더 큰 설명력을 가질 가능성이 있다. 혹은 근접성 모델과 방향성 모델 사이의 설명력 차이는 선거의 맥락에 따라서도 달라질 수 있다. 예를 들어 주요 후보 간 차별성이 크지 않은 상황이라면 근접성보다는 방향성이 유권자의 선택 기준으로 더 큰 영향을 끼칠 수 있지만, 후보 간 차별성이 커질수록 이념적 근접성의 논리에 따른 투표 선택이 점차 보편적으로 나타날 가능성이 있다.

3. 한국 유권자의 이념투표

한국 유권자의 이념투표에 대해서 구체적으로 살펴보기 이전에 먼저 생각해야 하는 문제는 과연 이들에게 진보–보수 이념은 어떠한 의미를 가지는가이다. 일반적으로 서구 사회의 좌–우 이념은 시장에 대한 정부의 개입과 같은 경제적 이슈를 중심으로 정의되며, 그 핵심에는 계급 간 갈등이 존재한다. 그러나 한국에서는 한국전쟁 및 반공 이데올로기의 영향으로 계급 및 좌파 이념을 대변할 정치세력이 존재하지 않았으며, 민주화 이후에도 한동안 경제적 이슈와 관련하여 주요 정당 간 차별성이 미미했다. 결과적으로 한국 사회에서의 이념은 경제적 이슈보다는 남북관계나 한미관계를 둘러싼 국내 정치 및 외교·안보 이슈를 중심으로 정의되어왔다. 다시 말해서 한국 정치의 맥락에서 보수란 북한에 대한 강경한 태도와 이를 뒷받침하기 위한 한미동맹의 강화, 그리고 사회 질서를 유지하기 위한 권위와 위계에 대한 강조를 특징으로 하며, 진보는 남북한 간 긴장 완화와 협력을 중요하게 생각하고 사회 질서보다는 개인의 자유와 인권을 강조하는 입장이라고 할 수 있다(강원택 2005).[22]

그러나 2010년대 들어와서 무상급식 논란을 시작으로 복지 정책 관련 이슈가 중요하게 제기되면서 다양한 경제적·사회적 이슈에 있어서도 진보와 보수 정당 사이에 이념적 차이가 부각되기 시작하였다(강우창 외 2020; 박윤희 외 2016). 물론 북한에 대한 태도를 비롯한 정치적 이슈의 중요성은 여전히 지속되었지만, 진보와 보수 성향의 정치인과 유권자들이 경제 및 사회 영역의 여러 이슈에 대해서도 서로 다른 입장을 취하게 되었다는 것이다. 이와 같이 이념이 포괄하는 정책 영역이 다양해지면서 진보와 보수 사이의 갈등과 대립이 점차 심해졌으며, 결과적으로 한국의 선거와 정치에서 이념이 차지하는 위상과 중요성은 더욱 커졌다고 할 수 있다.

---

22 이러한 특징이야말로 한국 사회에서 계급이나 소득이 아닌 세대에 따라 이념적 차이가 두드러지게 발생하는 이유라고 할 수 있다.

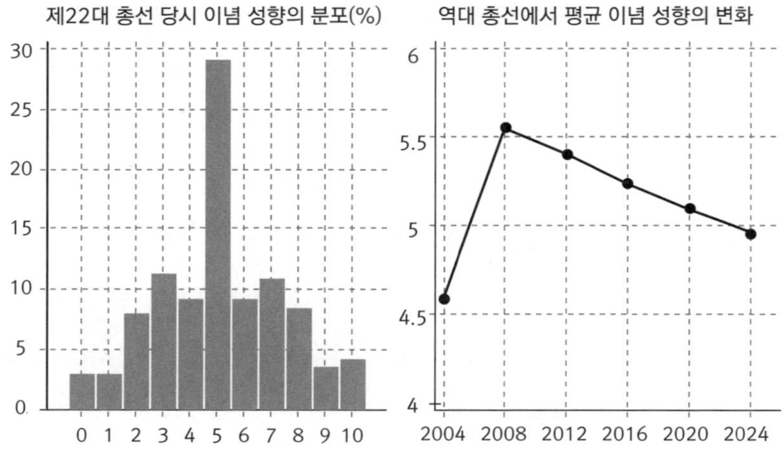

자료: 한국정치학회(2004, 2008, 2012b, 2016, 2020, 2024)

〈그림 4-3〉 한국 유권자의 이념성향 분포

한국 유권자들이 자기 자신과 주요 후보 및 정당의 이념성향을 어떻게 인식하는지 최근의 설문조사 자료를 사용하여 살펴보고자 한다. 먼저 〈그림 4-3〉에서는 최근 실시된 제22대 총선 당시 한국 유권자의 이념성향이 어떻게 분포되었는지와 함께, 2004년 제17대 총선 이래로 한국 유권자의 평균 이념성향이 어떻게 변화해 왔는지 보여주고 있다. 이념성향은 '매우 진보'를 의미하는 0점부터 '중도'를 의미하는 5점을 거쳐 '매우 보수'를 의미하는 10점까지의 11점 척도로 측정되었다. 제22대 총선뿐만 아니라 모든 시기에서 스스로의 이념성향이 중도라고 대답한 응답자의 비율이 약 30% 정도로 가장 많은 비율을 차지했다. 이와 동시에 전체 응답자의 이념성향의 평균값 진보와 보수 사이의 상대적 비중은 조금씩 변화해왔다는 점도 알 수 있다. 2000년대 초반 상당히 진보적인 모습을 보이던 한국 유권자는

2007~8년을 즈음하여 보수적으로 변화했다가 이후 다시 진보적인 방향으로 조금씩 이동해 왔다.

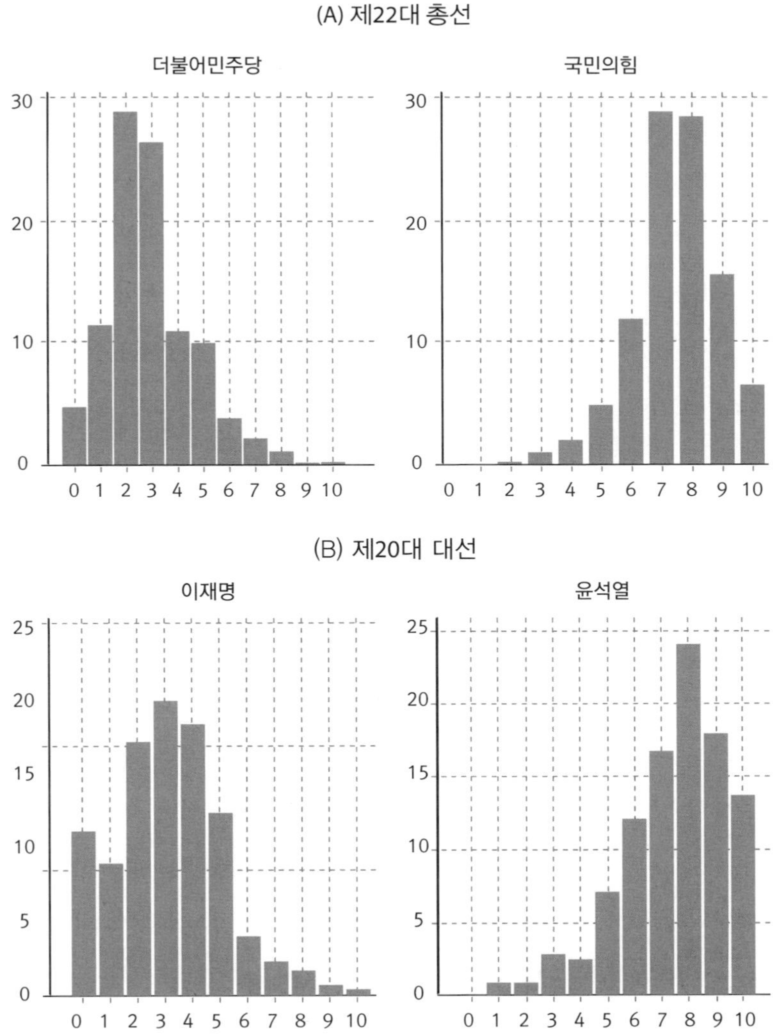

자료: 한국정치학회(2022a, 2024)

〈그림 4-4〉 第22대 총선과 第20대 대통령선거 당시 주요 정당 및 후보의 이념 인식 (%)

이어서 〈그림 4-4〉에서는 2024년 제22대 총선과 2022년 제20대 대통령선거 당시 한국 유권자들이 주요 정당 및 후보의 이념적 위치를 어떻게 인식하고 있었는지 보여주고 있다. 자료는 0-10점의 진보-보수 이념 척도 위에서 각 정당과 후보가 어디에 위치하고 있다고 생각하는지 물어본 질문에 대한 응답자들의 대답을 보여준다. 대부분의 유권자들은 2022년의 이재명 후보와 2024년의 더불어민주당이 진보 성향을 가지고 있으며, 반대로 윤석열 후보와 국민의힘은 보수적인 성향을 가지고 있다고 평가하고 있다. 다시 말해서 한국 유권자들은 한국의 선거가 진행되는 이념적 지형을 나름 정확하게 인식하고 있다는 것이다.

물론 정당이나 후보의 이념적 위치를 인식하는 것과 그러한 인식에 기반하여 실제로 투표하는 것은 분명히 구분되어야 한다. 한국 유권자의 이념투표 현상을 살펴보기 위해 〈표 4-1〉에서는 제22대 총선과 제20대 대통령선거에서 각자의 지지 정당과 후보별로 주요 정당 및 후보와 스스로의 이념 사이의 거리를 어떻게 인식하고 있었는지 보여주고 있다. 이념 거리는 0-10점의 진보-보수 이념 척도 위에서 응답자가 인식하는 해당 정당 및 후보의 이념적 위치와 스스로의 이념 사이의 차이의 절대값으로 계산되었다. 두 번의 선거에서 특정 정당이나 후보에게 투표한 유권자들은 자신이 지지한 정당이나 후보와 스스로의 이념적 거리를 훨씬 더 가깝게 인식하고 있었다는 사실을 확인할 수 있다. 다만 유일한 예외는 제22대 총선 당시의 조국혁신당 사례인데, 당시 정당투표에서 조국혁신당에게 투표한 유권자들은 민주당과의 이념 거리와 조국혁신당과의 이념 거리 사이에 통계적으로 유의미한 차이를 인식하지 않았다(p=0.125). 제22대 총선에서 조국혁신당은 준연동형 선거제도 하에서 비례대표의석 확보를 위해 창립된 정당이었으며, 조국혁신당에 대한 지지는 사실상 민주당을 지지하는 유권자들의 전략적 선택의 결과였다는 점을 반영하는 것으로 이해할 수 있다.

〈표 4-1〉 제22대 총선과 제20대 대통령선거의 투표 선택과 이념 거리 인식

<table>
<tr><th colspan="4">제22대 총선</th><th colspan="3">제20대 대통령선거</th></tr>
<tr><td rowspan="2">정당투표</td><td colspan="3">이념 거리</td><td rowspan="2">지지 후보</td><td colspan="2">이념 거리</td></tr>
<tr><td>민주당</td><td>국민의힘</td><td>조국혁신당</td><td>이재명</td><td>윤석열</td></tr>
<tr><td>민주당</td><td>0.95</td><td>4.02</td><td>1.54</td><td rowspan="2">이재명</td><td rowspan="2">1.51</td><td rowspan="2">3.85</td></tr>
<tr><td>국민의힘</td><td>4.29</td><td>1.19</td><td>3.94</td></tr>
<tr><td>조국혁신당</td><td>1.23</td><td>4.68</td><td>1.39</td><td>윤석열</td><td>3.65</td><td>1.48</td></tr>
</table>

자료: 한국정치학회(2022a, 2024)

2002년 대통령선거 이후로 진보-보수 이념성향은 한국의 선거와 유권자 행태를 설명하기 위해 빼놓을 수 없는 중요한 요인으로 등장하였으며, 많은 연구들이 한국 유권자들 사이에서 나타나는 이념투표의 경험적 증거를 제시해 왔다(김성연 2017a; 강원택 2010, 2017; 이갑윤·이현우 2008; 조성대 2015; Jhee 2006). 한 가지 흥미로운 점은 한국 유권자의 이념투표가 근접성 모델과 방향성 모델 중 어느 논리에 더 가까운지 비교한 연구에 따르면, 서구 사회와는 달리 방향성 모델의 설명력이 더 높은 것으로 나타났다는 사실이다(김성연 2017a; 조성대 2015; Jhee 2006). 다시 말해서 한국 유권자들이 이념 성향을 투표

선택의 기준으로 삼는 방식은 후보와 자기 자신과 얼마나 이념적으로 가까운가를 꼼꼼하게 계산하는 것이 아니라, 정당이나 후보의 이념적 위치에 대한 대략적인 인식에 기반하여 누가 자신과 같은 진영에 속하는가를 고려하는 것이라고 할 수 있다. 이는—앞 절에서 언급했듯이 어차피 진보나 보수 성향이 분명한 유권자들 사이에서는 근접성 모델과 방향성 모델 사이의 차이가 별로 드러나지 않는다는 점에서—한국의 선거에서 중도층에 호소하기 위해 이념적 선명성과 차별성을 약화시키는 전략은 그다지 효과적이지 않을 가능성을 보여준다(장승진 2013b).

물론 한국 유권자들이 후보의 이념적 위치를 인식하는 데 있어서 일정한 왜곡이 발생할 수 있다는 점에서 이념투표에 대한 증거를 신중하게 받아들일 필요가 있다. 예를 들어 특정 정당을 지지하는 유권자는 해당 정당 소속 후보가 자기 자신과 가깝다고 인식하는 투사 효과가 나타난다는 보고가 존재한다(이내영·허석재 2010; 장기영·박지영 2018). 또한 제20대 대통령선거의 윤석열 후보의 사례와 같이 정치권 외곽에서 갑자기 부상한 정치 신인의 경우 유권자들이 이념적 위치를 파악하기 위한 정보가 부족할 수밖에 없다. 이러한 경우 소속 정당에 대한 인식이나 현정권에 대한 평가 등과 같이 기존에 익숙한 대상에 대한 태도로부터 이념적 위치를 추론할 수밖에 없으며 결과적으로 부정확한 인식이 나타날 수도 있다(장승진 2021).

4. 진보-보수 이념성향에 대한 심리학적 이해

이제까지의 논의에서 이념은 유권자의 다양한 사회경제적 특징과 투표 선택 사이를 매개해주는 핵심적인 변수이다. 즉 사회경제적 특성이 유권자의 정치적·경제적 이해관계에 영향을 끼치며, 이러한 이해관계의 차이가 진보-보수의 이념 척도 위에서 서로 다른 위치로 이어진다(Sear and Funk 1991). 그리고 유권자 및 각 후보의 위치 사이의 상호작용—근접성이든 방향성이든—이 특정 후보에 대한 지지로 이어진다는 것이다. 그러나 역설적으로 이념투표 이론에서 이념 그 자체의 의미는 특별한 관심의 대상이 되지 못한 측면이 있다. 이념은 다양한 정책에 대한 유권자의 선호(policy preferences)를 종합하여 추상화한(abstraction) 것이며, 따라서 정책선호의 총합—혹은 가중평균—과 크게 다르지 않은 것으로 간주된다. 따라서 이러한 추상화의 기초가 되는 쟁점선호가 얼마나 일관적이고 안정적인지, 그리고 추상적인 이념성향이 구체적인 쟁점선호를 얼마나 충실하게 반영하는지가 문제일 뿐, 진보-보수의 이념성향 그 자체가 어떠한 이론적 의미를 가지는지에 대해서는 상대적으로 소홀하게 다루어졌다고 할 수 있다.[23]

그러나 몇몇 연구는 진보-보수 이념성향을 단순한 정책선호의 총합이나 평균이 아니며, 따라서 어느 한 개념을 다른 개념으로 대체

23 마치 경제학 이론에서 소비자의 각양각색의 필요와 욕구가 화폐라는 추상적인 가치로 치환되지만, 화폐 그 자체는 양적 단위를 넘어서는 의미를 가지지 않는 것과 유사하다고 할 수 있다.

할 수는 없다고 주장한다. 구체적인 정책과 쟁점에 대한 일반 유권자들의 관심 및 지식 부족을 고려한다면, 진보–보수의 자기평가가 정책선호로부터 전적으로 기인한다고 보기에는 무리가 있다. 실제로 정책선호 외의 다른 요인들이 유권자의 이념성향에 유의미한 영향을 끼친다는 경험적 증거를 쉽게 찾아볼 수 있다. 예를 들어 사회적으로 진보 혹은 보수라는 이념성향과 밀접하게 연관되었다고 인식되는 다양한 정치적 상징(symbols)이나 사회집단에 대한 정서적 평가(affective evaluations)가 유권자들의 이념적 자기평가에 중요한 영향을 끼칠 수 있다(Conover and Feldman 1981).

이러한 관점을 종합적으로 제시한 연구가 엘리스와 스팀슨의 연구(Ellis and Stimson 2012)이다. 이들은 진보-보수의 이념성향을 상징적 이념(symbolic ideology)으로 그리고 구체적인 정책에 대한 선호의 총합을 조작적 이념(operational ideology)으로 정의하고, 이 둘은 어느 하나가 다른 하나로 환원될 수 없는 별개의 개념이며, 상당히 많은 유권자들 사이에서 상징적 이념과 조작적 이념 사이의 괴리가 관찰된다는 점을 보여주고 있다. 특히 상징적 이념에 있어서는 스스로를 보수라고 평가하면서도 구체적인 정책선호에 있어서는 진보적인 입장을 가지는 유권자들이 전체 미국 유권자의 약 30%에 달하는 것으로 나타났다. 예를 들어 상당수의 유권자들이 추상적인 차원에서 '큰 정부'에 의한 적극적 시장 개입에 대해서는 반대하면서도 실제 구체적인 복지정책이나 재분배정책에 대해서는 찬성하는 모습을 보인다는 것이다. 그리고 유사한 방법론을 한국 유권자를 대상으로 적용한 연구 역시 상징적 이념과 조작적 이념 간에 상당한 수준의 괴리가 존재한다는 사실을 발견하였다(장승진 2020a).

이와 같이 상징적 이념과 조작적 이념 사이에 괴리가 나타나는 이유에 대해 엘리스와 스팀슨은 진보-보수의 이념성향은 정치와는 무관할 수 있는 생활 습관이나 종교적 태도에서 기인한 사회적 정체성에 의해 크게 영향받기 때문이라고 설명하고 있다. 다시 말해서—구체적인 정책에 대한 선호와 별개로—진보 혹은 보수라고 일컬어지는 정치적 집단에 대한 소속감으로서의 이념적 정체성(ideological identity)이 개인의 이념성향에서 중요한 부분을 차지한다는 것이다(Devine 2014). 비슷한 맥락에서 장승진(2020a)의 연구 역시 한국 유권자들의 진보-보수 이념성향이 구체적인 정책에 대한 선호를 넘어 더 근본적인 차원의 가치 정향(value orientiations)에 따라 달라진다는 점을 보여주고 있다.

또한 최근의 심리학 연구 결과도 진보-보수 이념성향이 정책선호의 총합과 구분되어야 한다는 점을 보여주고 있다. 일련의 연구에 따르면 이념성향은 구체적인 정책에 대해 가지고 있는 생각을 넘어서 근본적인 차원에서—존재론적·인식론적 불확실성과 위협에 대응하기 위한—심리적인 욕구를 반영하고 있다. 예를 들어 새로운 경험과 불확실성, 인지적 모호성(ambiguity)을 불편해하고 대신에 질서와 구조 그리고 인지적 종결(closure)을 중시하는 사람일수록 변화에 대한 거부감과 현실의 불평등을 정당화하려는 욕구가 크며, 이는 다시 정치적 보수주의(political conservatism)과 친화성을 가진다는 것이다(Gerber et al. 2010; Jost 2021; Jost et al. 2003). 한 걸음 나아가 다른 연구는 인간이 진화 과정에서 마주한 여러 과제들을 해결하면서 등장한 몇 가지 도덕성의 기반(moral foundations)에서의 차이가 진보주의자와 보수주의자의 차이로 이어진다고 주장하기도 한다(Graham, Haidt and Nosek 2009; Haidt 2012).

Part 1

5장

회고적 투표

5장

회고적 투표

1997년 제15대 대통령선거에서 김대중 후보는 여당의 이회창 후보를 꺾고 헌정사상 최초의 평화적 정권 교체에 성공하였다. 이러한 승리가 가능했던 이유로는 김종필 후보와의 소위 DJP연합 그리고 이인제라는 제3 후보의 출마 등 여러 가지를 꼽을 수 있지만, 무엇보다도 선거 직전 외환위기라는 초유의 사태를 맞이한 김영삼 대통령의 국정운영 지지율이 한 자리대 숫자로 추락하였다는 점을 들 수 있다. 비슷한 상황은 10년 뒤에도 반복되어, 임기 말 다양한 논란과 여당 내 갈등으로 인해 노무현 대통령의 지지율이 10%대 후반에서 20%대 초반에 그쳤으며, 대통령을 욕하는 것이 국민 오락거리라는 말이 있었을 정도로 현직 대통령에 대한 부정적인 평가가 지배적이었다. 결과적으로 제17대 대통령선거에서 야당의 이명박 후보는 여당의 정동영

후보에게 역대 가장 큰 득표율 차로 승리를 거두었다.[24]

선거에서 현 대통령의 국정운영에 대한 지지도가 가지는 중요성은 대통령 임기 중에 실시되는 총선이나 지방선거에서 더욱 중요한 의미를 가질 수 있다. 선거를 앞두고 가장 흔하게 관찰할 수 있는 모습은 야당이 정권의 국정운영을 비판하면서 심판론을 외치는 것이다. 반대로 여당은 국정운영 성과를 강조하며 지속적인 지지를 호소하거나—이러한 선거전략이 여의치 않은 경우—역으로 야당에 대한 역-심판론을 제기하곤 한다. 최근에 실시된 제22대 총선에서도 이러한 모습은 반복되었어, 집권 이후 이태원 참사, 잼버리 파행, 해병 사망사건 수사외압 의혹 등 여러 가지 국정 실책과 논란을 겪은 윤석열 대통령의 지지율이 선거 직전까지 20%대 후반에서 30%대 초반에 머물렀다. 자연스럽게 대통령을 견제해야 한다는 정권심판론이 모든 정책과 이슈를 압도했으며, 결국 야당이 전체 300석 중 192석을 차지하는 압승을 거두었다.

누군가는 선거에 임하면서 앞으로 누가 국정을 잘 이끌어갈 것인가를 고려하여 투표해야지 어째서 이미 지나간 일에 얽매여 선택하냐고 비판할 수도 있다. 그러나 대통령을 비롯한 집권 여당의 국정운영

24 물론 항상 비슷한 패턴이 반복되지는 않아서, 2012년 제18대 대통령선거를 앞두고 이명박 대통령의 국정운영 지지율이 매우 낮았음에도 불구하고 선거에서는 여당 소속의 박근혜 후보가 51.55%의 득표율로 승리를 거두었다. 반면에 2022년 제20대 대통령선거를 앞두고 현직 대통령인 문재인 대통령의 국정운영 지지도는 40%대를 꾸준히 유지하여 민주화 이후 어떤 대통령이 임기 말에 경험했던 것보다도 높은 수준이었지만, 정작 선거는 여당 후보인 이재명 후보가 근소한 차이로 패배하는 것으로 마무리되었다.

성과에 대한 경험과 평가에 기반한 투표, 즉 회고적 투표(retrospective voting)는 많은 유권자가 현실 선거에서 종종 보이는 행태인 동시에, 이론적으로도 대의제 민주주의의 유지를 위해 빼놓을 수 없는 역할을 하고 있다. 특히 무당파나 이념적 중도층과 같이 앞에서 논의한 정당일체감이나 이념성향의 도움을 받기 어려운—혹은 의식적으로 거부하는—유권자들 사이에서 회고적 평가가 투표 선택에 끼치는 영향력은 더욱 커질 가능성이 높다.

1. 회고적 투표의 의미

대의제 민주주의에서 선거란 대표자를 선출하는 일차적인 역할 외에도 선출된 대표자들이 임기 동안 보여준 활동과 정책, 그리고 결과에 대해 평가하고 심판하는 역할을 수행한다. 다시 말해서 성공적으로 국정을 운영한 대표자 및 정당을 다음 선거에서 다시 선출함으로써 보상하고, 국정운영에 실패한 대표자 및 정당을 낙선시킴으로써 처벌을 가하게 된다는 것이다. 만일 이러한 보상과 처벌의 기제가 정상적으로 작동하지 않는다면, 즉 임기 동안 어떻게 국정을 운영했는지가 다음 선거에서의 승패에 영향을 주지 않는다면, 권력을 잡은 대표자와 정당이 애당초 유권자를 성실하게 대표하기 위해 노력할 이유가 사라진다. 이러한 관점에서 유권자들이 후보 및 정당이 과거 집권했을 때의 성과에 대한 평가를 투표 선택의 기준으로 삼는 것을 의미하는 회고적 투표는 정치적 책임성(accountability)을 확보하고, 결과적으로 대의제 민주주의가 여러 가지 한계에도 불구하고 안정적으로 유지될 수 있도록 하는 중요한 조건이라고 할 수 있다(Ashworth 2012; Powell 2000).

회고적 투표에 대해서는 두 가지 설명이 가능하다(Fiorina 1981). 첫 번째 설명(Key 1966)은 유권자들의 투표 선택을 국정운영의 결과에 대한 사후적 평가로 이해하며, 이때 유권자들은 구체적인 정책 수단이 무엇인가에는 관심이 없으며 그러한 정책이 실현된 결과 즉 현직자의 임기 동안 유권자들이 경험한 개인적 효용의 변화에만 초점을 맞추어 선택하게 된다. 다시 말해서 선거에 임하는 유권자들이 스스로에게 묻는 질문은 "현 정권의 임기 동안 나의 삶이 얼마나 나아졌는가"라는 것이다. 결과적으로 선거는 기본적으로 집권 여당의 국정운영 성과에 대한 일종의 심판(referendum)으로서의 의미를 가진다(Ferejohn 1986).

두 번째로 합리적 선택 이론의 관점에서 바라보면 유권자들은 서로 다른 대안을 선택했을 때 기대되는 미래의 효용에 의거하여 선택을 내린다. 그러나 선거를 앞두고 후보와 정당이 쏟아내는 공약은 말 그대로 공허한 약속에 그칠 수 있으며, 집권 이후 실제로 어떻게 국정을 운영할 것인지 미루어 보기 위해 신뢰할 만한 정보라고 하기 어렵다. 이러한 상황에서 그들이 과거 국정을 운영할 때 어떠한 성과를 이루었는가야말로 바쁜 일상 속에서 후보와 공약을 꼼꼼히 따지기 어려운 유권자들이 미래를 예측하기 위해 손쉽게 활용할 수 있는 정보를 제공한다(Fearon 1999). 즉 회고적 투표는 단순히 과거의 잘잘

못을 따지는 것이 아니라 오히려 적극적으로 미래를 전망하여 투표(prospective voting)할 수 있도록 하는 수단이 되는 것이다(Fearon 1999). 결과적으로 피오리나는 두 관점을 통합하여 유권자들이 구체적인 정책보다는—직접적으로 경험한 혹은 사회적으로 학습된—국정운영의 결과에 대한 회고적 평가를 통해 미래에 대한 기대를 형성하는 회고적 투표 이론을 제시하고 이에 대한 경험적인 증거를 제시한다.

회고적 투표의 핵심은 현직자 혹은 집권 여당의 국정운영에 대해 긍정적으로 평가하는 유권자는 여당 후보에 투표하고, 부정적으로 평가하는 유권자는 야당 후보에게 투표한다는 것이다. 그렇다면 과연 이와 같이 국정운영 성과를 긍정 혹은 부정적으로 평가하는 기준은 무엇인가? 많은 연구는 국정운영의 성과를 평가하기 위해 유권자들이 가장 쉽게 그리고 일반적으로 사용하는 기준이 경제라고 지적하고 있다. 경제가 회고적 평가의 핵심을 차지하는 이유는 몇 가지로 설명할 수 있다. 우선 경제라는 이슈 자체가 가지는 중요성을 들 수 있다. 다른 이슈와는 달리 경제는 먹고 사는 문제와 직접적으로 연결된다는 점에서 대부분의 유권자가 가장 중요한 이슈로 꼽기 마련이다. 두 번째로 정책 목표에 대한 입장 차이가 나타날 수 있는 다른 이슈와는 달리, 경제와 관련해서는 정책 목표에 대한 광범위한 합의가 존재한다. 경제성장, 물가안정, 일자리 확충에 반대하는 유권자는 거의 없을 것이며, 문제는 모두가 원하는 바람직한 결과를 누가 잘 달성할 수 있는가를 둘러싼 경쟁이라고 할 수 있다.[25] 세 번째로 경제 분야의 성과

25 복지를 늘릴 것인가 줄일 것인가, 동성결혼을 허용할 것인가 말 것인가

는 일반 유권자들도 쉽게 확인할 수 있다. 누구나 스스로 경험한 삶의 변화를 통해 집권 기간의 경제적 성과를 직접적으로 체감할 수 있으며, 혹은 경제성장률이나 실업률 등 언론을 통해 보도되는 객관적인 지표를 통해서도 경제 성과에 대한 평가가 가능하다.

실제로 많은 연구가 경제성장률이나 인플레이션, 실업률 등과 같은 거시경제지표를 통해 드러나는 경제 상황의 변화에 따라 집권 여당 소속 후보의 득표율이 증가 혹은 감소하는 현상을 보고하고 있다(Erikson 1989; Hibbs 1987; Lewis-Beck 1988). 흔히 경제투표(economic voting)라고 일컬어지는 이러한 현상은 회고적 투표에서 가장 핵심적인 부분을 차지하고 있다. 즉 경제상황이 개선되었을 때에는 유권자들이 집권 여당 소속의 후보에게 투표하는 반면에 경제상황이 악화되는 경우에는 야당 후보를 선택함으로써 집권 여당의 실정을 심판한다는 것이다.

객관적 경제상황의 변화가 투표 선택으로 이어지기 위해서는 객관적 조건에 대한 유권자의 주관적 인식이 선행되어야 한다. 이때 유권자들이 형성하는 경제적 인식은 자기 자신의 가계 살림 수준에서 형성될 수도 있고(pocketbook considerations) 혹은 전체 국가 경제 수준에서 형성될 수도 있다(sociotropic considerations). 또한 유권자들은—자신의 가계 살림 수준이건 아니면 국가 경제 수준이건—지금까지의 변

등과 같이 정책 목표를 둘러싸고 서로 다른 입장이 충돌하는 이슈를 위치 이슈(position issues)라고 하며, 경제성장이나 일자리 창출과 같이 누구나 원하는 바람직한 목표를 누가 더 잘 달성할 것인가를 둘러싸고 경쟁하는 이슈를 합의 이슈(valence issues) 혹은 실적 이슈(performance issues)라고 한다.

화에 대한 회고적 평가에 보다 초점을 맞출 수도 있고 혹은 앞으로의 변화에 대한 전망적(prospective) 기대에 보다 집중할 수도 있다. 이와 같이 두 가지 기준에 따라 나타날 수 있는 네 가지 서로 다른 경제적 인식의 조합 중에서 대부분의 연구는 국가 경제의 변화에 대한 회고적 평가가 투표 선택에 가장 강력하고 일관된 영향을 끼친다는 점을 밝히고 있다(Kinder and Kiewiet 1981; Lew-Beck and Stegmaier 2000).

물론 국가의 경제 상황에 대한 회고적 평가와 투표 선택 사이의 상관관계는 유권자의 특성 및 정치적 맥락에 따라 변화할 수 있다(Anderson 2007). 예를 들어 몇몇 연구들은 정치적 세련도(political sophistication) 및 미디어 노출도가 높은 유권자일수록 국가 경제 상황에 대한 평가가 투표 선택에 끼치는 영향력이 더 강하게 나타난다고 주장한다(Fiorina 1981; Goren 1997; Hetherington 1996). 이는 정치적으로 세련된 유권자일수록 국가 경제 상황에 대한 지식과 정보를 많이 가지고 있으며, 정부의 정책에 따라 국가 경제 상황이 어떻게 변화하는지를 더욱 명확하게 인식하고 있기 때문이다.[26] 또한 경제투표, 혹은 일반적으로 회고적 투표의 영향력은 선거가 치러지는 맥락과 환경

26 반대로 정치적으로 세련된 유권자일수록 투표 선택에 있어서 국가 경제 상황에 대한 평가보다는 오히려 개인 수준의 가계 살림의 변화를 보다 중요하게 고려한다고 주장하는 연구도 있다(Gomez and Wilson 2001, 2003). 국가 경제 상황의 변화에 대한 정보는 누구나 손쉽게 획득할 수 있는 반면에, 개인의 가계 살림의 변화를 국가 경제 상황의 변화 그리고 나아가 정부의 국정운영의 결과와 연결 짓는 것은 정치적 세련도가 높은 유권자들만 가능하다는 것이다. 따라서 정치적 세련도가 특별히 높지 않은 유권자들 사이에서는 국가 경제 상황에 대한 평가의 영향력만 강하게 나타나는 반면에, 정치적 세련도가 높은 유권자들은 오히려 개인의 가계 살림의 변화에 따라 어떤 후보를 지지할지 선택한다는 것이다.

에 따라서도 다르게 나타날 수 있다. 예를 들어 유권자가 국정운영 실패의 책임을 특정한 정당에게 묻기 힘들게 하는 정치적·제도적 맥락—예를 들어 분점정부(divided government)나 연립정권의 등장, 혹은 연방제 정치구조와 같은—하에서는 회고적 평가의 영향력은 완화되는 경향이 있다(Anderson 2000; Duch and Stevenson 2008; Hellwig and Samuels 2008; Norpoth 2001; Powell and Whitten 1993).

회고적 투표와 경제투표가 사실상 같은 개념인 것처럼 보일 정도로 많은 연구가 경제 상황의 변화 및 그에 대한 인식에 초점을 맞추어 논의를 진행하고 있지만, 최근 몇몇 연구는 경제 상황과는 구별되는 또 다른 회고적 평가의 다양한 기준을 경험적으로 증명하고 있다. 예를 들어 의회와의 협상을 통해 중요한 입법 성과를 만들어내거나 국제사회에서 외교적 성과를 거두었을 때 대통령의 국정운영에 대한 평가가 긍정적으로 변화하는 것은 놀라운 일이 아니다. 비슷한 맥락에서 미국 선거를 대상으로 한 분석에서 해외에서 벌어진 군사 분쟁에서 얼마나 많은 미군이 사망했는가가 현직 대통령 및 집권 여당 소속 후보의 득표율에 유의미한 영향을 끼치는 현상이 관찰되었다(Hibbs 2000; Karol and Miguel 2007; Kriner and Shen 2007). 지방정부 수준에서도 시민들이 일상적으로 접하는 공공서비스를 얼마나 긍정적으로 평가하는가가 해당 자치단체의 현직자에 대한 지지에 유의미한 영향을 끼치는 사례가 확인된 바 있다(Berry and Howell 2007; Boyne, et al. 2009). 이러한 연구들은 경제에만 국한되지 않는 다양한 영역에 걸쳐 유권자들이 내리는 회고적 평가가 투표 선택에 실질적인 영향을 끼치고 있다는 사실을 보여주고 있다는 점에서 중요한 의미를 가지고 있다.

2. 한국 유권자의 회고적 투표

한국 유권자의 회고적 투표행태에 대한 관심과 분석이 시작된 것은 제17대 대통령선거부터라고 할 수 있다. 이전까지의 선거에서는 권위주의 시기와 민주화운동 과정을 거치면서 한국 정치를 이끌어온 소위 3김 정치인에 대한 지지가 핵심적인 영향을 끼쳤다면, 이들이 모두 정치 일선에서 퇴장한 2002년 노무현 대통령이 당선되면서부터 대통령의 국정운영이 본격적으로 정치적 평가의 대상이 되기 시작했다. 실제로 5년 뒤 실시된 제17대 대통령선거에서 노무현 대통령의 국정운영에 대한 평가가 부정적이고 노무현 정부에 대한 심판의 의미로 선거를 바라보는 입장이 강할수록 여당의 정동영 후보 대신 이명박 후보를 지지할 확률이 크게 증가한 것으로 나타났다(가상준 2008; 강원택 2008).

그러나 제17대 대통령선거와는 달리 제18대 대통령선거에서는 유권자들의 회고적 투표행태가 특별히 관찰되지 않았다. 이명박 대통령의 국정운영에 대한 지지도는 2012년 여름 10%대까지 하락하였고, 이후 다소 상승하기는 했지만 제18대 대선이 치러진 12월에도 20%를 간신히 넘는 수준이었다. 그러나 현직 대통령에 대한 낮은 지지율에도 불구하고 여당 소속의 박근혜 후보가 대통령에 당선되었으며, 실제로 유권자 수준에서 이루어진 경험적 분석 역시 이명박 정부에 대한 유권자의 회고적 평가가 투표 선택에 유의한 영향을 끼치지 않았다고 보고하고 있다. 예를 들어 이내영·안종기(2013)는 제18대 대선에서 많은 유권자들이 이명박 대통령에 대한 회고적 평가보다는 박근혜 후보에 대한 전망적 평가에 기반을 두어 투표 선택에 나섰다고 주장한다. 즉 박근혜 후보의 국정운영능력을 긍정적으로 평가하는 유권자라면 이명박 대통령의 국정운영에 대한 부정적 평가에도 불구하고 여전히 박근혜 후보에게 투표했고, 비슷한 맥락에서 앞으로의 한국 경제상황을 긍정적으로 평가하는 유권자라면 이명박 정부 하에서의 한국 경제상황에 대한 부정적 평가에도 불구하고 여전히 박근혜 후보를 지지했다는 것이다(강우진 2013).

한국은 5년 단임제 대통령제를 채택하고 있기 때문에 현직 대통령이 재선에 도전하는 일은 벌어지지 않는다. 현직 대통령이 국정을 어떻게 운영했는가에 대한 평가는 현직 대통령 자신이 직접 재선에 도전할 때 더욱 중요해진다는 점을 고려한다면(Campbell, Dettrey, and Yin 2010), 한국의 대통령선거에서 회고적 평가가 투표 선택에 끼치는 영향력이 상대적으로 부각되지 않을 수 있다. 이러한 한계에도 불구하고 한국의 대통령선거에서 회고적 평가가가 가지는 중요성을 부정하기는 어렵다. 헌정사상 최초의 대통령 탄핵이라는 정치적 혼란 속에서 치러진 제19대 대통령선거에서도, 그리고 양대 정당의 후보가 모두 개인적인 비리 및 도덕성 의혹에 시달리며 극심한 네거티브 선거전을 벌였던 제20대 대통령선거에서도, 현직 대통령의 국정운영을 어떻게 평가하는가는 차기 대통령에 대한 한국 유권자의 선택에 분명한 영향을 끼쳤다는 증거가 존재한다(장승진 2023, 3장).

실제로 제20대 대통령선거를 대상으로 회고적 평가가 유권자의 투표 선택에 어떻게 반영되었는지 보여주는 자료가 〈표 5-1〉에 제시되어 있다. 회고적 평가는 "지난 5년간 문재인 정부의 국정운영에 대해서 어떻게 평가하십니까?"라는 질문에 대해 4점 척도로 대답한 것을 사용했으며, '매우 잘했다'라고 가장 긍정적인 평가를 내린 응답자의 숫자가 미미하기 때문에 '대체로 잘했다'는 평가와 통합하여 제시하였다. 다만 정치적 성향에 따라 현직 대통령에 대한 평가 자체가 달라질 수 있다는 점에서, 민주당과 국민의힘을 지지하는 응답자들을 별도로 구분하여 회고적 평가와 투표 선택 사이의 관계를 살펴보았다.

〈표 5-1〉 회고적 평가에 따른 제20대 대통령선거의 투표 선택 (%)

	전체 응답자			민주당 지지자			국민의힘 지지자		
	이재명	윤석열	*N*	이재명	윤석열	*N*	이재명	윤석열	*N*
매우/대체로 잘했다	72.0	26.0	450	93.5	5.6	215	35.7	62.9	70
대체로 잘못했다	28.4	69.3	394	70.8	27.7	65	4.3	95.7	188
매우 잘못했다	10.0	88.3	120	45.5	54.5	11	1.2	98.8	81

자료: 한국정치학회(2022a)

우선 전체 응답자들 사이에서 문재인 대통령의 국정운영에 대해 긍정적인 평가를 내릴수록 여당 소속의 이재명 후보를 지지하는 비율이 증가한다는 점을 확인할 수 있다. 물론 민주당을 지지하는 유권자는 문재인 대통령의 국정운영을 긍정적으로 평가하고, 반대로 국민의힘 지지자 사이에서는 부정적인 평가가 압도적이라는 점을 부정할 수 없다. 그러나 〈표 5-1〉은 회고적 평가의 영향력을 단순히 지지 정당에 따라 회고적 평가가 달라지기 때문으로 돌릴 수 없다는 점을 잘 보여준다. 유권자들을 지지 정당에 따라 구분해서 살펴보면—즉 지지 정당을 '통제'한다면—회고적 평가가 긍정적일수록 여당 소속인 이재명 후보에게 투표하는 비율이 증가한다는 사실을 알 수 있다. 심지어 야당인 국민의힘 지지자들 사이에서조차 문재인 대통령의 국정운영을 긍정적으로 평가하는 유권자는 그렇지 않은 유권자에 비해 이재명 후보에게 투표할 확률이 상대적으로 높다는 사실이 분명하게 드러난다.

이어서 〈표 5-2〉에서는 대통령의 국정운영을 평가하는 중요한 기준 중 하나인 국가경제의 변화에 대한 인식에 따라 제20대 대통령선거의 투표 선택이 어떻게 달라졌는지 살펴보고 있다. "문재인 정부 동안 우리나라 경제 상황이 어떻게 변했다고 생각하십니까?"라는 질문에 대해 응답자들이 5점 척도를 사용하여 대답했으며, 양극단의 평가를 선택한 응답자의 수가 작기 때문에 3점 척도로 통합하여 제시하였다. 국가경제에 대한 평가 역시 종합적인 회고적 평가와 마찬가지로 정치적 성향에 따라 달라질 수 있다는 점을 고려하여, 지지하는 정당에 따라 응답자들을 나누어 살펴보았다. 전체적으로 〈표 5-2〉는 〈표 5-1〉과 동일한 결과를 보여주고 있다. 비록 지지하는 정당에 따라 국가경제의 변화에 대해 전혀 상반된 평가를 내리는 것은 사실이지만, 현직 대통령의 임기 동안 국가경제의 변화를 긍정/부정적으로 평가할수록 대통령선거에서 여당/야당 소속 후보를 지지하는 비율이 증가했다. 또한 국가경제에 대한 평가의 영향력 역시 지지 정당을 통제했을 때에도—종합적인 회고적 평가의 경우보다는 덜 분명하지만—어느 정도 유지되고 있다.

〈표 5-2〉 국가경제 평가에 따른 제20대 대통령선거의 투표 선택 (%)

	전체 응답자			민주당 지지자			국민의힘 지지자		
	이재명	윤석열	*N*	이재명	윤석열	*N*	이재명	윤석열	*N*
(매우) 좋아졌다	77.3	22.7	132	100.0	–	72	60.0	40.0	15
이전과 비슷하다	52.2	44.4	412	92.1	7.1	140	9.6	89.6	115
(매우) 나빠졌다	31.2	67.4	420	64.6	32.9	79	6.7	93.3	209

자료: 한국정치학회(2022a)

단임제 하에서 치러지는 대통령선거와 달리, 대통령의 임기 중 실시되는 총선이나 지방선거에서는 유권자의 회고적 투표행태가 보다 두드러지게 나타날 가능성이 크다. 대부분의 경우 총선과 지방선거는 정권에 대한 중간평가의 성격을 가진다고 여겨지며, 선거 과정에서 정권심판론과 정권안정론—혹은 야당에 대한 역-심판론—이 충돌하는 모습을 종종 목격한다. 그리고 이 중 유권자에게 공감을 얻고 실제로 투표 선택에 가장 일관되게 영향을 끼치는 것은 다름 아닌 정권심판론이라고 할 수 있다(장승진 2012b; 2016). 심지어 대통령선거로부터 불과 4개월여 만에 치러졌으며, 따라서 신임 대통령에 대한 기대가 매우 높은 시점에 실시된 제18대 총선에서조차도 대통령 취임 후 짧은 기간 동안 벌어진 정치적 이슈와 논란이 집권당에 대한 평가와 총선에서의 투표 선택에 분명하게 반영되었다(강원택 2008). 또한 초유의 팬데믹 사태 와중에 실시된 제21대 총선에서도 정부의 코로나19에 대한 대응을 긍정적으로 평가할수록 여당 후보에게 투표할 확률이 유의미하게 증가하였다(박선경 2020b; 신정섭 2020).[27]

흥미롭게도 한국의 선거 중 유권자들의 회고적 투표행태에 대한 연구가 가장 많이 이루어지고 실제로 대통령의 국정운영에 대한 회고적 평가의 영향력이 가장 일관되게 나타나는 것은 주로 지방선거이다. 지방선거는 중앙권력의 향배를 직접적으로 결정하지 않기 때문에, 자신이 지지하지 않는 정당 또는 후보가 당선되었을 때 감수해야 할 비용이 크지 않고 따라서 유권자들이 상대적으로 자유로운 입장에서 정부의 국정운영과 정책에 대한 정치적 불만을 표출할 수 있기 때문이다. 실제로 민주화 이후 실시된 대부분의 지방선거는 지역선거임에도 불구하고 중앙정치의 각종 쟁점들이 부각되는 가운데 대통령의 국정운영에 대한 추인 혹은 심판이라는 정치적 의미를 부여받았다. 결과적으로 여당과 야당 모두 중앙당이 선거과정에 적극적으로 개입하는 대리전의 양상을 보였으며, 유권자의 상당수가 대통령의 국

27 반면에 제21대 총선 당시 정부의 코로나19에 대한 대응을 어떻게 평가하는가는 유권자의 당파적 성향에 따라 극명하게 나뉘었으며, 결과적으로 정부의 대응 평가가 투표 선택에 끼친 영향력은 그리 크지 않다는 주장도 존재한다(길정아·강원택 2020).

정운영에 대한 회고적 평가를 기준으로 투표하는 경향이 발견되었다(오현주 외 2014; 이내영·정한울 2007; 황아란 2013).

물론 모든 총선과 지방선거에서 한국 유권자들이 회고적 투표에 나선다고 할 수는 없으며, 선거가 진행되는 구도와 맥락에 따라 대통령의 국정운영에 대한 평가가 투표 선택에 끼치는 영향력의 크기는 얼마든지 달라질 수 있다. 예를 들어 차기 대통령선거를 불과 8개월 남짓 남겨놓고 실시된 2012년 제19대 총선의 경우, 임기 말임에도 불구하고 많은 유권자들이 이명박 대통령에 대한 평가보다는 총선 결과가 임박한 대통령선거에 미칠 영향을 의식해서 그에 따른 투표 결정을 내리기도 했다(강원택 2012b). 또한 총선이나 지방선거에서 나타나는 회고적 투표가 전적으로 대통령의 국정운영에 대한 평가에만 근거하여 이루어진다고 볼 수도 없다. 예를 들어 총선의 경우 일차적인 선택 대상은 여야 주요 정당이며 따라서—대통령의 국정운영에 대한 평가와 더불어—여야 정당의 활동과 업적에 대한 평가 또한 유권자의 투표 선택에 중요한 영향을 끼친다(장승진 2020). 마찬가지로 지방선거에서도 중앙정부에 대한 회고적 평가를 통제한 이후에도 지방정부 수준의 회고적 평가 또한 현직 광역단체장에 대한 투표 여부에 분명하고 유의미한 영향을 끼치는 것으로 나타났다(장승진 2019). 다시 말해서 한국의 선거에서 회고적 투표는 복합적이고 다층적으로 이루어지고 있으며, 이를 통해—여러 가지 비판과 한계에도 불구하고—정치적 책임성 확보라는 목적을 일정하게 달성하는 데 기여하고 있다는 것이다.

3. 회고적 투표에 대한 비판

회고적 투표가 가지는 중요성은 유권자들이 높은 수준의 정치 지식과 세련도를 갖추고 있지 못하더라도 경제 상황을 비롯하여 대통령의 국정운영 결과라는 단순하고 직관적인 기준을 사용하여 효과적으로 정치적 책임성을 확보할 수 있다는 점에 있다. 즉 개인적 경험 혹은 미디어를 통해 접하는 국정운영에 대한 뉴스는 유권자가 정부의 능력을 평가하고 자신의 정치적 효용을 극대화할 수 있는 대안을 선택하기 위해 쉽게 활용할 수 있는 정보의 첩경(informational shortcuts)으로 기능한다는 것이다. 그러나 최근의 몇몇 연구들은 이러한 회고적 투표의 역할에 대해 의문을 제기하고 있다(Healy and Malhotra 2013). 이들 연구에 따르면 유권자들은 단순히 정치 지식과 세련도를 갖추지 못하고 있을 뿐만 아니라, 오히려 회고적 평가를 형성하는 데 있어서 혹은 평가를 투표 선택으로 연결하는 데 있어서 인지적 혹은 감정적 오류를 범하곤 한다. 만일 이러한 오류들이 단순히 무작위적인 잡음(random noise)이라면 개별 유권자들이 범하는 오류는 전체 유권자 집단 차원에서 상쇄될 수 있다. 그러나 문제는 유권자들이 범하는 인지적·감정적 오류가 무작위적이지 않으며, 따라서 유권자들의 집단적인 의사결정과 정치적 책임성 확보에 체계적인 왜곡을 가져올 수 있다는 것이다

회고적 투표와 관련하여 제기되는 가장 일반적인 비판은 다름이 아니라 대통령의 국정운영에 대한 회고적 평가가 얼마나 객관적으로 이루어지는가이다. 대표적인 예로서 경제투표와 관련하여 많은 연구

가 유권자의 당파적 성향에 따라 경제 상황에 대한 평가가 달라질 가능성을 지적해 왔다. 일찍이 미시간 학파가 주장했듯이 특정한 정당에 대한 소속감이나 애착심은 인식의 장막(perceptual screen)으로 작용하며, 따라서 집권 여당을 지지하는 유권자라면 객관적인 조건과는 무관하게 국가의 경제 상황을 긍정적으로 인식하고 평가할 가능성이 농후하다(Bartels 2002; Evans and Andersen 2006; Evans and Pickup 2010; Wlezien et al. 1997). 만일 이러한 경우가 대다수라면 경제투표 이론에서 주장하는 경제 상황에 대한 평가와 투표 선택 사이의 강력한 상관관계는 오히려 인과관계가 거꾸로 된 것이거나 최소한 실제보다 상당히 과장되었을 가능성이 존재한다. 다시 말해서 경제 상황을 긍정적으로 평가하기 때문에 여당 후보를 지지하는 것이 아니라, 경제와 무관한 이유로 여당 후보를 이미 지지하는 사람들이 경제 상황 역시 긍정적으로 평가한다는 것이다.[28]

보다 일반적으로 최근 이루어진 정치심리학 분야의 연구는 유권자들이 새로운 정보를 접할 때마다 기존의 태도와 생각을 갱신하는 합리적 존재가 아니라고 주장한다. 이는 사람들이 정치적 대상을 평가하는 데 있어서 올바른 평가를 내리고자 하는 동기뿐만 아니라 자신이 기존에 이미 가지고 있던 평가를 유지하고자 하는 동기가 함께 작용하기 때문이다(Kunda 1990). 다시 말해서 정치적 대상에 대한 평

28 인과관계의 역전 가능성을 통계적으로 고려한 이후에도 여전히 경제 상황에 대한 평가가 투표 선택에 유의미한 영향력을 끼치고 있다는 점을 보여주는 후속 연구들도 존재하지만(Lewis-Beck 2006; Lewis-Beck, Nadeau, and Elias 2008), 경제투표 나아가 회고적 투표를 둘러싼 인과관계의 방향성 문제는 여전히 합의가 이루어지지 않은 상황이다.

가는 객관적으로 이루어지지 않으며, 기존의 평가와 생각을 유지하려는 방향으로 동기화되어(motivated) 이루어진다는 것이다. 따라서 만일 기존의 성향과 배치되는 정보를 접하게 되는 경우 사람들은 (1) 해당 정보를 반박·폐기하거나, (2) 기존의 성향에 부합하는 정보를 추가로 찾음으로써 상반된 정보를 서로 상쇄시키기 위해 노력하거나, 혹은 (3) 같은 정보라도 기존의 성향에 부합하는 방향으로 다르게 해석하는 등 왜곡된 정보처리 과정을 거치게 된다(Gaines et al. 2007; Lodge and Hamill 1986; Lodge and Taber 2000; Redlawsk 2002; Taber and Lodge 2006).

이와 같은 동기화된 사고 과정(motivated reasoning)은 국정운영의 성공과 실패의 책임을 누구에게 묻는가에 대해서도 마찬가지로 적용될 수 있다. 예를 들어 여당을 지지하는 유권자들은 국정운영의 성과는 대통령과 여당에 돌리는 반면에, 실패의 책임은 야당—심지어 야당 소속의 전임 대통령—에게 묻는 일이 벌어질 수 있다는 것이다. 마찬가지로 야당을 지지하는 유권자라면 국정운영의 실패에 대해서는 적극적으로 심판을 내리지만, 만일 대통령이 성공적으로 국정을 운영한 상황이라면 회고적 투표에 소극적인 모습을 보일 수 있다. 결과적으로 회고적 투표는 모든 유권자들 사이에서 동일한 방향과 수준으로 나타나는 것이 아니라, 어떤 정당을 지지하는가에 따라 비대칭적으로 나타날 수 있다는 것이다(Gerber and Huber 2009; Lebo and Cassino 2007; Nawara 2015; Tilley and Hobolt 2011).

그러나 동기화된 사고의 가능성에도 불구하고 대통령의 국정운영에 대한 회고적 평가가 전적으로 각자의 정치적 성향에 의해 일방적으로 결정되며, 따라서 이론적으로나 경험적으로 신뢰하기 어렵다고 볼 수는 없다는 증거도 존재한다. 이와 관련하여 장승진·장한일(2021)의 연구는 직접적으로 지지 정당에 따른 정치적 성향의 차이에도 불구하고 유권자들이 큰 왜곡 없이 회고적 평가를 형성할 수 있다는 실험 결과를 보여주고 있다. 이 연구는 설문조사의 응답자들을 세 집단 중 하나에 무작위로 배정하고, 첫 번째 실험집단에는 2020년 1년 동안 문재인 정부의 국정운영을 긍정적으로 평가하는 가상의 신문기사를 그리고 두 번째 실험집단에는 2020년 1년 동안 문재인 정부의 국정운영을 부정적으로 평가하는 가상의 신문기사를 제시하였다(세 번째 집단인 통제집단에는 아무런 신문기사도 제공하지 않았다. 이후 응답자들은 문재인 대통령의 국정 평가를 묻는 공통 질문에 대해서 0점부터 10점까지의 11점 척도를 활용하여 응답하였다. 결과에 따르면 긍정/부정적인 신문기사에 노출된 응답자들은 다른 두 집단에 속한 응답자에 비해 유의미하게 문재인 대통령의 국정운영을 긍정/부정적으로 평가했으며, 이러한 평가의 차이는 여당을 지지하는지 아니면 야당을 지지하는지와 상관없이 제시된 정보와 일관된 방향으로 나타났다. 다시 말해서 비록 지지 정당에 따라 문재인 대통령의 국정운영에 대해 분명히 다른 평가를 내리는 것은 사실이지만, 이러한 출발점의 차이에도 불구하고 새로운 정보에 노출되게 된다면 이를 반영하여 기존의 평가에 일정한 수정을 가하는 정보처리 과정을 공통적으로 경험한다는 것이다.

동기화된 사고 외에도 여러 가지 이유로 유권자들의 회고적 투표에 왜곡이 나타날 수 있다. 예를 들어 유권자들은 자연재해와 같이 정치인들이 통제할 수 없는 사건이 발생하는 경우에도 집권 여당 소속 후보를 처벌하곤 한다(Achen and Bartels 2016; Healy, Malhotra, and Mo 2010). 물론 자연재해가 발생한 이후 정부의 대처에 대한 평가가 현직자에 대한 투표에 유의미한 영향을 끼치는 것은 자연스러운 현상이라고 할 수 있지만, 현실에서는 정치와 아무런 관련이 없는 자연재해의 발생 그 자체만으로도 정치적 유불리가 갈리는 현상이 나타나기도 한다는 것이다. 또한 많은 유권자가 근시안적(myopic)이기 때문에 현직자의 업적 전체를 고려하지 못하고 단기적인 성과에 초점을 맞추어 회고적 평가를 내리기도 한다. 예를 들어 현직자의 임기 전반을 종합적으로 평가하기보다는 선거에 임박한 시기의 변화에 지나치게 많은 가중치를 둔다거나 혹은 장기적인 차원에서 유권자들에게 도움이 되는 정책보다는 당장 성과가 나타날 수 있는 정책을 보다 중시하는 등의 현상들이 종종 관찰된다(Achen and Bartels 2016; Huber et al. 2012). 이러한 결과가 보여주는 것은 유권자의 기억에는 분명한 한계가 있으며, 국정운영 성과를 객관적이고 합리적으로 평가하는 일은 결코 쉽지 않다는 것이다.

그러나 유권자의 한계가 회고적 투표가 가지는 중요성을 부정하는 것으로 이해되어서는 안 된다. 오히려 이상과 같은 연구의 결과는 역으로 대의제 민주주의 하에서 정치적 책임성을 확보하기 위해 무엇이 필요한지 보여주고 있다고 할 수 있다. 예를 들어 일련의 실험 결과에 따르면 비록 유권자의 기존 정치적 성향에 따라 정책적 실패의 책임을 누구에게 묻는가가 달라지는 것은 사실이지만, 동시에 책임 소재에 대한 정확한 정보가 신뢰할 수 있는 출처로부터 제공된다면 동기화된 사고가 크게 완화된다(Hobolt, Tilley, and Wittrock 2013; Malhotra and Kuo 2008). 따라서 오히려 중요한 문제는 단순히 유권자의 한계를 지적하는 것이 아니라, 정부 혹은 언론과 미디어가 어떻게 국정운영 성과에 대한 적절한 정보를 제공하여 유권자의 회고적 평가와 합리적 선택을 도울 수 있도록 유도할 것인가에 대한 고민이라고 할 수 있다.

Part 2

Part 2

앞에서 살펴본 정당일체감, 이념성향, 회고적 평가 등은 특정 선거가 벌어지기 훨씬 이전부터 유권자가 상당한 시간에 걸쳐 형성·발전시키는 기저의 정치적 태도라고 할 수 있다. 따라서 이러한 태도를 중심으로 유권자의 투표 선택을 설명하는 것은 당장 이번 선거에 우리 지역구에 출마한 후보가 누구인가와 큰 상관이 없을 수 있다. 다시 말해서 구체적인 후보에 대한 정보가 없다고 하더라도, 특정 정당을 지지하는 유권자가 해당 정당 소속의 후보에게 투표하고, 진보 혹은 보수 성향의 유권자가 비슷한 성향을 공유하는 후보에게 투표하고, 그리고 대통령의 국정운영 성과를 비판적으로 평가하는 유권자가 야당 후보에게 투표한다는 등의 설명이 가능하다는 것이다.

그러나 현실의 선거에서 유권자는 자신에게 주어진 구체적인 후보 중 하나를 선택하게 되며, 따라서 선택지가 어떻게 구성되었는가에 따라 기표소에서의 선택 역시 달라질 수밖에 없다. 이러한 의미에서 유권자가 선거에 출마한 후보를 어떻게 인식하고 평가하는지는 유권자의 투표 선택을 이해하는 데 중요한 의미를 가지게 된다. 마찬가지로 특정 선거에서 과거의 선거와는 다른 어떤 쟁점이 갑자기 주목받고 유권자의 선택을 좌지우지하는 경우도 어렵지 않게 찾아볼 수 있다. 그리고 선거 현장에 직접 참여하지 않는 대부분의 유권자들은 미디어를 통해 후보나 쟁점에 대한 정보를 접할 수밖에 없다는 점에서, 미디어가 후보자나 쟁점을 어떻게 보도하는가 역시 유권자의 선택에 중요한 영향을 끼치게 된다. 다시 말해서 이어지는 세 장에서 다루는 내용은 최종적으로 유권자의 투표 선택으로 이어지는 메커니즘에서 가장 근접한, 그리고 많은 경우 선거마다 달라지는(election-specific) 요인에 대한 설명이라고 할 수 있다.

Part 2

6장
후보자 요인

6장
후보자 요인

2024년 대통령선거를 앞두고 미국 민주당은 난감한 상황에 빠져 있었다. 현직 대통령이 재선에 도전하는 상황이었지만, 시간이 갈수록 선거 전망은 점점 악화되었다. 코로나19로 인한 팬데믹 이후 경제 상황은 조금씩 나아졌지만, 여전히 체감하기에는 부족했으며 여전히 높은 인플레이션 수준이 발목을 잡고 있었다. 불법 이민자 문제 역시 바이든 정부 하에서 전혀 해결의 기미가 보이지 않았다. 무엇보다도 바이든 대통령의 고령과 그로 인한 건강 우려로 인해 대통령으로서의 직무 수행 능력에 대한 의문이 꾸준히 제기되었다. 결과적으로 대통령 지지율은 지속적으로 하락했고, 상대 후보인 트럼프에게 크게 뒤처지는 여론조사 결과가 잇달아 발표되었다. 6월에 개최된 대선후보 토론회는 바이든 대통령의 재선 가도에 결정타를 날렸다. 고령 및 건강에 대한 우려를 불식시키기는커녕, 트럼프 후보의 공격에 제대로 대응하지 못하고 때때로 말을 더듬는 모습으로 사실상 토론에서 완패했다는 평가가 주를 이뤘다.

2024년 7월 바이든 대통령은 민주당 전당대회를 한 달도 남겨놓지 않은 시점에 후보직에서 사퇴했다. 새로운 민주당 대선후보로 선출된 해리스 부통령은 짧은 기간 동안 민주당 지지자들을 결집시키는 데 성공하였으며, 선거 자금 모금이나 유명인들의 지지 선언에서도 트럼프에 우세를 보였다. 결과적으로 민주당의 후보 교체는 일방적으로 불리했던 선거 구도를 다시 박빙으로 끌어올릴 수 있었다. 현직 부통령으로서 해리스 후보는 바이든 정부의 공과를 모두 공유할 수밖에 없는 상황이었다. 따라서 해리스 후보 선출 이전과 이후의 차이가 보여주는 것은 어떠한 후보가 출마하는가에 따라 유권자의 행동이 단기적으로 변화할 수 있다는 사실이다.[29]

보다 일반적으로 표현하자면, 정당일체감이나 회고적 평가와 같은 다른 요인들과 더불어 후보의 특징과 자질에 대한 유권자의 평가, 즉 후보자 요인(candidate traits) 역시 투표 선택의 중요한 기준 중 하나가 될 수 있다. 물론 어느 선거라고 해서 누가 후보인지가 중요하지 않을 때는 없을 것이다. 그러나 선거의 구도와 맥락에 따라 후보자 요인이 더 현저하게 부각되거나 혹은 다양한 후보자 요인 중 어떤 것이 특히 중요한 요인으로 받아들여지는지, 그리고 후보자 요인이 얼마나 큰 영향을 끼치는지는 달라질 수 있다.

---

29 이와 동시에 해리스 후보가 결국 대통령선거에서 패배했다는 점은 후보가 누구인가만으로는 유권자의 투표 선택을 뒤집는 데에는 한계가 있다는 사실을 보여주기도 한다.

1. 후보자 요인의 중요성

1960년대 이후 서구 사회에서 일반 유권자의 교육수준이 전반적으로 상승하는 것과 함께, TV를 중심으로 한 매스미디어가 본격적으로 전파되기 시작했다. 일반적으로 미디어의 발달은 유권자들이 정치 및 선거와 관련한 정보를 더 쉽게 획득할 수 있게 되었다는 점을 의미하며, 교육수준의 상승은 획득한 정보를 처리하고 활용할 수 있는 능력이 향상된다는 점을 의미한다. 결과적으로 선거에서 선택을 내리기 위해 유권자들이 정당이 제공하는 정보에 일방적으로 의존할 필요가 줄어들게 되었다.

이와 동시에 새롭게 등장한 미디어는 선거에 출마한 후보가 정당을 통하지 않고서도 직접적으로 유권자들에게 자신의 메시지를 전달하는 것이 가능하게 만들었다. 특히 기존의 신문이나 라디오와는 달리 TV라는 매체의 특징으로 인해 시각적으로 전달되는 후보의 이미지가 더욱 중요한 의미를 가지게 되었다.[30] 특히 비슷한 시기에 서유럽의 정당정치가 이념과 노선보다는 선거 승리를 위해 최대한 많은 유

---

30 TV의 등장으로 인한 정치적 변화를 단적으로 보여주는 사례는 1960년 미국 대통령선거에서 사상 최초로 이루어진 후보 간 TV 토론이었다. 당시 상원의원이기는 했지만 상대적으로 정치적 경력과 지명도가 약했던 민주당의 케네디는 TV 토론에서 긍정적 이미지와 유권자들의 호감을 얻는 데 성공하였으며, 이를 기반으로 현직 부통령이었던 공화당의 닉슨을 꺾고 미국 역사상 최연소 대통령으로 당선될 수 있었다. 특히 TV 토론의 시청자들은 케네디가 토론에서 우세했다고 평가한 반면에, 라디오 청취자들 사이에서는 닉슨이 더 우세했다는 의견이 더 많았다는 점을 고려한다면, TV 토론이 케네디의 당선에 상당히 큰 역할을 했다는 점을 알 수 있다.

권자들로부터의 지지를 추구하는 포괄정당(catch-all party) 중심으로 재편되면서(Kirchheimer 1966), 주요 정당 간 이념적·정책적 차별성이 약화되었다. 이와 같은 정치적 변화가 진행되면서 선거를 비롯한 정치 과정에서 정당이라는 집합적 단위에 비해 개별 정치인과 후보가 차지하는 중요성이 크게 증가하는 정치의 개인화(personalization of politics) 현상이 나타났다(Dalton and Wattenberg 2000; Wattenberg 1991).[31]

정치의 개인화 현상과 함께 유권자가 지지 후보를 선택하는 데 있어서 소속 정당의 이념적·정책적 노선보다 정당 지도자 및 주요 대선 후보의 개인적 특성이 더 큰 영향을 끼치게 되었다. 즉 정당일체감이나 이념 성향, 회고적 평가 등의 요인과는 별개로, 유권자들이 각 후보의 능력과 자질에 대해 어떠한 인식을 가지고 있으며 각 후보에 대해 얼마나 호감 혹은 반감을 가지고 있는지가 투표 선택에 중요한 영향을 끼친다는 것이다. 특히 별다른 정치적 경력 없이도 대중적 지명도와 호감도를 가진 사람을 주요 정당의 후보로 공천하는 사례가 증가하면서, 구체적인 공약보다 후보의 이미지와—추상적인—메시지가 유권자의 판단 기준에서 차지하는 비중이 늘어났다.

물론 후보자 요인의 중요성은 선거의 수준에 따라 달라질 수 있다. 소수의 후보가 전국에 걸쳐 경쟁하고, 개별 후보에 대해 충분한 언론 보도가 이루어지는 대통령선거의 경우 후보자 요인의 중요성이 더욱 커질 수 있다. 문제는 후보의 다양한 특성과 자질 중 어떤 것에

31 대통령선거가 끝나고 새로운 정부가 출범할 때, 정당의 이름보다는 당선자의 이름을 붙여 정부를 칭하는 것이 일반적이라는 점도 비슷한 맥락에서 이해할 수 있다.

주목하는가이다. 기존 연구에 따르면 후보를 평가할 때, 유권자들은 이슈나 당파적 유대(partisan ties)보다는 후보 개인의 성격 특징(personal characteristics)을 기준으로 삼는 것으로 나타났다(Miller et al. 1986). 보다 구체적으로 유권자들은 이상적인 정치 지도자의 조건이라고 생각하는 자질을 얼마나 갖추고 있는가를 기준으로 각 후보를 평가하며, 이때 중요하게 간주되는 자질은 능력(competence), 리더십(leadership), 도덕성(integrity), 공감능력(empathy) 등이다(Kinder 1986; Miller et al. 1986). 유권자들은 이러한 자질이야말로 정치적으로 유의미한, 따라서 당선 이후 어떻게 국정을 운영할지 엿볼 수 있는 핵심적인 자질로 간주하는 것이다. 그리고 그중에서도 특히 능력과 도덕성이 유권자의 후보 평가에 중요하게 반영되는 것으로 나타났다(Funk 1999; Mondak 1995).

이상의 논의는 한국 유권자들에게도 동일하게 적용될 수 있다. 이와 관련하여 〈표 6-1〉은 2022년에 제20대 대통령선거에서 유권자들이 후보를 선택할 때 어떤 점을 가장 많이 고려했는지 물어보는 질문에 대한 대답을 보여주고 있다. 후보자 요인이라고 할 수 있는 후보의 능력 및 도덕성을 선택한 응답자가 36.6%로서 가장 높은 비율을 차지했으며, 후보의 정책·공약 및 이념을 선택한 비율이 32.9%로 그 뒤를 이었다. 소속 정당이 후보를 선택한 가장 중요한 이유라고 대답한 비율은 24.6%였다. 물론 〈표 6-1〉에서 나타난 대답이 유권자들의 실제 선택 이유를 보여주는지, 혹은 유권자들이 규범적으로 그러해야 한다고 생각하는 것을 보여주는지에 대해서는 분명히 생각해 볼 여지가 있다. 그러나 이러한 한계를 인정하더라도, 일단 〈표 6-1〉의 결과는 유권자들이 대통령선거에서 지지 후보를 결정하는 데 있어서 능력이나 도덕성과 같은 후보자 요인이 상당히 중요한 기준으로 작용할 수 있다는 점을 보여주고 있다.

〈표 6-1〉 제20대 대통령선거에서 후보 선택 이유 (%)

	전체 응답자	투표 선택	
		이재명	윤석열
정책 · 공약	29.0	29.2	28.4
소속 정당	24.6	15.9	33.1
능력	29.4	43.5	16.9
이념	3.9	2.9	4.8
도덕성	7.2	2.5	10.9
주변의 평가	4.7	4.2	5.2
기타	1.2	1.8	0.6

자료: 한국정치학회(2022a)

대통령선거에 임하는 유권자들이 어떤 후보에게 투표할 것인가를 결정하는 데 있어서는 여러 가지 기준이 동시에 작용할 수 있다. 그러나 〈표 6-1〉에서 사용된 문항은 여러 가지 기준 중 하나를 선택하도록 강제했다는 점에서 응답자가 각각의 기준에 대해 얼마나 큰 중요성을 부여하는지 살펴보기는 어렵다. 이러한 점에서 〈표 6-2〉에서는 제19대 대통령선거 직후 실시한 설문조사에서 유사한 내용을 묻는 문항을 보여주고 있다. 〈표 6-1〉과 비교하여 〈표 6-2〉에서 사용된 문항의 특징은 여러 기준 중 하나를 선택하는 것이 아니라 각각의 기준에 대해 지지 후보를 결정하는 데 있어서 중요하게 고려한 정도를 0~10점 사이의 점수로 나타내도록 했다는 것이다. 문항의 형태가 서로 다름에도 불구하고 〈표 6-2〉의 결과는 〈표 6-1〉과 크게 다르지 않다. 제19대 대통령선거에서도 한국 유권자들은 후보의 국정운영능력이나 도덕성과 같은 후보자 요인에 가장 높은 중요성을 부여했으며,[32] 후보의 정책·공약 및 이념이 그 뒤를 이었다.

〈표 6-2〉 제19대 대통령선거에서 후보 선택 이유 (평균값)

	전체 응답자	투표 선택				
		문재인	홍준표	안철수	유승민	심상정
소속 정당	5.83	5.75	6.97	5.20	4.22	4.67
정책과 공약	7.39	7.54	7.08	7.38	6.76	8.28
당선가능성	6.55	7.13	6.25	6.11	4.76	3.94
국정운영능력	7.53	7.79	7.10	7.43	7.29	6.81
도덕성	7.66	7.95	6.99	7.62	7.49	7.75
이념성향	7.33	7.35	7.25	7.39	7.27	7.28

자료: 서울대 사회발전연구소(2017)

대통령선거와 달리 총선이나 지방선거의 경우 지역 단위로 쪼개져서 수많은 후보가 출마하며, 언론과 미디어의 관심 역시 분산될 수밖에 없다. 따라서 따라서 유권자들이 자신의 지역에 출마하는 개별 후보의 자질과 능력을 평가하기에 충분한 정보를 얻기 쉽지 않다. 결

32 한 가지 흥미로운 차이는 제20대 대통령선거와는 달리 후보의 국정운영능력보다 도덕성에 더 높은 중요성을 부여했다는 점인데, 아마도 선거가 국정농단 사태로 인한 대통령 탄핵 직후에 실시되었다는 사실이 반영된 것으로 추측된다.

과적으로 총선이나 지방선거에서는 후보 개인의 특성보다는 후보가 속한 정당이 훨씬 더 큰 중요성을 가질 수밖에 없다. 실제로 2024년 제22대 총선 당시 지지 후보를 결정할 때 무엇을 가장 중요하게 생각했느냐는 질문에 대한 답을 보여주는 〈표 6-3〉에서도 가장 많은 응답자가 선택한 것은 후보의 소속 정당이었다.

〈표 6-3〉 제22대 총선에서 후보 선택 이유 (%)

	전체 응답자	지역구선거 투표 선택		
		민주당 후보	국민의힘 후보	기타 후보
정책 · 공약	25.0	25.8	23.4	29.0
소속 정당	44.4	43.0	47.5	35.5
능력	17.8	17.2	18.5	17.7
이념	2.2	1.2	3.3	1.6
도덕성	8.6	10.6	5.7	12.9
주변의 평가	1.2	1.7	0.5	1.6
기타	0.8	0.5	1.1	1.6

주: 문항은 지역구선거와 비례대표 정당투표를 구분하지 않았으며, 응답자는 후보 선택 시 고려한 기준을 2순위까지 선택하였지만 여기에서는 1순위 응답만을 제시하였다.

자료: 한국정치학회(2024)

물론 총선이나 지방선거에서도 후보 개인의 특성이 전혀 중요하지 않다고 할 수는 없다. 다만 개별 후보에 대한 자세한 정보를 얻기 어려운 유권자들은 종종 후보의 직관적인 인구학적 특성—성별, 인종, 직업, 소득 등—를 통해 해당 후보의 자질과 능력을 추론하곤 한다. 예를 들어 많은 경우 여성 후보가 남성 후보에 비해 더 높은 공감능력을 가질 것으로 기대되곤 한다.[33] 또한 교육 수준이 낮거나 노동자 출신 후보는 많은 유권자들에게 능력이 낮다고 인식되는 반면에 공감능력에 있어서는 높은 평가를 받는 경향이 있다(Campbell and Cowley 2014; Carnes and Lupu 2016). 물론 한편으로는 성별이나 직업과 같은 외적인 특성으로부터 그 후보의 자질을 추론하는 것이 다소 비합리적인 행태라고 보일 수도 있지만, 다른 한 편으로는 이러한 추론 역시 후보에 대한 구체적인 정보를 획득하기 위한 비용을 치르기 어려운 유권자들이 활용할 수 있는 일종의 정보의 첩경(informational shortcuts)이기도 하다.

2. 현직 효과

총선이나 지방선거에서 유권자들이 고려하는 다양한 후보자 요인 중 특히 중요한 의미를 가지는 것은 다름 아닌 현직 여부이다. 흔히 '현직 효과(incumbency effect)'라고 불리우는 현상은 현직으로서 재선에 도전하는 후보는 새롭게 출마하는 도전자에 비해 선거에서 훨씬 유리한 위치에서 경쟁하게 되며 결과적으로 당선될 확률도 높다는 것을 의미한다(Erikson 1971). 예를 들어 미국에서 1964년 이후 하원의

33 초기 연구는 여성 후보가 남성 후보가 능력이라는 측면에서도 다소 낮게 평가되는 경향이 있으며, 이것이 유권자들이 여성 후보에게 잘 투표하지 않으며 결과적으로 여성의 정치적 대표성이 떨어지는 하나의 이유라고 보았다. 그러나 보다 최근의 연구들은 다른 요인들을 통제했을 때, 후보의 능력에 대한 평가에 있어서 여성 후보와 남성 후보 사이에 유의미한 차이가 없다는 증거를 다수 제시하였다.

원이 재선에 성공하는 비율은 항상 80%대 후반을 상회했으며, 가장 최근의 2022년 선거에서는 94.5%에 달했다. 상원의원의 경우 하원의원보다는 낮지만—강력한 보수주의를 내세운 레이건이 미국 연방 정치를 크게 변화시켰던 시기를 제외하고는—재선에 실패하는 경우는 여전히 30%에도 미치지 못했다. 1964년부터 2022년까지 60년 가까이 동안의 평균 재선 성공률은 하원의원은 93%, 그리고 상원의원은 83%였다.

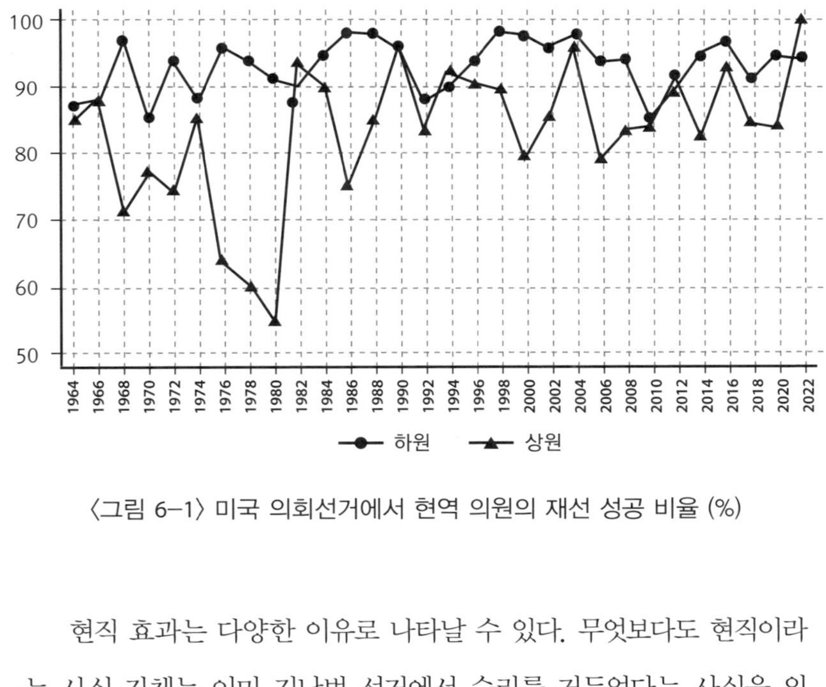

〈그림 6-1〉 미국 의회선거에서 현역 의원의 재선 성공 비율 (%)

현직 효과는 다양한 이유로 나타날 수 있다. 무엇보다도 현직이라는 사실 자체는 이미 지난번 선거에서 승리를 거두었다는 사실을 의미하며, 이는 해당 후보가 선거에서 승리하기에 충분한 능력과 자질을 가지고 있다—혹은 그렇다고 유권자가 인식한다—는 것을 의미한다. 두 번째로 임기 동안 자신의 선거구에서 이미 직책을 수행해 온 현직자는 도전자에 비해 인지도에 있어서 엄청난 혜택을 볼 수밖에 없다. 세 번째로 선거에 출마하는 모든 후보는 당선가능성을 염두에 둘 수밖에 없으며, 따라서 현직자의 존재는 강력한 잠재적 도전자의 출현을 예방하는 효과를 가질 수 있다.

위의 세 가지 이유에 더해서 현직자는 임기 동안 지역개발 사업이나 민원 해결 등의 유권자 봉사(constituency service)를 통해 정치적 실적을 쌓아왔으며, 이러한 실적에 기반하여 선거에서의 지지를 호소할 수 있다. 다시 말해서 현직자는 자신의 활동과 실적 그리고 이를 통해 드러나는 개인적 능력과 자질을 내세움으로써, 중앙정치의 향배—소속 정당의 지지도나 대통령의 국정운영 평가, 국가 경제 상황의 변화 등—와 독립적인 '개인 지지 투표(personal vote)'를 확보할 수 있다는 것이다(Cain, Ferejohn, and Fiorina 1987). 선거가 치열할수록 개인 지지 투표를 얼마나 확보하고 있는가는 선거 결과에 큰 차이를 가져올 수 있으며, 따라서 정치적 환경이나 선거 구도가 불리한 상황에서도 현역 의원들이 안정적으로 재선에 성공할 수 있도록 도움을 줄 수 있다. 따라서 선수가 낮은 의원이나 직전 선거에서 차점자와의 득표율 차이가 크지 않은 의원일수록 개인 지지 투표를 확보하기 위한 유권자 봉사에 더 열심히 매진할 동기를 가지게 된다.

그렇다면 한국의 선거에서도 현직 효과는 마찬가지로 관찰되는가? 〈그림 6-2〉은 2000년 제16대 총선 이후로 당선자 중 초선의원이 차지하는 비율을 보여주고 있다. 노무현 대통령에 대한 탄핵 실패 이후 탄핵을 주도한 한나라당 후보를 꺾고 열린우리당 출신 초선의원들이 대거 국회에 진출했던 제17대 총선을 제외하고는 2000년대 이후 한국 국회의 초선의원 비율은 40~50%대를 오르내렸다. 가장 최근의 제22대 총선에서도 전체 300명의 의원 중 132명에 달하는 43.7%가 초선의원이었다.

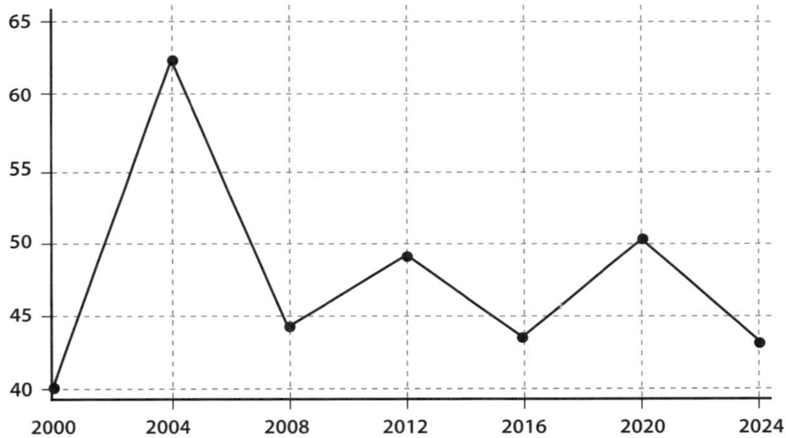

〈그림 6-2〉 역대 총선 당선자 중 초선의원 비율 (%)

매 선거 절반에 가까운 국회의원들이 초선의원으로 교체되는 상황은 한국의 총선에서는 현직 효과가 그리 크지 않다는 인상을 줄 수도 있다. 그러나 초선의원의 비율이 높은 것은 현직 의원이 선거에서 특별히 유리한 점을 누리지 않는 것이 아니라, 한국 총선이 가지는 몇 가지 구조적인 특징을 반영하는 것이다. 우선 한국 국회에는 전체 의석의 약 15% 남짓을 차지하는 비례대표가 존재하며, 대부분의 정당은 관례적으로 비례대표의원은 초선으로만 공천한다. 지역구선거에서도 주요 정당은 개혁과 쇄신의 이미지를 위해 공천과정에서 현역 의원의 상당수를 인위적으로 '물갈이'하고 새로운 인물을 전략적으로 공천하곤 한다.[34] 따라서 현역 의원 중 적지 않은 숫자가 선거에 나가기 이전 단계인 공천과정에서 탈락하고, 이렇게 빈 의석은 초선의원으로 채워지게 된다. 다시 말해서 한국 총선에서 나타나는 높은 초선의원 비율은 정당 지도부가 공천과정에서 지배적인 영향력을 행사하는 한국 정당정치의 결과라고 할 수 있다.[35]

단순히 전체 의원 중 재선 이상 의원들의 비율을 따지는 것이 아니라, 공천을 받은 현역 의원 중 선거에서 승리하여 생환하는 비율이 얼마나 되는지 살펴본다면 이 비율은 〈그림 6-2〉가 보여주는 것보다 높게 나타난다.[36] 또한 한국의 총선이나 지방선거에서 각 후보가 실제로 얻은 득표율을 분석한 결과에 따르면 (1) 현직자는 비현직 도전자에 비해 득표율이 유의미하게 높으며, (2) 현직자를 상대로 출마한 도전자는 비현직 선거구(open seat)에 출마한 도전자에 비해 유의미하게 낮은 득표율을 기록하며, 그리고 (3) 현직이 아니더라도 여러 번

34 현역 의원이 공천을 받는 경우에도 자신의 지역구가 아닌 다른 지역구로 옮겨져서 공천받는 경우도 종종 발생한다. 결과적으로 제22대 총선에서 당적을 유지하면서 본인의 지역구에 그대로 출마하는 현역 의원의 비율은 민주당 59.7%, 국민의힘 57.3%에 그쳤다.

35 반면에 미국에서는 거의 모든 후보 공천이 예비선거(primary elections)에 참여하는 유권자의 선택에 의해 결정되기 때문에, 정당 지도부에 의한 인위적인 현역 의원 교체는 현실적으로 어렵다.

36 제22대 총선에서—비례대표용 위성정당을 포함하여—민주당 소속 현역 의원 97명이 후보로 출마해서 92명이 당선되었으며 국민의힘 소속 현역 의원 75명이 출마해서 이 중 55명(73.3%)이 당선되었다.

재출마한 후보는 처음 출마하는 후보에 비해 인지도에 있어 유리하며 결과적으로 득표에도 도움을 받는 것으로 나타났다(황아란 2013, 2017).

3. 당파적 양극화와 후보자 요인

최근 미국을 비롯한 많은 선진 민주주의 국가에서 서로 다른 정당을 지지하는 사람들 사이의 차이와 반감이 증가하는 당파적 양극화(partisan polarization)가 심화되고 있으며, 한국 또한 예외가 아니다. 서로 다른 정당을 지지하는 사람들 사이에서 이념적 차이와 정서적 반감이 커지는 현상을 의미하는 당파적 양극화는[37] 유권자들이 후보를 어떻게 인식하고 어떻게 투표 선택에 반영하는지에도 상당한 변화를 가져왔다.

당파적 양극화는 기본적으로 자신이 지지하는 정당에 대한 호감과 상대 정당에 대한 비호감 사이의 간극이 커지는 현상을 가리킨다. 즉 당파적 양극화가 심화될수록 각 정당의 지지자들이 상대 정당에 대해 더 큰 반감을 느끼며, 결과적으로 상대 정당을 정치적으로 타협하기 어려운, 따라서 선거라는 전쟁에서 반드시 꺾어야 할 적으로 인식하는 경향이 강화된다. 그런데 이와 같은 상대 정당에 대한 반감은 주로 상대 정당을 대표하는 주요 정치인 및 후보에 대한 반

37 당파적 양극화 현상과 그 원인과 결과에 대한 자세한 논의는 뒤의 11장을 참조할 것.

감으로 이어지기 쉽다. 유권자들이 정당에 대해 생각할 때 가장 먼저 떠오르는 것은 다른 무엇보다도 그 정당 소속의 주요 정치인들이며, 따라서 상대 정당의 정치인 및 후보에 대한 반감이 일반 지지자에 대한 반감보다 더 크다는 것이다(Druckman and Levendusky 2019; Kingzette 2021).

미국은 최근 당파적 양극화의 심화로 인해 상대 정당 소속 후보에 대한 반감이 커지는 모습을 잘 보여주는 사례이다. 〈그림 6-3〉과 〈그림 6-4〉는 미국선거연구(American National Election Studies) 자료를 사용하여 1968년 이후로 매 대통령선거에서 민주당과 공화당의 지지자들이 지지 정당의 후보와 상대 후보에 대해 어떻게 느끼는지 보여주고 있다. 응답자들은 각 후보에 대해 얼마나 호감을 느끼는지 0~100점 척도로 대답하였으며, 숫자가 커질수록 보다 따뜻한 감정 즉 호감을 느끼는 것을 의미한다. 우선 〈그림 6-3〉은 각 정당 지지자별로 민주당 후보와 공화당 후보에 대해 느끼는 호감도의 평균값의 변화를 보여주고 있다. 양당의 지지자들이 공통적으로 지지 정당 후보에 대한 호감도에는 큰 변화를 보이지 않지만, 상대 정당 후보에 대한 호감도가 시간이 흐르면서 급격하게 하락하는 모습을 확인할 수 있다.

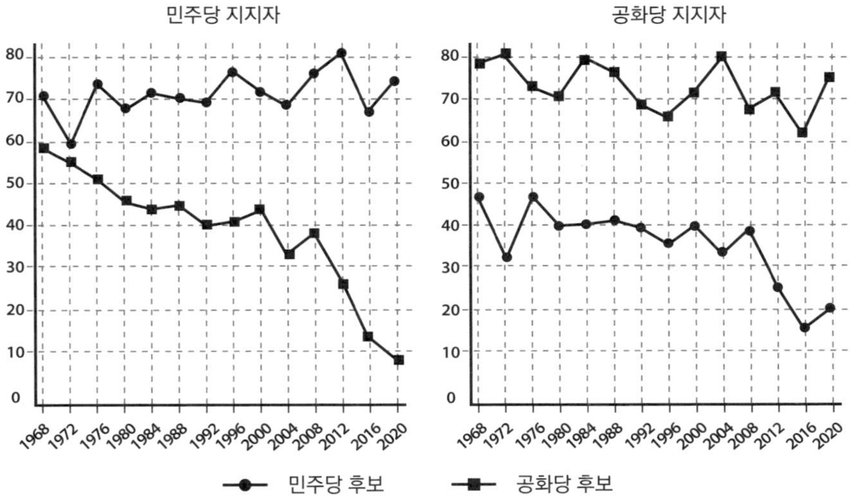

자료: American National Election Studies, cumulative file.

〈그림 6-3〉 미국 양당 지지자들의 대통령 후보에 대한 호감도 변화

이어지는 〈그림 6-4〉는 민주당과 공화당 지지자들이 각각 상대 후보에게 가장 낮은 호감도, 즉 0점을 부여한 비율을 보여주고 있다. 가장 높은 수준의 비호감도를 의미하는 0점을 부여한 비율은 단순히 평균적인 호감도의 변화로는 알 수 없는 극단적인 태도를 보이는 유권자의 비율을 보여줄 수 있다. 그리고 결과에 따르면 2008년 오바마 대통령의 당선 이후, 민주당 지지자가 공화당 대통령 후보에 대해서나 혹은 공화당 지지자가 민주당 대통령 후보에 대해서나 가장 극단적인 비호감도를 보이는 비율이 급격하게 상승하고 있다는 것을 확인할 수 있다. 다시 말해서 최근 10여년 간 급격하게 악화된 당파적 양극화가 유권자들로 하여금 상대 정당 후보에 대한 극단적인 비호감도를 보이도록 이끌었다는 것이다.

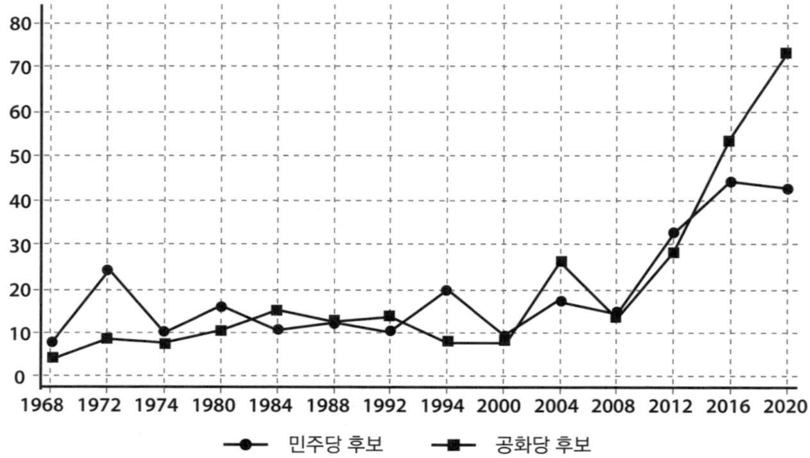

자료: American National Election Studies, cumulative file.

〈그림 6-4〉 미국 양당 지지자들이 상대 후보에게 호감도 최저점을 부여한 비율 (%)

이와 같이 상대 정당 후보에 대해 느끼는 정서적 반감이 심해지면서 최근 미국을 비롯한 여러 나라에서 공통적으로 관찰되는 현상은 소위 '부정적 투표'(negative voting)이다. 쉽게 이야기해서 지지하는 후보가 누구이고 어떤 정책과 공약을 제시하는가와 무관하게 상대 후보가 싫어서 투표하는 유권자들이 늘어난다는 것이다(Abramowitz and Webster 2018; Bankert 2021; Garzia and Ferreira da Silva 2024). 부정적 투표는 싫어하는 후보가 당선될 가능성이 있을 때, 손실 회피(loss aversion) 전략으로서 최악을 피하기 위해 차악을 선택하는 행동의 일종이라고 할 수 있다(김연숙 2018). 그리고 이러한 현상은 지지하는 후보의 자질과 능력에 대한 긍정적 평가뿐만 아니라, 지지하지 않는 후보의 자질과 능력에 대한 부정적 평가 역시 독립적으로 유권자의 투표 선택에 영향을 끼치게 되었다는 것을 의미한다.

2022년 한국의 제20대 대통령선거에서도 부정적 투표가 상당한 수준으로 나타났을 것으로 예상된다. 선거 당시 양대 정당 소속의 대통령 후보가 공통적으로 본인과 배우자의 도덕성과 관련한 각종 논란에 휩싸였고, 결과적으로 유권자들이 모든 후보자에게 매우 낮은 호감도를 보이는 역대급 비호감 선거라는 평가가 주를 이루었기 때문이다. 실제로 당시 유권자들이 이재명, 윤석열 두 후보에 대해 어떠한 생각을 가지고 있었는지 보여주기 위한 자료가 〈그림 6-5〉에 제시되었다. 응답자들은 각 후보에 대해서 얼마나 호감을 느끼는지 0~10점 척도로 대답하였으며, 값이 커질수록 해당 후보에게 더 호감을 느끼는 것을 의미한다. 민주당 지지자들은 이재명 후보의 호감도 평균은 7.13점을 기록한 반면에 윤석열 후보의 호감도 평균은 3.29점에 그쳤다. 마찬가지로 국민의힘 지지자들 사이에서는 윤석열 후보의 호감도 평균이 6.95점인 반면에, 이재명 후보의 호감도 평균은 3.37점에 그쳤다. 두 정당 지지자의 약 15% 정도는 상대 정당 후보에게 0점을 부여하여 극단적인 비호감을 표출하였다.

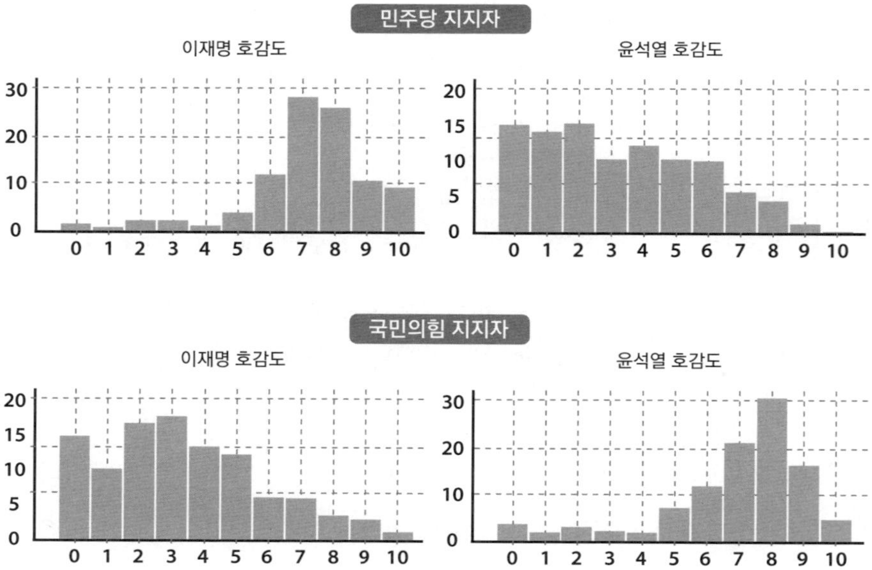

자료: 한국정치학회(2022a)

〈그림 6-5〉 제20대 대통령선거 주요 후보에 대한 호감도 (%)

그렇다면 이와 같은 후보에 대한 호감도는 실제 유권자의 투표 선택에 어떻게 반영되었는가? 이를 살펴보기 위해 〈표 6-4〉에서는 이재명과 윤석열 두 후보 사이의 호감도 비교와 투표 선택 사이의 관계를 정당일체감 별로 나누어 제시하였다. 쉽게 예상할 수 있듯이, 특정 정당을 지지하는 유권자들은 해당 정당 소속 후보에 대해 상대 후보에 비해 더 높은 호감도를 느끼고 있으며, 정당일체감과 후보 간 호감도 차이가 일치하는 경우 거의 모든 유권자가 지지하는 정당의 후보에게 투표했다. 흥미로운 부분은 무당파 유권자의 경우인데, 정당일체감의 영향력이 존재하지 않는 상황에서 어떤 후보에게 더 큰 호감도를 느끼는가는 무당파 유권자의 투표 선택에 매우 큰 영향을 끼치는 것으로 나타났다.

〈표 6-4〉 양대 후보에 대한 호감도 비교와 투표 선택 (%)

<table>
<tr><th rowspan="2">호감도 비교</th><th colspan="3">민주당 지지자</th><th colspan="3">국민의힘 지지자</th><th colspan="3">무당파</th></tr>
<tr><th>이재명</th><th>윤석열</th><th>N</th><th>이재명</th><th>윤석열</th><th>N</th><th>이재명</th><th>윤석열</th><th>N</th></tr>
<tr><td>이재명 〉 윤석열</td><td rowspan="2">96.9</td><td rowspan="2">2.3</td><td rowspan="2">257</td><td>86.5</td><td>10.8</td><td>37</td><td>89.9</td><td>8.7</td><td>138</td></tr>
<tr><td>이재명 = 윤석열</td><td rowspan="2">0.7</td><td rowspan="2">99.3</td><td rowspan="2">302</td><td>40.0</td><td>42.9</td><td>35</td></tr>
<tr><td>이재명 〈 윤석열</td><td>8.8</td><td>88.2</td><td>34</td><td>6.8</td><td>89.5</td><td>133</td></tr>
</table>

자료: 한국정치학회(2022a)

마지막으로 제20대 대통령선거에서 나타난 부정적 투표의 수준을 이전 대통령선거의 경우와 비교한 결과가 〈표 6-5〉에 제시되었다. 2007년부터 네 차례의 대통령선거에 걸쳐 응답자들에게 누구에게 투표했는지 질문한 뒤, 해당 후보에게 투표한 이유를 물어보았다. 응답자들은 "내가 좋아하는 후보여서 이번 선거에 꼭 당선되기를 바랬다", "내가 싫어하는 (특정) 후보가 당선되는 것을 막고 싶었다", 그리고 "마음에 드는 마땅한 후보가 없어 누가 당선되어도 별로 상관이 없었다"의 세 가지 선택지 중 하나를 선택했으며, 이 중 첫 번째와 두 번째 선택지를 선택한 응답자들을 각각 긍정적 투표자와 부정적 투표자로 분류할 수 있을 것이다. 그리고 제20대 대통령선거에서 긍정적 투표자의 비율은 56.8%에 그친 반면에 부정적 투표자는 31.7%에 달함으로써, 이전의 대통령선거에 비해 훨씬 더 높은 수준으로 부정적 투표가 발생했음을 보여주고 있다.

〈표 6-5〉 역대 대통령선거에서 긍정적/부정적 투표 비율 (%)

	내가 좋아하는 후보여서 이번 선거에 꼭 당선되기를 바랐다	내가 싫어하는 후보가 당선되는 것을 막고 싶었다	마음에 드는 마땅한 후보가 없어 누가 당선되어도 별로 상관이 없었다
제17대 대통령 선거	61.6	19.1	17.8
제18대 대통령 선거	65.4	21.5	12.2
제19대 대통령 선거	71.0	19.1	9.9
제20대 대통령 선거	56.8	31.7	11.4

자료: 한국정치학회(2007, 2012a, 2017, 2022a)

부정적 투표가 만연하는 현상은 지지 후보를 결정하는 기준이 그 후보 자체의 자질과 능력이 아니라 상대 후보에 대한 비호감이라는 점에서 건강한 모습이라고 하기는 어렵다. 이러한 상황이 지속될수록, 후보와 정당은 자신의 장점과 공약을 호소하는 것이 아니라 상대방의 이미지와 평판을 깎아내리는 방식으로 선거운동을 진행할 가능성이 높기 때문이다. 한국의 제20대 대통령선거가 과연 예외적인 사례였는지, 아니면 앞으로도 한동안 지속될 흐름의 출발점이었는지 주목해야 하는 이유이다.

Part 2

7장

이슈 투표

7장

이슈 투표

선거가 다가오면 각 후보와 정당은 다양한 공약을 쏟아내고 서로의 공약을 비판하며 경쟁한다. 물론 그 모든 공약이 유권자의 눈길을 사로잡지는 못하며, 사실 대부분의 유권자들은 어떤 후보가 어떤 공약을 제시했는지 구체적으로 기억하지도 못한다. 그러나 선거를 앞두고 특정한 이슈가—후보의 전략적 선택에 의해서든 혹은 의도치 않은 사건의 결과로든—부각된다면, 해당 이슈와 관련하여 어떤 후보가 나와 비슷한 입장을 가지고 있는지 혹은 어떤 후보가 이슈를 더 잘 해결할 수 있을지에 대해 유권자들이 관심을 기울이게 된다. 2012년 대통령선거에서는 경제민주화가, 그리고 2017년 대통령선거에서는 탄핵과 부패 척결이 그러한 이슈였다. 2014년 세월호 참사 직후 치러진 지방선거에서 재난과 안전이 주요 이슈로 부상했으며, 2020년 총선에서는 코로나19 팬데믹에 대한 대응과 극복이 선거를 지배한 이슈였다. 2020년 총선에서 압도적인 승리를 거두었던 민주당이 1년도 채 지나지 않아 서울과 부산에서 치러진 재보궐선거에서 패배한 원인 중 하나는 한국토지주택공사(LH) 직원들의 부동산 투기 의혹과 그로 인해 불거진 부동산 정책에 대한 비판과 불만이었으며, 2022년 대통령 선거에서는 여성가족부 폐지를 비롯한 젠더 관련 이슈가 많은 사람의 입에 오르내렸다.

이러한 이슈들은 선거가 치러지는 시점에 유권자들이 정치적으로 무엇을 원하고 있었는지, 그리고 선거 결과가 어떤 정치적 의미를 가지는지 파악할 수 있게 도와준다. 물론 어떤 이슈가 부각되었다고 해서 실제로 유권자들이 해당 이슈에 의지해서 투표했다고 결론을 내리기 어려울 수 있다. 선거에서 제기되는 이슈를 유권자가 어떻게 인식하고 각 후보의 공약을 어떻게 평가하는지는 앞서 논의한 정당일체감, 이념성향, 회고적 평가 등 유권자가 이미 가지고 있는 정치적 성향으로부터 자유롭지 않기 때문이다. 그러나 일정한 조건이 충족된다면 특정 이슈에 대한 선호가 기존 정치적 성향과는 독립적으로 유권자의 투표에 영향을 끼치는 소위 이슈 투표(issue voting)[38]가 나타날 수 있다. 이슈 투표는 해당 선거에서는 서로 다른 정치적 성향을 가진 유권자들이 후보를 평가하는 공통의 기준을, 그리고 서로 다른 선거에서는 제기되는 이슈에 따라 후보 선택 기준이 변화하는 모습을 보여준다(Nicholson 2005).

---

38 이슈 투표와 정책 투표(policy voting)는 흔히 유사한 의미로 사용되지만, 구체적인 정책으로 연결되지 않는 이슈 역시 선거에 영향을 끼칠 수 있다는 점에서 여기에서는 이슈 투표라는 용어로 통일한다.

1. 이슈 투표의 조건

일반적으로 이슈가 선거에서 결정적인 영향을 끼치는 일은 생각보다 많이 벌어지지 않는다. 현대 정치에서 다루어지는 대부분의 이슈는 복잡성과 전문성이 높기 때문에, 바쁜 일상을 살아가는 평범한 유권자가 이해하고 판단을 내리기 쉽지 않다. 후보 역시 최대한 많은 득표를 위해서 쟁점이 되는 이슈일수록 전략적으로 모호한 입장을 취하기 마련이다. 더구나 상당한 시간과 노력을 들여 주요 이슈에 대해 이해하고 각 이슈에 대해 후보들이 내세우는 공약을 꼼꼼히 살피고 비교하더라도, 정작 나의 한 표가 실제로 선거 결과에 영향을 끼칠 확률은 극히 미미할 뿐이다. 따라서 많은 유권자가 애초에 이슈에 대해 관심을 가지고 이해하려고 노력할 동기를 가지기 어려우며, 결과적으로 이슈에 대해 무지한 상태로 남아있기를 합리적으로 선택하는(rational ignorance) 모습을 종종 보인다(Downs 1957).

따라서 유권자의 합리적 무지를 극복하고 특정 이슈가 투표 선택에 중요한 영향을 끼치는 이슈 투표가 나타나기 위해서는 몇 가지 조건이 충족되어야 한다(Brody and Page 1972; RePass 1971). 첫 번째는 해당 이슈가 선거를 앞두고 유권자에게 현저한(salient) 이슈로 등장해야 한다. 만일 현저한 이슈가 아니라면 유권자가 굳이 시간과 노력을 투자하여 각 후보의 입장을 비교·평가하여 투표할 이유가 없을 것이다. 혹은 현저한 이슈일수록 유권자들이 의식적 노력 없이도 미디어를 통해 많은 정보를 얻을 수 있다. 두 번째로 해당 이슈에 대해 유권자 스스로 명확한 선호를 가지고 있어야 한다. 그리고 세 번째로 해당 이슈에 대해 주요 후보들이 차별적인 입장을 취해야 한다. 아무리 현저한 이슈로 선거과정에서 제기되더라도, 주요 후보들이 모두 비슷한 입장을 가지고 있다면 그 이슈에 기반하여 후보를 선택하기 어렵기 때문이다.

물론 이러한 조건이 충족된다고 하더라도 실제로 유권자가 이슈 투표에 나서기는 쉽지 않을 수 있다. 이슈 투표는 유권자에게 상당한 수준의 인지적 부담을 요구하기 때문이다. 이슈 투표를 위해서는 각 후보가 이슈에 대해 어떠한 입장을 가지고 있는지 검토하고 이를 자기 자신의 선호와 비교하여 가장 거리가 가까운—근접성 모델—혹은 자신과 같은 방향의 입장을 공유하는—방향성 모델—후보를 파악해야 한다. 더구나 현저한 이슈가 하나 이상이라면 이러한 인지적 작업을 다차원적인 이슈 공간에서 수행해야 할 수도 있다.

이러한 의미에서 이슈 투표는 소위 '어려운 이슈(hard-issues)'가 아니라 '쉬운 이슈(easy-issues)'를 대상으로 나타날 가능성이 크다(Carmines and Stimson 1980). 쉬운 이슈란 첫 번째로 기술적인(technical) 내용을 다루기보다는 상징적인(symbolic) 갈등과 연관되어 있으며, 두 번째로 정책 수단보다는 정책 목표를 다루는 이슈이다. 세 번째로 쉬운 이슈가 되기 위해서는 정치권에서 오랫동안 논의되어 와서 유권자들에게 익숙하고, 따라서 해당 이슈와 관련하여 복잡한 사고 과정 없이도 정당이나 후보에 대한 직감적인 반응(gut responses)을 불러일으킬 수 있어야 한다. 이와 같은 쉬운 이슈의 대표적인 예로는 미국의 인종 문제 관련 이슈나 낙태(abortion) 이슈 등을 들 수 있다.[39] 만일 이러한 특성을 가

39 비슷한 맥락에서 한국의 선거에서 오랫동안 지속되어 온 지역주의 또한

진 쉬운 이슈가 선거에서 현저하게 제기되고 또한 주요 후보들이 차별적인 입장을 취하게 된다면, 유권자들 사이에서 해당 이슈에 대한 태도에 따라 투표 선택이 달라지는 이슈 투표가 나타날 수 있다.

지금까지 서술한 이슈 투표의 조건이 충족된다면, 유권자들이 후보를 평가하는 기준이 다른 요인들—예를 들어 정당일체감이나 회고적 평가와 같은—에서 해당 이슈에 대해 후보들이 가지고 있는 입장으로 옮겨가게(prime) 된다. 그렇다고 해서 유권자의 정치적 성향과 인식 자체가 변화하는 것은 아니다. 다만 유권자가 후보를 평가할 때 이슈에 부여하는 가중치가 변화했다는 것을 의미한다. 예를 들어 2024년 미국 대선에서 애초에는 바이든 대통령의 국정운영에 대한 부정적인 평가로 인해 공화당 후보에게 투표할 생각이었던 유권자가, 선거를 앞두고 낙태 이슈가 중요하게 제기되면서—비록 바이든에 대한 평가에는 변화가 없지만—여성들의 자기결정권 회복을 위해 민주당 후보에게 투표하는 것이 더 중요하다고 마음을 바꾸는 상황이 발생할 수 있다는 것이다. 그리고 이러한 이슈 투표의 효과[40]는 해당 이슈를 주도적으로 제기한 후보에 대해서뿐만 아니라, 이슈와 직접적으로 관련이 없는 혹은 그에 대한 명확한 입장과 공약을 밝히지 않은 후보들 간 경쟁에도 전이되어(spillover) 나타날 수 있다(Nicholson 2005).

물론 이슈가 투표 선택에 끼치는 영향력은 모든 유권자들 사이에서 동일하게 나타나지 않는다. 무엇보다도 이슈 투표가 가능하기 위해

쉬운 쟁점의 한 예라고 보는 입장도 있다(조기숙 1998).

40 이러한 효과를 프라이밍(priming) 효과라고 하며, 이에 대한 보다 자세한 논의는 8장을 참조할 것.

서는 유권자들에게 충분한 정보가 제공되어야 할 뿐만 아니라, 이렇게 제공된 정보를 적극적으로 활용하고자 하는 유권자의 능력과 의지가 요구된다. 따라서 교육수준 및 정치에 대한 관심, 그리고 미디어에 대한 노출도가 높은 유권자일수록 이슈에 기반한 투표가 나타날 가능성이 높다(Alvarez 1997; Goren 1997). 유권자의 정치적 세련도는 이슈 투표 여부뿐만 아니라 이슈 투표의 메커니즘에도 영향을 줄 수 있어서, 정치적 세련도가 낮은 유권자일수록 후보와의 근접성보다는 방향성에 기반한 이슈 투표에 나설 가능성도 있다(MacDonald et al. 1995; Tomz and Houweling 2008).

2. 이슈 투표의 실제

주요 이슈에 대해 후보가 어떠한 입장을 가지는가는 당선 이후 어떤 정책을 만들어 어떻게 국정을 운영할 것이며, 결과적으로 나에게 어떠한 정치적 효용을 가져다줄 것인가를 판단하기 위한 중요한 기준이 된다. 그러나 많은 경험적 연구들은 이론적—혹은 규범적—기대와는 달리 실제 유권자들은 미약한 정치적 관심과 낮은 수준의 정치 지식으로 인해 중요한 정책과 쟁점에 대해 제대로 이해하거나 그에 대한 일관된 선호를 구성하지 못한다고 주장해왔다(e.g., Campbell et al. 1960; Converse 1964; Delli Carpini and Keeter 1997). 다시 말해서 많은 유권자들이 이슈에 대한 선호를 투표 선택의 기준으로 사용할 의지와 능력을 갖추고 있지 못하다는 것이다.

그러나 유권자의 선호를 보다 엄밀하게 측정하고 그 영향력을 평가하기 위한 방법론적 발전과 함께 유권자들이 이슈에 대해 가지고 있는 선호는 전통적으로 생각해오던 것보다 훨씬 더 일관되고 안정되어 있으며, 다른 요인들을 통제한 이후에도 여전히 투표 선택에 상당히 커다란 영향을 끼친다는 증거가 제시되었다(Alvarez 1997; Ansolabehere, Rodden, and Snyder 2008; Goren 2012; Nicholson 2005; Tomz and Houweling 2008). 특히 대통령선거와 같이 개별 후보에 대한 정보가 풍부한 선거일수록 이슈에 대한 선호 및 후보와의 입장 차이가 더욱 중요한 역할을 하게 된다(Alvarez 1997; Highton 2010). 반면에 개별 후보에 대한 정보가 충분치 않고 따라서 이슈에 대해 후보가 어떠한 입장을 가지는가에 대한 불확실성이 높은 의회선거나 지방선거의 경우, 후보의 소속 정당이 가지는 상표가치(brand name)를 통해 유권자들은 후보가 이슈에 대해 가질 입장을 유추하여 투표할 수 있다(Rahn 1993; Snyder and Ting 2002).

다양한 쟁점이 이슈 투표의 대상이 될 수 있다. 미국의 선거에서 인종 문제, 낙태, 혹은 이민 등의 쟁점에 대한 유권자의 태도가—정당일체감이나 이념 성향의 영향력을 고려하더라도—지지 후보 결정에 독립적인 영향을 끼치는 경우가 종종 나타난다. 유럽의 유권자들 사이에서도 이민과 난민, 혹은 테러리즘 관련 이슈들이 종종 선거 결과에 영향을 끼치며, 특히 국가 단위 선거에서도 유럽연합(European Union) 관련 이슈를 고려하여 투표하는 유권자들이 많다. 나아가 쉬운 이슈보다는 어려운 이슈에 가까우며, 따라서 흔히 선거에서 그리 중요한 의미를 가지지 않는다고 여겨지는 외교정책 이슈가 유권자의 투표 선택에 상당한 영향을 끼친 사례도 찾아볼 수 있다(Aldrich et al. 1989, 2006). 다시 말해서 앞서 논의한 이슈 투표의 조건이 충족된다면, 반드시 쉬운 이슈가 아니라고 하더라도 상당수의 유권자들이 해당 이슈에 기반하여 지지 후보를 결정하는 모습이 나타날 수 있다는 것이다. 그리고 유권자들이 투표 선택에서 고려한 이슈들에 대해서 선거 이후 정권을 잡은 정당이 적극적으로 정책에 반영한다는 점에서, 이슈 투표는 정치적 반응성(political responsiveness) 제고에 도움을 줄 수 있다(Guntermann and Persson 2023).

한국의 선거에서도 이슈 투표는 그리 낯선 모습이 아니다. 무엇보다도 민주화 이후 오랫동안 한국의 선거에서 빼놓을 수 없었던 것이 북한 관련 이슈, 소위 '북풍'의 존재를 들 수 있다. 선거를 앞두고 북한의 도발과 위협이 발생하거나 혹은 의도적으로 조장되고, 이는 다시 유권자의 투표 선택에 있어서 남북관계 및 안보 관련 이슈에 대한 태도가—주로 정부와 보수 정당에 유리한 방향으로—영향을 끼치는 상황으로 이어졌다. 북풍의 가장 대표적인 사례는 1987년 민주화 이후 첫 번째 대통령선거를 보름여 앞두고 대한항공 항공기가 북한 공작원에 의해 공중 폭발하고 승객과 승무원 115명이 모두 실종된 사건을 들 수 있다. 당시 정부는 선거 전에 용의자를 국내로 압송하기 위해 애를 썼고, 결국 선거 전날 국내 압송에 성공하고 이를 대대적으로 보도하는 등 유권자의 안보 불안을 적극적으로 자극했다. 이 외에도 1992년 대통령선거를 앞두고 발생한 대규모 간첩 사건, 1996년 제

15대 총선을 앞두고 북한 무장병력이 판문점 공동경비구역에서 총격전을 벌인 사건, 그리고 1997년 대통령선거를 앞두고 당시 보수 정당이 소속 후보의 지지율을 끌어올리기 위해 북한에 무력시위를 부탁했다는 이른바 '총풍' 사건 등이 북풍의 사례로 꼽힌다.

2000년대 들어와서는 북풍의 양상이 변화했다. 1997년 최초의 평화적 정권 교체가 이루어지면서 남북관계에 변화가 나타났으며, 젊은 유권자들을 중심으로 북한 및 남북관계 이슈를 바라보는 일반 대중의 시선도 달라지기 시작했다. 2000년 제16대 총선을 앞두고 사상 최초의 남북 정상회담 개최 계획이 발표되었으며, 2007년에는 대통령선거를 두 달여 앞두고 두 번째 남북 정상회담이 평양에서 성사되었다. 다시 말해서 정권 교체와 함께 오히려 남북 간의 긴장을 완화시키는 사건이 일종의 북풍으로 등장한 것이다. 물론 남북관계는 유동적이며, 선거를 앞두고 북한의 도발과 위협이 발생하는 경우는 이후에도 종종 발생했다. 그러나 2010년 천안함 사건에도 불구하고 집권 여당인 한나라당이 제5회 지방선거에서 패배한 것이 보여주듯이, 전반적으로 북한 관련 이슈가 선거에 끼치는 영향력은 크게 약화되었다(이상신 2010).

북한 관련 이슈의 영향력이 약화되면서 다른 정책 영역의 이슈들이 한국 유권자의 투표 선택에 유의미한 영향을 끼치는 모습이 나타났다. 특히 복지와 경제민주화를 비롯한 경제 이슈에 대해 한국 유권자가 어떠한 태도를 가지고 있으며 해당 이슈와 관련하여 주요 정당이나 후보의 입장과 얼마나 가깝게 인식하는지가 투표 선택에 유의미한 영향을 끼쳤다(김성연 2017b; 김성연 외 2013; 이내영·정한울 2007; 장승진 2013c). 그러나 경제 이슈를 제외한 다른 이슈가 한국 유권자의 투표 선택에 독립적인 영향을 끼쳤는지에 대해서는 아직까지 많은 연구가 이루어지지 않았다. 다만 최근 실시된 제20대 대통령선거에서 여성가족부 폐지로 대표되는 젠더 이슈가 유권자의 투표 선택에 유의미한 영향을 끼쳤다는 증거가 제시된 바 있다(이한수 2022).

실제 이슈 투표의 사례를 살펴보기 위해 제20대 대통령선거에서 제기된 세 가지 이슈에 대한 태도와 투표 선택 사이의 관계가 〈표 7-1〉에 제시되었다. 여성가족부 폐지와 사드(Thaad) 추가 배치의 경우 윤석열 후보가 제기한 정책 공약이었으며, 기본소득 제도 도입은 이재명 후보가 제시한 핵심 공약이었다. 사드 추가 배치는 전통적인 외교·안보 정책의 하나이며 기본소득제는 2010년대 이후 한국 선거정치에서 중요하게 제기되어 온 복지 관련 이슈의 연장선 상에 있지만, 여성가족부 폐지는 최근 들어 급격하게 정치적 중요성이 커진 새로운 이슈라고 할 수 있다. 〈표 7-1〉에 따르면, 여성가족부 폐지에 찬성하는 유권자일수록 그리고 사드 추가 배치에 찬성하는 유권자일수록 윤석열 후보에 대한 지지율이 분명하게 증가하는 것을 확인할 수 있다. 반면에 기본소득 실시에 찬성하는가 여부는 다른 두 이슈에 비해 투표 선택에 끼친 영향력이 그리 크지 않아 보인다.

〈표 7-1〉 제20대 대통령선거의 정책 이슈와 투표 선택 (%)

		전체 응답자			민주당 지지자			국민의힘 지지자		
		이재명	윤석열	*N*	이재명	윤석열	*N*	이재명	윤석열	*N*
여성가족부 폐지	찬성	33.1	64.6	432	74.5	24.5	106	4.3	95.7	184
	반대	57.3	40.8	532	93.5	5.4	185	16.8	82.6	155
사드 추가 배치	찬성	35.6	62.2	413	78.3	19.6	92	8.0	92.0	176
	반대	54.6	43.4	551	90.5	9.0	199	12.3	87.1	163
기본 소득 실시	찬성	49.8	48.1	622	87.4	11.6	198	14.8	84.7	209
	반대	40.4	57.6	342	84.9	14.0	93	2.3	97.7	130

자료: 한국정치학회(2022a)

〈표 7-1〉에 제시된 세 가지 이슈 중 여성가족부 폐지 이슈, 보다 일반적으로 젠더 이슈는 2020년대 들어와서 나타난 소위 이대남 현상과 관련해서 특히 관심의 대상이 되었다. 이전 세대와는 달리 청년 남성 유권자들이 보수적인 성향을 드러내며, 특히 동년배 여성 유권자들과 정치적으로 커다란 차이를 보임에 따라 이들의 태도와 선택을 설명하기 위한 여러 가지 가설이 제시되었다. 이러한 가설 중 대표적인 것이 바로 젠더 관련 이슈에 대한 청년 남성 유권자의 태도이다. 즉 청년 남성 유권자들이 젠더 이슈에 대해 보수적인 태도를 보였으며, 이러한 특징이 이들로 하여금 보수 성향의 윤석열 후보를 지지하도록 이끌었다는 것이다.

그러나 〈표 7-2〉에서 여성가족부 폐지에 찬성 여부와 투표 선택 사이의 관계를 성별과 연령대별로 나누어 살펴본 결과는 이대남 현상의 원인을 젠더 이슈와 관련한 이들의 보수적 선호로 돌리는 것이 섣부른 결론일 수 있다는 점을 보여준다. 여성가족부 폐지 이슈에 대해 찬성할수록 윤석열 후보에게 투표하는 현상은 청년 남성 유권자에만 국한된 것이 아니라, 40세 이상 남성 및 여성 유권자들 사이에서도 동일하게 관찰되었다. 물론 청년 여성 유권자들 사이에서 여성가족부 폐지에 찬성한다고 대답한 사람들조차도 절반 이상이 이재명 후보에게 투표함으로써, 이들이 이재명 후보의 가장 강력한 지지층 중 하나였다는 점을 보여주고 있다. 그러나 청년 여성 유권자들 사이에서도 젠더 이슈에 대해 보수적인 선호를 가지고 있는 사람들 사이에서는 그렇지 않은 사람들에 비해 이재명 후보에 대한 지지율이 상대적으로 하락한 것은 마찬가지였다. 다시 말해서 제20대 대통령선거에서 젠더 이슈가 가진 영향력은 특정 성별이나 연령대에만 국한된 것이라고 보기 어려운 상당히 일반적인 현상이었다는 것이다.[41]

〈표 7-2〉 제20대 대통령선거에서 성별 및 연령대별 여성가족부 이슈와 투표 선택 (%)

		20~30대			40세 이상		
		이재명	윤석열	*N*	이재명	윤석열	*N*
남성	폐지 찬성	31.6	65.3	98	30.8	67.6	185
	폐지 반대	54.2	42.4	59	57.7	42.3	149
여성	폐지 찬성	50.0	41.2	34	33.0	66.1	115
	폐지 반대	72.3	25.5	94	51.7	45.7	230

자료: 한국정치학회(2022a)

41 물론 이러한 결론은 젠더 이슈의 영향력에 대한 엄밀한 통계 분석을 거치지 않은 채로 기술통계(descriptive statistics) 수준에서 도출된 잠정적인 결론일 뿐이다.

3. 합의 이슈와 정당의 이슈 소유권

지금까지의 논의에서 이슈 투표의 전제 조건은 주요 후보 및 정당이 해당 이슈에 대해 서로 다른 입장을 명확하게 제시해야 한다는 것이다. 그러나 경우에 따라 애초에 정당 및 후보 간 입장 차이가 거의 존재하지 않는 이슈가 선거에서 부각될 수 있다. 예를 들어 경제성장이나 정치개혁, 지역 개발, 부패 척결 등과 같은 이슈에 대해서 반대하는 후보나 유권자는 거의 존재하지 않을 것이다. 이와 같이 정책이 지향하는 목표에 대해서는 광범위한 합의가 존재하면서 과연 그러한 목표를 누가 더 잘 달성할 것인가를 둘러싸고 경쟁을 벌이는 이슈를 합의 이슈(valence issues)라고 한다(Stokes 1963).

선거에서 합의 이슈가 부각되는 경우에도 이슈 투표가 나타날 수 있지만, 이 경우 이슈 투표의 모습은 서로 다른 입장이 대립하는 위치 이슈(position issues)와는 차이가 있다. 우선 합의 이슈에 대한 유권자의 선호는 구체적인 정책 대안의 정확한 위치가 아니라 해당 이슈를 유권자가 얼마나 중요하게 생각하는가의 형태로 나타난다. 예를 들어 부패 이슈에 대한 유권자의 선호는 부패에 찬성하는가 반대하는가가 아니라, 부패를 해결하는 것이—여러 다른 이슈에 비해—얼마나 중요하고 시급한 문제라고 생각하느냐는 것이다. 후보나 정당 역시 이슈에 대한 서로 다른 입장을 제시하는 것이 아니라, 특정 이슈를 선택적으로 강조하고 해당 이슈를 자신이 얼마나 더 잘 해결할 수 있는지를 유권자에게 호소함으로써 경쟁한다(송진미 2020).

물론 그렇다고 해서 후보가 어떤 이슈든 자유롭게 선택하여 강조할 수 있는 것은 아니다. 정당의 이슈 소유권(issue ownership) 이론에 따르면, 각 정당은 특정 이슈나 현안을 상대적으로 더 잘 해결할 것이라는 평판을 가지고 있다(Petrocik 1996; Petrocik et al. 2003). 예를 들어 보수 정당은 경제개발이나 안보, 치안 등의 이슈를 더 잘 해결할 것이라는 기대가 있으며, 진보 정당은 상대적으로 복지나 환경보호, 사회적 약자와 관련한 문제에 있어서 강점을 가진다고 믿어진다는 것이다.[42] 따라서 후보들은 소속 정당에 따라 유리한 이슈는 강조하고 다른 후보가 소유권을 가지고 있는 이슈는 회피하는 방식으로 선거운동을 진행하게 된다. 혹은 상황에 따라 전략적으로 상대 후보가 소유권을 가지고 있는 이슈를 선점(preempt)함으로써 경쟁자에 대한 지지를 잠식하려고 시도하기도 한다(송진미·박원호 2014). 대표적인 사례로는 2012년 대통령선거에서 보수 정당 소속의 박근혜 후보가 경제민주화를 복지체계 구축을 각각 1순위와 2순위 공약으로 제시하고, 경제민주화를 주창해 온 인사인 김종인을 영입하는 등 진보 정당이 소유권을 가진 이슈를 선점한 것을 들 수 있다.

그렇다면 보다 구체적으로 한국 유권자들은 어떤 정당이 어떤 이슈에 대해 소유권을 가지고 있다고 생각하는가? 이를 살펴보기 위해

42 물론 이러한 믿음이 반드시 사실에 기반하고 있다는 의미는 아니다. 다만 과거 각 정당의 활동과 그 성과, 그리고 평소에 주장했던 정책 등에 기반하여 평판이 형성되고, 그렇게 형성된 평판과 이미지가 유권자의 인식과 태도에 영향을 줄 수 있다는 것이다. 비슷한 맥락에서 후보 역시 소속 정당이나 과거 경력 등에 기반하여 '자질 소유권(trait ownership)'을 가진다는 주장도 존재한다(Hayes 2005). 예를 들어 진보 정당 소속 후보는 도덕성이 높을 것이라고 기대된다든지, 기업가 출신 후보는 경제를 잘 운영할 것이라는 이미지를 가지는 경우가 있다.

〈그림 7-1〉에서는 2022년 6월에 실시된 설문조사에서 총 10개의 정책 이슈에 대해 어떤 정당이 "가장 잘 처리할 것"이라고 생각하는지 질문한 것에 대한 대답을 보여주고 있다.

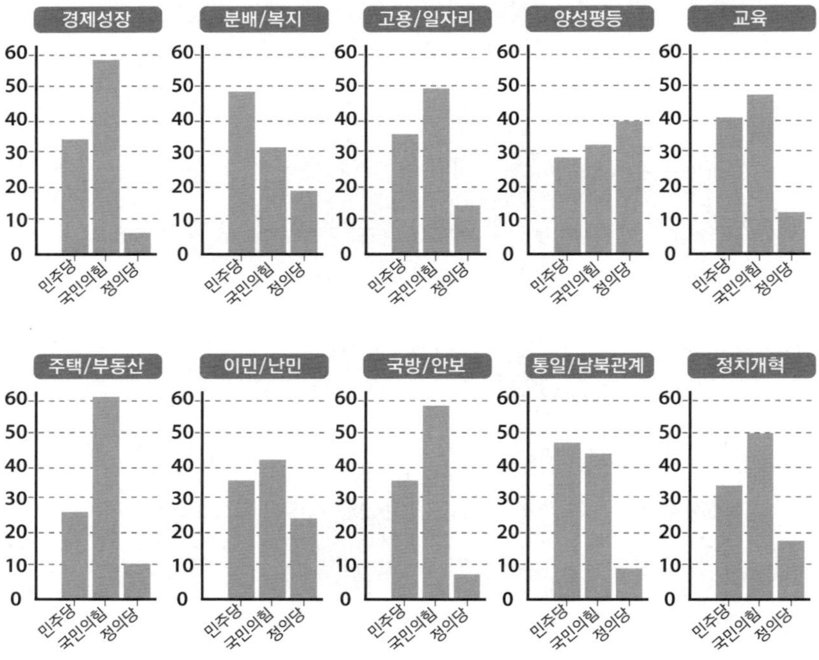

자료: 한국정치학회(2022b)

〈그림 7-1〉 한국 주요 정당의 이슈 소유권 인식 (%, N = 1,035)

결과에 따르면 경제 관련 이슈와 부동산, 그리고 국방/안보 이슈에 대해서는 보수 정당인 국민의힘이 확실한 우위를 점하고 있고, 분배와 복지, 그리고 통일 및 남북관계 이슈에 대해서는 민주당이 상대적으로 더 잘 처리할 것이라는 인식이 존재했다. 양성평등 이슈에 대해서는 양대 정당을 제치고 진보 정당인 정의당이 가장 잘 해결할 것이라는 대답이 1위를 차지했으며, 이민/난민 이슈의 경우에도 정의당이 소유권을 가지고 있다고 생각하는 비율이 양대 정당과 그리 큰 차이를 보이지 않았다. 이는 지금까지 정의당이 이러한 새로운 이슈에 대해 꾸준히 진보적인 의제를 제기해왔던 경험을 반영한다고 할 수 있다.[43] 다만 다소 직관적이지 않은 부분은 양대 정당만 비교했을 때, 양성평등과 정치 개혁 이슈에 대해 민주당에 비해 보수 정당인 국민의힘에 소유권이 있다고 생각하는 비율이 오히려 더 높다는 점이다. 이는 민주당 소속 광역자치단체장들이 잇단 성추문에 휩싸였다는 점과 함께, 본 설문조사 실시 직전에 실시된 대통령선거에서 상대적으로 기성 정치권과 거리가 먼 윤석열 후보가 국민의힘 소속으로 당선되었다는 점을 반영하는 것으로 해석된다.

물론 정당의 이슈 소유권을 인식하는 데 있어서는 응답자가 어떤 정당을 지지하는지가 영향을 끼칠 수 있다. 다시 말해서 이슈의 종류나 성격과 무관하게, 자신이 지지하는 정당이 어떤 이슈이든 잘 해결할 수 있다고 믿을 가능성이 존재한다는 것이다. 이러한 점을 고려하여 〈표 7-3〉에서는 민주당과 국민의힘 지지자를 나누어 10개 이슈에 대한 이슈 소유권 인식을 살펴보고 있다. 예상대로 각 정당의 지지자들은 10개 이슈 모두에 대해서 자신이 지지하는 정당이 가장 잘 해결

43 양성평등과 이민/난민 외의 다른 이슈에 대해서도 적지 않은 응답자들이 정의당을 꼽았다는 사실을 적극적으로 해석한다면, 한국 유권자들이 양대 정당과 구별되는 제3의 선택지의 필요성을 표출하고 있다고 볼 수도 있다.

할 것이라고 생각하는 것으로 나타났다.

〈표 7–3〉 지지 정당별 한국 정당의 이슈 소유권 인식 (%)

	민주당 지지자 (*N*=354)			국민의힘 지지자 (*N*=332)		
	민주당	국민의힘	정의당	민주당	국민의힘	정의당
경제 성장	70.1	23.4	5.1	4.2	91.3	3.9
분배와 복지	76.0	7.9	15.8	27.7	56.6	14.5
고용과 일자리 창출	68.9	16.7	13.0	6.9	84.6	8.1
양성평등	44.1	11.0	43.5	13.6	56.3	29.8
교육	75.1	15.0	9.6	9.3	82.8	7.5
주택/부동산	53.7	33.3	11.3	3.9	91.9	3.9
이민/난민	54.2	17.8	26.6	17.2	68.4	13.3
국방/안보	70.9	25.7	2.8	5.7	91.3	3.0
통일/남북관계	83.1	12.4	4.0	16.3	75.6	7.8
정치 개혁	66.4	14.4	17.8	5.4	85.5	8.1

자료: 한국정치학회(2022b)

다만 이슈에 따라 지지 정당이 가장 잘 해결할 것이라는 응답의 비율에 상당한 편차가 존재한다는 점에서, 정당의 이슈 소유권에 대한 인식이 전적으로 정당일체감에 의해서만 일방적으로 결정된다고 보기는 어렵다. 실제로 기존 연구에 따르면 정당의 이슈 소유권에 대한 인식에는 어떤 정당을 지지하는가뿐만 아니라, 이슈에 대해 각 정당이 나와 얼마나 비슷한 입장을 취하는지 그리고 이슈와 관련하여 과거 어떠한 활동과 실적을 보였는지 역시 상당한 영향을 끼치는 것으로 나타났다(Craig and Cossette 2020; Stubager and Slothuus 2013). 다시 말해서 어떤 정당이 어떤 이슈에 대해 소유권을 가지는가는 고정된 것이 아니며, 정당의 정책 변화와 실적을 통해 유권자 인식의 변화를 이끌어낼 수 있다는 것이다.

Part 2

8장
선거운동과 미디어

8장
선거운동과 미디어

이미 여러 번 지적했듯이 일반 유권자들이 선거와 후보에 대해 관심을 가지고 정보를 축적하기는 쉽지 않다. 일상생활에 바쁜 대부분의 유권자에게 정치와 선거는 부차적인 중요성을 가질 수밖에 없으며, 설사 정치와 선거에 관심을 가지고 정보를 축적한다고 하더라도 정작 선거 결과에 한 개인이 끼치는 영향력은 극히 제한적이기 때문에 투자한 시간과 노력을 보상받기 힘들다. 결과적으로 일반 유권자들이 엄밀한 의미에서 합리적(rational) 선택을 내리기를 기대하기는 어려운 것이 사실이다.

그렇다고 해서 선거에서 유권자들이 내리는 선택을 비합리적인 것으로 취급해야 한다는 의미는 아니다. 비록 유권자들이 합리적 선택을 내리지 못하더라도, 후보에 대한 상세한 정보 없이도 자신의 이해관계에 부합하는 합당한(reasonable) 선택을 내릴 수 있고 실제로 내리고 있기 때문이다(Lau and Redlawsk 1997; Popkin 1991). 합당한 선택이 가능한 이유는 유권자들이 애써 시간과 노력을 투자하지 않더라도 여러 가지 대안적인 정보들에 충분히 손쉽게 접근할 수 있기 때문이다. 예를 들어 후보가 어떤 정당 소속이며 어떠한 경력과 자질을 가지고 있는지, 어떤 단체와 사람들이 어떤 후보를 지지하는지, 선거 국면에서 중요하게 제기된 이슈에 대해 각 후보가 어떠한 입장을 취하고 어떤 발언을 했는지 등 유권자들이 활용할 수 있는 여러 가지 정보가 선거 과정에서—유권자가 특별히 요청하지는 않았지만—제공된다. 그리고 이러한 대안적 정보가 유권자에게 전달되는 가장 중요한 통로는 다름 아닌 후보의 선거운동과 함께 이를 보도하는 미디어라고 할 수 있다.

더구나 인터넷과 소셜네트워크서비스(SNS) 등 온라인 매체를 중심으로 한 뉴미디어의 본격적인 등장은 선거운동과 미디어의 역할을 새로운 차원으로 끌어올렸다. 영향력과 파급력에 있어서 뉴미디어가 신문이나 방송 등 과거의 미디어를 이미 넘어섰으며, 후보의 선거운동 역시 그 초점이 오프라인에서 온라인 공간으로 옮겨가고 있다. 결과적으로 선거운동과 미디어가 유권자의 투표 선택에 어떠한 영향을 끼치는지, 그리고 새로운 매체 환경은 이러한 영향력에 어떠한 변화를 가져왔는지 등의 질문이 선거를 이해하는 데 있어서 가지는 중요성이 더욱 커졌다고 할 수 있다.

1. 선거운동과 미디어의 효과

선거에서 선거운동과 미디어—혹은 일반적으로 정치 커뮤니케이션(political communication)—가 수행하는 가장 중요한 역할은 무엇보다도 각 후보의 경력과 장단점, 그리고 주요 이슈에 대한 입장 등 유권자가 선거에 참여하여 투표하기 위해서 필요한 정보를 제공해 주는 것이다. 이후 9장에서 보다 자세하게 논의되겠지만, 유권자가 투표에 참여하기 위해 지불해야 하는 비용의 가장 큰 부분을 차지하는 것이 다름 아닌 선거와 후보에 대한 정보를 획득하고 처리하는 비용이며, 선거운동과 미디어는 바로 이러한 비용을 획기적으로 줄여주는 효과를 가진다. 즉 선거운동과 미디어를 통해 전달되는 다양한 정치적 정보는 유권자들이 지지 후보를 결정하는 것을 보다 쉽게 만들어줌으로써 이들을 동원(mobilization)하고 참여를 확대하는 데 도움을 준다는 것이다. 그리고 최근 들어 선거가 정당보다는 후보 중심으로 진행되면서 정당에 의존하지 않고 후보가 유권자와 직접적으로 소통할 수 있도록 도와주는 선거운동과 미디어의 중요성이 더욱 커졌다고 할 수 있다.

그러나 참여에 대한 효과와는 별개로, 일반적으로 선거운동과 미디어의 역할과 관련한 논의의 초점은 주로 선거운동과 미디어가 유권자의 생각을 바꾸는 설득 효과를 가지고 있는가에 맞춰져 있다. 즉 과연 선거운동과 미디어를 통해 전달되는 정보가 애초에 다른 후보를 지지하던 유권자로 하여금 지지를 철회하거나 나아가 지지 후보를 변경하도록 이끌 수 있는지가 핵심이라는 것이다. 그리고 오랫동안 관련 연구의 답은 부정적이었다.

일찍이 컬럼비아 학파(Berelson et al. 1954; Lazarsfeld et al. 1948)는 유권자들은 선거운동과 미디어에 노출되기 이전에 이미 정치적 태도와 선호를 가지고 있으며, 새로운 정보는 별다른 변화를 가져오지 못한다고 주장했다. 사람들은 자신의 성향에 부합하는 선거운동과 미디어에 선택적으로 노출되며, 설사 의도치 않게 자신의 성향과 다른 선거운동과 미디어에 노출된다고 하더라도 정보를 선택적으로 수용하기 때문이다. 예를 들어 보수 후보를 지지하는 유권자라면 굳이 상대 후보의 캠페인이나 진보 성향 미디어에 귀를 기울이지 않을 것이며, 설사 의도치 않게 노출되었다고 하더라도 해당 정보의 진실성과 가치를 평가절하하며 받아들이지 않는다는 것이다. 선거운동과 미디어가 영향을 끼친다면 이는 대부분 유권자의 생각을 바꾸는 것이 아니라 기존에 이미 가지고 있던 선호를 더욱 강화(reinforcement)하거나 혹은 잠재되어 있던 선호를 활성화(activation)할 뿐이다. 선거운동과 미디어의 효과에 대한 이러한 주장을 '최소 효과(minimal effects)' 가설이라고 하며, 컬럼비아 학파의 연구 이후 일반적인 통념이 되었다(Klapper 1960).

그러나 지속적인 연구를 통해 선거운동과 미디어를 통해 전달되는 정보가 유권자의 태도와 선택에 적지 않은 영향을 끼친다는 경험적 증거가 쌓여갔다(Alvarez 1997; Bartels 1993; Gerber et al. 2011; Iyengar and Kinder 1987). 이에 발맞추어 선거운동과 미디어가 가지는 효과를 새로운 시각에서 이론화하려는 시도 역시 등장하였다. 이러한 시도 중 대표적인 예가 바로 잘러(Zaller 1992)의 연구이다. 우선 잘러는 유권자가 하나의 고정된 선호를 가진 것이 아니라, 각각의 정치적 이슈와 후보에 대한 다양한—때로는 서로 상충하는—견해(considerations)를 기억 속에 가지고 있을 뿐이라고 주장한다. 그리고 선택을 내려야 할 때—즉 특정한 이슈에 대해 의견을 밝히거나 선거에서 지지 후보를 결정할 때—기억에서 떠올린(sampled from the top of the head) 관련 견해들이 어느 쪽으로 기우는가에 따라 선택하게 된다. 예를 들어 낙태 문제에 대한 입장을 정하는 경우, 낙태와 관련한 긍정적 혹은 부정적 견해들을 기억에서 떠올리며, 이렇게 추출된 표본 중 긍정적 견해의 비중이 부정적 견해보다 더 크다면 낙태에 대해 긍정적 태도를 취하게 된다는 것이다.

이러한 시각에서 바라본다면 선거운동과 미디어는 유권자의 태도에 분명한 영향을 끼칠 수 있다. 물론 언론 보도 한 건이 즉각적으로 눈에 띄는 차이를 만들어내지는 않는다. 그러나 선거운동과 미디어를 통해 전달되는 정보가 지속적으로 축적된다면 유권자의 기억 속에 있는 견해들의 분포에 변화가 발생하게 되고 결국은 유권자의 태도에 영향을 줄 수 있다는 것이다. 물론 모든 유권자가 동일하게 선거운동과 미디어의 영향을 받는 것은 아니다. 정치적 관심과 지식(political awareness)을 충분히 갖춘 사람이라면, 새로운 정보를 접할 가능성은 높지만 대신에—이미 특정한 방향의 견해들을 많이 축적해 놓고 있기 때문이든 아니면 새로운 정보를 견해로 내면화하는 기준이 높기 때문이든—견해의 분포에 변화가 발생할 확률이 떨어진다. 반면에 정치적 관심과 지식이 낮은, 즉 기억 속에 저장된 견해가 많지 않은 유권자라면 정보가 견해로 내면화되는 것은 쉽겠지만 대신에 애초에 새로운 정보를 접하게 될 확률 자체가 낮다. 결과적으로 선거운동과 미디어가 가장 큰 효과를 보이는 것은 중간 정도 수준의 정치적 관심과 지식을 가지고 있는 유권자들이라는 것이 잘러의 주장이다.

유권자의 정치적 관심과 지식이 선거운동과 미디어의 효과에 차이를 가져오는 수요 측면의 변수라면, 정보가 제공되는 양과 방식에 있어서 공급 측면의 변수 또한 고려할 수 있다. 우선 선거운동과 미디어가 유권자의 정치적 태도에 끼치는 영향력은 수많은 정보가 집중적으로 제공되는 선거운동 기간에 커질 것이라고 예상할 수 있다. 그러나 일반적으로 선거운동 기간에는 각 진영의 입장을 반영한 정보가 양쪽에서 오고 가기 때문에, 유권자의 기억 속 견해들의 분포에는 큰 변화가 발생하지 않을 수 있는 것도 사실이다. 따라서 선거운동과 미디어의 효과에 있어서 더 중요한 변수는 단순히 정보의 양을 넘어 과연 정보가 어떠한 방식으로 제공되는가이며, 이에 따라 유권자의 태도에 여러 가지 변화가 발생할 수 있다.

2. 정보 전달 방식과 유권자의 태도 변화

선거운동과 미디어가 유권자의 태도에 영향을 끼친다고 하더라도, 그 방식이 유권자가 전달된 정보의 내용에 일방적으로 설득되어 생각을 바꾸는 형태로 이뤄지는 경우는 흔하지 않다. 오히려 선거운동과 미디어가—의도적이든 비의도적이든—정보를 가공하여 전달하는 방식에 따라 유권자가 해당 정보에 어떻게 반응하고 결과적으로 어떠한 정치적 선택을 내리는지 달라지는 것이 일반적인 모습이다. 이와 같은 선거운동과 미디어의 미묘한(subtle) 효과의 대표적인 예로서 기존 연구는 크게 세 가지를 제시하고 있다.

1) 의제설정(agenda-setting) 효과

후보의 캠페인은 물론이고 선거와 관련한 보도를 전달하는 미디어조차도 현실을 그대로 반영하는 것이 아니라, 나름의 전략과 관점에 따라 현실을 가공하여 전달한다. 이러한 가공과 그 결과로 가장 널리 알려져 있는 것은 의제설정 효과이다. 선거운동과 미디어는 모든 사안을 동등하게 다루는 것이 아니기 때문에, 특정 사안을 반복적으로 다룸으로써 유권자들이 어떤 이슈를 중요한 것으로 인식하는가에 영향을 끼칠 수 있다. 실제로 연구에 따르면 미디어에서 많이 다루어진 이슈와 선거를 앞두고 유권자들이 중요하다고 꼽은 이슈 사이에는 매우 강력한 상관관계가 존재한다(Iyengar et al. 1982; McCombs and Shaw 1972). 즉 선거운동과 미디어가 유권자들에게 "어떤 생각을 할 것인가(what to think)"를 정해 줄 수는 없다고 하더라도 "무엇에 대해 생각할 것인가(what to think *about*)"를 제시해 줄 수 있다는 것이다.

2) 프레이밍(framing) 효과

행동경제학 분야의 공로로 노벨상을 수상한 심리학자 카네만은 동료와 함께 1981년 유명한 실험 결과를 발표했다(Tversky and Kahneman 1981). 실험은 가상의 전염병이 발생했을 때 미국 보건당국이 어떻게 대응해야 하는지 묻는 방식으로 진행되었다. 600명이 전염병에 감염된 상황을 제시한 뒤, 실험 참가자들은 두 집단으로 나뉘어 A와 B 두 가지 대응 방법 중 하나를 각각 선택하였다.

집단 1

만일 A 정책을 채택한다면, 200명은 생존한다.

만일 B 정책을 채택한다면, ⅓의 확률로 600명의 환자가 모두 생존하지만 ⅔의 확률로 아무도 생존하지 못한다.

집단 2

만일 A 정책을 채택한다면, 400명은 사망한다.

만일 B 정책을 채택한다면, ⅓의 확률로 아무도 사망하지 않지만, ⅔의 확률로 600명의 환자가 모두 사망한다.

사실 집단 1에서나 집단 2에서나 A 정책과 B 정책의 효과는 수학적으로 동일하다. 두 집단 간의 유일한 차이는 정책의 효과가 집단 1에서는 생존자의 숫자로 제시되었지만, 집단 2에서는 사망자의 숫자로 제시되었다는 것뿐이다. 그러나 결과는 전혀 달랐다. 집단 1에 속한 실험 참가자의 다수(72%)는 A 정책을 선택한 반면에, 집단 2에 속한 실험 참가자의 다수(78%)는 B 정책을 선택하였다.

카네만과 트버츠키에 따르면, 일반적으로 사람들은 이득을 놓고 선택할 때는—즉 긍정적 인식의 틀(positive cognitive frame) 하에서는

—위험회피(risk–averse) 성향을 보인다. 즉 불확실한 이득보다는 다소 작더라도 확실한 이득을 선호한다는 것이다. 반면에 손실을 두고 선택하는 부정적 인식의 틀 하에서는 위험수용(risk–taking) 성향을 보인다. 따라서 선택지가 어떠한 틀로 제시되었는가에 따라 사람들의 선택이 달라지며, 카네만과 트버츠키는 이러한 현상을 프레이밍 효과라고 지칭한다.[44]

프레이밍 효과는 선거운동과 미디어가 사안을 어떻게 정의하고 어떠한 측면을 부각시키는가에 따라 해당 사안에 특정한 맥락이 부여되고, 결과적으로 유권자들이 해당 사안을 어떻게 이해하는가('*how* to think about')에 영향을 끼친다는 것을 의미한다. 예를 들어 인종차별주의자들의 집회를 표현의 자유라는 틀로 제시할 때와 공공 질서의 유지라는 틀로 제시할 때 응답자들이 해당 집회에 대해 가지는 관용의 정도는 달라지게 된다(Nelson et al. 2014). 혹은 빈곤이라는 동일한 사안이라고 하더라도 빈곤율 변화와 같은 추상적인 측면에 초점을 맞추어 보도하는 경우(thematic frame)에 비해 경제적으로 어려움을 겪는 개인과 가족의 모습에 초점을 맞추어 보도하는 경우(episodic frame)에 응답자들 사이에서 빈곤의 책임을 개인에 돌리고 결과적으로 복지 확대에 대한 지지가 감소하는 경향이 관찰되었다(Iyengar 1990). 한국에서도 제18대 대통령선거에서 제기되었던 경제민주화 관련 정책에 대한 의견을 조사할 때, 각 대선 후보의 입장을 함께 제시하는 경우와 그렇지 않은 경우 응답자들의 의견이 달라지는 모습이 나타났다(박원

44 프레이밍 효과를 한국어로 번역하여 '틀짓기' 효과라고 부르기도 한다.

호 외 2013).

3) 프라이밍(priming) 효과

앞서 의제설정 효과와 관련하여, 선거운동과 미디어가 특정 사안에 대해 많이 다루게 되면 해당 사안이 가지는 정치적 중요성—혹은 현저성(saliency)—이 증가한다는 점을 살펴보았다. 한 걸음 더 나아가, 선거운동과 미디어는 특정 사안을 의도적으로 강조하고 다른 사안을 다루지 않음으로써 유권자들이 정책이나 정치인을 평가하는 기준에 영향을 줄 수 있다. 예를 들어 미디어가 안보 위기를 강조하고 관련 보도를 지속적으로 내보낸다면 유권자들은—단순히 안보 정책이 중요하다고 생각하는 것을 넘어—경제를 비롯한 다른 정책 영역보다도 안보 정책에 있어서의 성과에 기반하여 대통령의 국정운영을 평가하는 경향이 있다는 것이다(Iyengar et al. 1982).

이와 같이 캠페인이나 미디어가 유권자에게 이슈나 정치인을 평가하는 기준을 제공하는 것을 프라이밍 효과라고 한다. 즉 이슈나 정치인에 대한 의견과 믿음 자체를 바꾸지는 못하더라도, 최종적인 평가를 내리기 위해 고려할 수 있는 다양한 기준 중 특정한 것에 상대적으로 더 중요성을 부여함으로써 유권자의 의견이나 행동의 변화를 가져온다는 것이다. 어차피 사람들의 관심은 선택적일 수밖에 없으며, 선거운동과 미디어가 강조한 사안이 기억에 남아있다가 우리가 정치적 선택을 내리는 시점에 평가 기준으로 활성화되기 때문이다.[45]

---

45 이러한 의미를 반영하여 프라이밍 효과를 '점화' 효과라고 번역하기도 한다.

프라이밍 효과의 예로 가장 널리 알려진 것은 아마도 1992년 미국 대통령선거에서 클린턴 후보가 사용했던 "문제는 경제야 바보야(It's the economy, stupid)"라는 선거운동 문구이다. 이 문구를 통해 클린턴 후보는 냉전의 종식과 걸프 전쟁의 승리를 내세운 부시 대통령을 상대로 선거의 쟁점을 성공적으로 외교·안보 이슈에서 경제 이슈로 전환시켰으며, 결과적으로 임기 동안 경기 침체를 극복하지 못한 부시 대통령에게 승리를 거둘 수 있었다. 한국의 선거에서 '북풍'이라는 이름으로 등장했던 북한 관련 이슈 또한 프라이밍 효과의 예라고 할 수 있다. 권위주의 시절을 거쳐 민주화 이후에도 한동안 선거를 앞두고 북한과 관련된 안보 위협이—의도적이든 비의도적이든—등장했으며, 이는 주로 보수 성향의 집권 여당에게 유리하게 작용했다고 평가된다. 북풍이 등장하면서 대통령의 국정운영이나 경제 상황에 대한 평가, 혹은 다른 정치적 이슈를 제치고 어떤 후보가 안보 이슈를 가장 잘 다룰 것인지가 가장 중요한 유권자의 투표 선택 기준으로 등장하게 되었기 때문이다.

3. 뉴미디어의 등장

과거 TV의 등장은 선거운동의 방식에 있어 커다란 변화를 가져왔다. TV의 등장 이전에 선거운동의 주체는 정당조직이었으며, 당원과 지지자 조직이 선거운동을 주도했다. TV의 등장으로 선거운동의 주체는 정당에서 후보자 개인으로 옮겨갔다. 굳이 대규모 조직을 동원하지 않더라도 다수의 유권자에게 쉽게 다가갈 수 있게 되었기 때문이다. 결과적으로 선거운동 과정에서 정당에 대한 의존도가 줄어들고 후보자 개인의 능력과 이미지가 더욱 중요하게 되었다.

TV의 등장과 함께 변화한 선거운동은 인터넷의 등장, 그리고 소셜네트워크서비스(social network service; SNS)를 비롯한 뉴미디어가 보편화되면서 다시 한번 급격한 변화를 겪게 된다. TV가 불특정 다수를 대상으로 하는 단방향 커뮤니케이션 매체라면 뉴미디어는 특정 집단을 대상으로 쌍방향 커뮤니케이션이 가능한 매체이다. 다시 말해서 뉴미디어를 통해 후보와 정당은 각 유권자의 필요와 요구를 파악하여 맞춤형 선거운동을 진행하는 것이 가능해졌다. 또한 유권자들이 선거운동에 실시간으로 반응하고, 정당이나 언론을 통하지 않고서도 자신들이 원하는 의제와 정책을 주도적으로 제기하는 것이 가능해졌다. 결과적으로 유권자가 선거운동의 수동적인 대상으로서만 남아있는 것이 아니라, 선거과정의 주요한 참여자가 되었다는 것이다[46](윤성이 2014).

보다 일반적으로 뉴미디어는 라디오, 신문, TV 등의 전통적 미디어와 비교하여 몇 가지 중요한 차이점을 가지고 있다. 우선 뉴미디어에서는 소수에 의한 독점적인 메시지 생산이 이루어지지 않는다. 전통적 미디어에서는 메시지를 생산하고 대중에게 전달하기 위해서는 엄청난 규모의 초기 투자가 필요하며, 이를 감당할 수 있는 소수만이 미디어 시장에 참여할 수 있다. 반면에 뉴미디어에서는 누구나 메시지

46 물론 이러한 진술은 현실을 그대로 묘사하는 것이 아니라, 상당 부분 희망 섞인 기대를 포함하고 있는 것으로 받아들여야 할 것이다.

를 생산하고 유통하는 것이 가능하며, 따라서 미디어를 통해 유통되는 정치적 정보에 대한 통제(gatekeeping)가 사실상 불가능하다. 두 번째로 전통적 미디어에서는 동일한 메시지가 불특정 대중에게 무차별적으로 전파되었다면(broadcasting), 뉴미디어의 등장과 함께 구체화되고 세분화된 청중을 대상으로 다양한 메시지 생산과 전파가 이루어지게 되었다(narrowcasting). 세 번째로 이러한 뉴미디어의 특징은 미디어에 대한 대중들의 선택권이 강화되는 결과를 가져왔다. 메시지 생산과 유통에 있어서 제한이 극단적으로 감소하고, 메시지의 종류와 양이 폭발적으로 늘어나면서, 대중들이 원하는 메시지를 선택적으로 소비하는 경향이 한층 강화되었다.

대부분의 국가에서 인터넷을 비롯한 새로운 매체를 활용한 선거운동은 2000년대부터 본격적으로 나타나기 시작했다(Gibson et al. 2003). 특히 뉴미디어를 활용한 선거운동이 성공을 거둔 대표적인 사례로 흔히 꼽히는 것이 2008년 미국 대통령선거에서 오바마 대통령의 당선이다. 한국의 경우 뉴미디어가 정치적으로 중요한 의미를 가지기 시작한 것은 2002년 제16대 대통령선거에서부터라고 할 수 있다. 당시 인터넷에 기반을 둔 자발적 후보 지지 모임인 '노사모'의 활동은 정치에 별다른 관심이 없던 젊은 유권자들을 성공적으로 동원함으로써, 상대적으로 비주류에 속하는 노무현 후보가 민주당의 후보로 선출되고 결국은 대통령선거에서 승리하는 데 커다란 역할을 했다고 평가된다. 2004년 노무현 대통령 탄핵 시도에 대한 반대운동이나 제17대 총선에서 전개된 시민단체에 의한 낙천·낙선운동 등 역시 뉴미디어에 크게 힘입은 바 있다.

실제로 한국 유권자들이 얼마나 뉴미디어에 의존하고 있는지 살펴볼 수 있는 자료가 〈그림 8-1〉에 제시되어 있다. 자료는 2007년, 2012년, 2022년 세 차례의 대통령선거에서 한국 유권자들이 어떤 미디어를 통해 선거와 관련한 정보를 가장 많이 얻었다고 대답했는지 보여주고 있다. 그리고 〈표 8-1〉에서는 같은 자료를 연령대별로 구분하여 제시하였다.

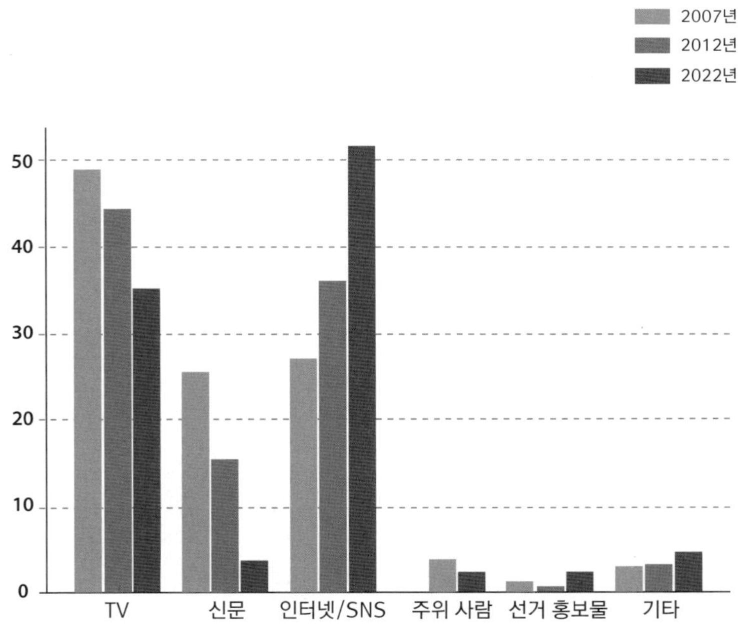

자료: 동아시아연구원(2007, 2012, 2022)

〈그림 8-1〉 선거 관련 정보를 주로 얻는 경로 (%)

〈표 8-1〉 연령대별 선거 관련 정보를 주로 얻는 경로 (%)

		TV	신문	인터넷/SNS	주위 사람	선거홍보물	기타
2022년	20대	16.9	3.5	71.5	4.1	3.5	0.6
	30대	21.9	0.6	62.4	3.9	5.1	6.2
	40대	23.8	2.0	61.9	1.0	3.0	8.4
	50대	40.0	2.7	50.5	0.5	0.5	5.9
	60대 이상	56.1	6.7	30.5	3.1	1.2	2.4
2012년	20대	26.6	6.9	59.6	4.8	0.5	1.6
	30대	32.5	4.4	53.1	4.4	1.5	4.1
	40대	40.9	8.4	42.6	3.7	0.3	4.1
	50대	48.9	13.5	28.4	3.9	1.1	4.3
	60대 이상	66.8	19.9	7.6	2.8	0.6	2.2
2007년	20대	37.8	7.0	50.1	–	1.9	3.1
	30대	43.9	15.4	36.9	–	1.3	2.5
	40대	50.1	24.3	21.3	–	1.2	3.1
	50대	54.9	28.8	11.0	–	0.9	4.3
	60대 이상	64.1	27.6	4.6	–	0.9	2.8

자료: 동아시아연구원(2007, 2012, 2022)

시간이 흐를수록 선거 관련 정보를 인터넷 및 SNS를 통해서 주로 얻었다고 대답하는 비율이 증가하여, 2022년 대통령선거에서는 전체 응답자의 절반 이상이 인터넷과 SNS를 가장 주된 정보 습득 통로로 꼽았다. 같은 기간 TV나 신문을 통해 주로 선거 관련 정보를 얻었다고 대답한 비율은 급격하게 하락하였다. 2007년에만 해도 20대를 제외한 모든 연령대에서 인터넷과 SNS에 비해 TV가 가장 중요한 선거 정보 획득 통로였지만, 불과 15년이 흐른 뒤 60대 이상의 노년층을 제외하면 모든 연령대에서 인터넷과 SNS가 TV를 추월하였다. 또 하나 눈에 띄는 것은 신문이 가지는 위상의 급격한 하락으로서, 2007년까지만 해도 거의 20%에 달하는 응답자들이 신문을 통해 선거 관련 정보를 주로 얻었지만 2022년에는 그 비율이 3.5%까지 떨어졌다.

뉴미디어의 등장이 가져온 정치적 효과에 대해서는 여러 가지 주장이 공존하고 있다. 첫 번째로 동원(mobilization) 가설에 따르면, 뉴미디어를 통해 유권자들이 정치와 선거에 대한 정보를 더 손쉽게 얻을 수 있기 때문에 정치 참여를 위한 비용이 크게 하락한다. 특히 동원 가설은 전통적 미디어와 기존의 정치활동에 무관심했던 유권자들이 뉴미디어를 통해 새롭게 정치에 대한 관심과 효능감을 획득할 수 있다고 주장한다. 결과적으로 뉴미디어의 확산은 투표율 증가와 다양한 형태의 정치 참여 확대를 가져올 수 있다는 것이다.

반면에 강화(reinforcement) 가설은 뉴미디어의 확산이 새로운 정치 참여를 촉진하기보다는 기존의 참여 양상을 더욱 강화할 뿐이라고 주장한다. 미디어 매체의 수와 종류가 다양해지면서, 정치에 대한 정보뿐만 아니라 정치와 무관한 정보 역시 증가한다. 다시 말해서 미디어 선택의 폭이 넓어지면서 정치에 대한 정보가 소비되기 위해서는 비정치적 정보와 경쟁할 수밖에 없으며, 따라서 개인이 정치에 대한 정보를 접할 가능성은 오히려 하락할 수 있다는 것이다(Prior 2007). 물론 정치적 관심이 높은 유권자라면 뉴미디어를 통해 정치 정보를 더욱 쉽게 많이 접할 수 있게 되겠지만, 그렇지 않은 유권자의 경우에는 오히려 정치에 대한 정보를 회피하고 연예·오락과 같은 다른 종류의 정보를 집중적으로 소비할 가능성이 높다(Norris 2000). 결과적으로 뉴미디어의 발전이 기존에 존재하는 정치 참여의 격차를 고착시키거나 더욱 심화시킨다는 것이다.

참여를 넘어 뉴미디어가 정치적 결과에 끼치는 영향에 대해서도 상반된 주장이 공존하고 있다. 소위 변화 가설에 따르면, 뉴미디어는 후보와 정당이 자신들의 메시지와 정책을 유권자에게 전달하기 위해 필요한 비용을 급격하게 낮춰주었으며, 또한 뉴미디어의 상호작용성을 통해 유권자의 필요와 요구를 파악하는 것 역시 매우 쉽게 만들어 주었다. 결과적으로 뉴미디어는 기존의 거대 정당에 비해 조직과 자금 등에 있어 불리한 위치에 처할 수밖에 없는 군소 정당이나 소수자 집단의 대표에게 새로운 기회를 제공할 것으로 기대된다. 반면에 정상화(normalization) 가설은 기존의 거대 정당들이 변화의 초기 단계에서는 새로운 기술과 환경에 더디게 적응하는 모습이 나타날 수 있지만, 오래지 않아 풍부한 자원을 바탕으로 온라인 공간에서도 다시 지배적인 위치를 되찾을 수 있을 것이라고 예상한다.

뉴미디어의 정치적 효과에 대해 상반된 주장이 공존한다는 사실은 역설적으로 뉴미디어의 영향력이 애초에 생각—혹은 기대—했던 것만큼 크지는 않았다는 사실을 보여준다. 한국의 경우에도 2002년 대통령선거에서 큰 역할을 한 인터넷과 뉴미디어는 2007년 대통령선거에서는 별다른 존재감을 드러내지 못했다. 당시 인터넷을 포함한 뉴미디어의 영향력이 제한적이었던 이유로는 일찍부터 선거 구도가 일방적으로 흘러갔다는 점과 함께, 뉴미디어 이용자들의 관심을 끌 만한 후보나 이슈의 부재, 그리고 선거운동에 대한 과도한 규제[47] 등이 꼽힌다(윤성이 2008). 다시 말해서 새로운 미디어의 등장만으로 의미 있는 변화를 이끌어내는 데 한계가 있을 수밖에 없으며, 가장 중요한 것은 미디어를 통해 전달되는 정보의 내용과 가치, 즉 후보와 정당이 얼마나 실질적이고 차별적인 메시지를 제공하는가라는 것이다.

뉴미디어의 영향력이 제한적인 또 다른 이유는 유권자들의 사용 행태와 관련된다. 이와 관련하여 〈표 8-2〉에서는 2020년 제21대 총선 직후 선거 기간 동안 SNS를 활용하여 여러 가지 정치적 활동을 한 경험이 있는지 질문한 결과를 보여주고 있다. 응답자의 절반 이상이 선거 기간 중 정치와 관련한 포스팅을 본 경험이 있다고 대답했지만, 그 외 다른 활동을 한 경험이 있다고 대답한 비율은 그에 훨씬 미치지 못했다. 다시 말해서 SNS를 통해 정치적 메시지를 소비하는 행동은 상당히 많은 유권자들이 하고 있지만, 메시지를 유통—포스팅을 공유하거나 댓글을 남기는 등—하는 행동을 하는 사람은 5명 중 1명꼴에도 미치지 못했다. 나아가 가장 적극적인 행동이라고 할 수 있는 메시지 생산 경험이 있는 사람은 전체 응답자의 5% 남짓에 그쳤

47 이후 2012년 선거법 개정을 통해 온라인 상에서의 선거운동이 상시 허용되었다. 즉 온라인을 상에서는 선거 당일을 제외하고는 누구나 후보 및 정당에 대한 지지와 반대를 표현할 수 있게 되었지만, 오프라인에서는 선거일 180일 전부터 선거운동원으로 등록한 사람만이 선거운동을 할 수 있다.

다. 애초에 뉴미디어가 정치적으로 큰 변화를 가져올 것이라는 기대를 불러일으킨 것은 메시지 생산자와 소비자 사이의 경계가 희미해지는, 결과적으로 일반 유권자들이 선거 과정의 객체가 아닌 주체가 될 수 있는 가능성을 제시하였기 때문이다. 그러나 〈표 8-2〉의 결과는 아직까지 현실에서 이러한 가능성을 적극적으로 실천하는 유권자의 비율은 매우 낮으며, 대부분의 유권자에게 있어 뉴미디어는 정치적 메시지를 소비하기 위한 또 다른 미디어의 하나로 남아있을 뿐이라는 점을 보여주고 있다.

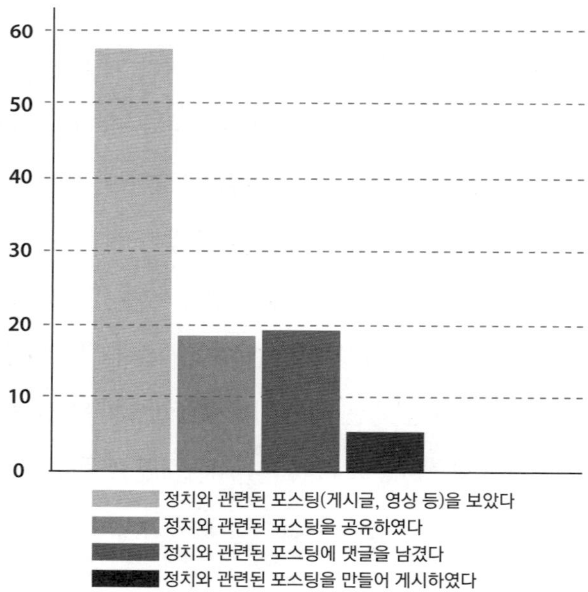

자료: 명지대 미래정치연구소(2020)

〈그림 8-2〉 제21대 총선 당시 SNS를 통한 활동 (%)

뉴미디어의 정치적 가능성을 실현하기 위해 반드시 고려해야 할 또 다른 문제는 정보격차(digital divide)의 존재이다. 새로운 정보통신 기술에 대한 접근성을 가진 사람과 그렇지 못한 사람 사이의 격차, 나아가 접근성을 가진 사람 중에서도 뉴미디어를 통해 의미 있는 정보를 획득하고 활용할 능력과 의지를 가진 사람과 그렇지 못한 사람 사이의 격차가 발생할 수 있다. 그리고 이러한 정보격차가—경제적 상황이나 교육 수준 혹은 지역에 따른—사회경제적 차이와 연관된다면, 이는 뉴미디어의 등장이 이미 존재하는 정치적 불평등을 완화하는 것이 아니라 오히려 강화할 수도 있다는 것을 의미한다. 실제로 〈그림 8-2〉의 자료를 응답자의 다양한 특징에 따라 나누어 본 〈표 8-2〉에 따르면, 교육 및 소득 수준이 높을수록 SNS를 통한 정치적 메시지의 소비와 생산에 더 적극적인 것으로 나타났다. 흥미로운 부분은 고연령대 응답자 사이에서 SNS를 통해 정치와 관련된 포스팅을 본 경험이 있다고 대답한 비율이 오히려 중장년층보다도 더 높게 나타났다는 점이다. 다만 정치와 관련된 포스팅을 만들어 게시하는 메시지 생산에 초점을 맞춘다면, 연령대가 증가할수록 경험한 비율이 줄어드는 것은 여전히 사실이다.

〈표 8-2〉 제21대 총선 당시 SNS를 통한 활동 (%)

		경험 비율	
		메시지 소비	메시지 생산
연령대	20대	67.46	7.40
	30대	51.32	5.59
	40대	49.18	4.64
	50대	52.45	5.71
	60세 이상	64.56	4.28
교육 수준	고졸 이하	52.30	4.15
	대졸 이상	62.30	6.56
월평균 가구소득	200만 원 미만	52.90	5.80
	200~400만 원	57.51	4.58
	400~600만 원	58.43	5.17
	600만 원 이상	59.43	7.03
이념성향	진보	61.04	3.61
	중도	49.70	4.80
	보수	62.99	8.66
지지 정당	민주당	64.42	6.93
	미래통합당	74.88	7.73
	기타 정당	69.62	8.54
	무당파	43.47	2.51

자료: 명지대 미래정치연구소(2020)

Part 3

9장 투표 참여와 기권

10장 투표 외 다양한 정치 참여

Part 3

지금까지의 논의는 유권자들이 투표할 때 어떠한 기준으로 지지 후보와 정당을 결정하는가에 초점을 맞추어 진행되었다. 하지만 누구에게 투표할지를 결정하기 이전에 먼저 따져봐야 하는 문제는 투표 자체를 할 것인가 말 것인가라고 할 수 있다. 흔히 선거에서 한 표를 던지는 것이 민주주의 국가에서 시민들이 행사하는 가장 기본적인 권리라고 하지만, 현실에서는 적지 않은 수의 유권자들이 이러한 권리를 자발적으로 포기하고 있다. 그렇다면 선거에 참여하여 투표하는 유권자와 그렇지 않은 유권자 사이의 차이는 무엇인가? 어떤 유권자들이 어떠한 이유에서 민주시민으로서의 가장 기본적인 권리를 자발적으로 포기하는가? 혹은 질문을 바꿔서 만일 투표율이 100%였다면, 과연 선거 결과는 우리가 경험한 것과 달라졌을 것인가?

흔히 선거가 민주주의의 꽃이라고 하지만, 실제로 일반 유권자들이 정치에 참여하는 통로는 투표 외에도 다양한 방법이 존재한다. 작게는 우리 지역의 공무원이나 지역구 국회의원에게 민원을 제기하고, 지지하는 정당이나 사회단체에 가입하거나 정치자금을 기부하기도 한다. 크게는 관심을 가지는 이슈에 대한 서명운동에 동참하고, 자신의 신념을 드러내기 위해 특정 상품이나 기업에 대한 불매운동에 참여하며, 혹은 한국 사회가 최근 몇 차례에 걸쳐 경험했듯이 촛불집회에 참여하여 정치적으로 커다란 변화를 이끌어내기도 한다. 어찌 본다면 일반 유권자의 관점에서 선거는 4년이나 5년에 한 번씩 실시될 뿐이지만, 다른 형태의 정치 참여는 선거 주기와 상관없이 언제든 정부와 정책에 영향을 끼칠 기회를 제공한다는 점에서 투표와는 다른 차원에서—그러나 결코 더 작지 않은—정치적 의미를 가질 수 있다. 따라서 이어지는 두 장에서는 누가 왜 투표 및 그 외 다양한 형태의 정치적 활동에 참여하는지 살펴본다.

Part 3

9장
투표 참여와 기권

9장

투표 참여와 기권

2020년 제21대 총선은 코로나19로 인한 팬데믹이 한창인 상황에서 실시되었다. 아무리 마스크와 손소독제로 무장하더라도 사람들이 몰리는 투표장에서 '사회적 거리두기'를 실천하기는 어렵고, 당연히 많은 수의 유권자들이 감염을 걱정하며 투표에 참여하지 않아 투표율이 낮아질 것으로 예측되었다. 그러나 막상 제21대 총선의 최종 투표율은 66.2%로 4년 전 제20대 총선의 투표율 58%보다 오히려 8.2%p 상승했으며, 1992년 이후 가장 높은 총선 투표율을 기록했다. 과연 무엇이 이렇게 많은 유권자들을 방역으로 인한 여러 가지 불편함과 감염에 대한 우려에도 불구하고 투표에 참여하도록 이끌었는가?

불과 10여 년 남짓을 거슬러 올라가면 전혀 다른 모습이 관찰된다. 2007년에 실시된 제17대 대통령선거의 투표율은 63%로 역대 대통령선거 사상 최저를 기록하였으며, 1년 뒤 제18대 총선의 투표율은 절반도 넘지 못하는 46.1%를 기록하여 역대 모든 전국 단위 선거 중 가장 낮은 투표율을 보였다. 전체 유권자의 절반 이상이 자신들의 대표자를 직접 선출할 권리와 기회를 자발적으로 포기한 것이다. 선거에 대한 관심과 참여라는 측면에서 2000년대 후반의 한국 유권자와 2020년의 한국 유권자가 이토록 전혀 다른 모습을 보인 이유는 무엇인가?

1. 누가 투표하는가?

투표 참여에 대한 본격적인 논의 이전에, 〈그림 8-1〉은 민주화 이후 한국에서 실시된 전국 단위 선거에서 나타난 투표율의 변화를 보여주고 있다. 〈그림 8-1〉을 살펴보면 몇 가지 특징을 발견할 수 있다. 첫 번째로 총선이나 지방선거의 투표율에 비해 비슷한 시점의 대통령선거 투표율이 약 10~20%p 더 높았다. 이러한 차이는 해당 선거를 통해 선출되는 공직의 정치적 중요성을 반영하는 것이며, 한국뿐만 아니라 다른 나라에서도 공통적으로 발견되는 현상이다. 두 번째로 선거의 수준을 막론하고 민주화 직후 매우 높은 수준이었던 투표율은 이후 지속적으로 하락하여, 2000년대 중후반 최저점을 기록한 후 다시 반등하는 모습을 보인다. 민주화 운동을 거치면서 폭발적으로 분출된 참여 열기가 시간이 흐르면서 점차 약해지는 것은 충분히 이해할 수 있지만, 2010년대 이후 투표율이 지속적으로 상승하는 원인은 아직까지 명확하지는 않다. 다만 한 가지 추측할 수 있는 것은

2010년대 이후 한국 사회에서 정치적 양극화가 심해진 것이 투표율 상승을 이끌었을 가능성이 있다. 마지막으로 확인할 수 있는 사실은 최근의 투표율 상승에도 불구하고 여전히 적지 않은 수의 한국 유권자들이 선거에서 기권을 선택함으로써 자신의 대표자를 직접 선출하는 기회를 자발적으로 포기하고 있다는 점이다. 그리고 투표율의 높고 낮음은 선출된 공직자의 정통성에 영향을 줄 수 있다는 점에서 적지 않은 정치적 의미를 가진다.

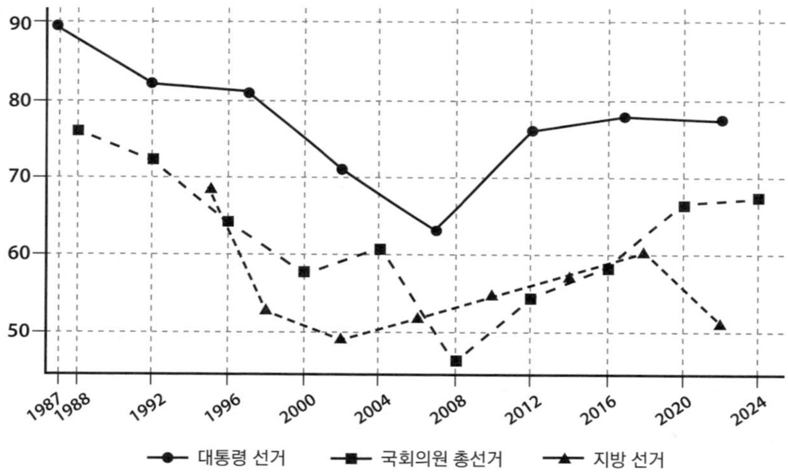

〈그림 9-1〉 민주화 이후 한국 선거의 투표율 변화 (%)

선거에서 투표하는 것은 대의제 민주주의 하에서 일반 유권자가 정치에 참여하기 위한 가장 일반적이면서도 핵심적인 수단이라고 할 수 있다. 이와 같은 투표의 중요성을 반영하듯이 과연 어떠한 요인이 유권자로 하여금 투표에 참여하도록 이끄는가에 대해서 오랫동안 연구가 이루어졌다. 그리고 수많은 연구가 반복적으로 보고하는 결과는 사회경제적 지위(socio-economic status)가 높을수록 투표에 더 적극적으로 참여한다는 것이다(Dalton 2020; Verba and Nie 1972; Verba et al. 1995; Wolfinger and Rosenstone 1980). 즉 나이가 많은 유권자가 젊은 유권자에 비해, 교육 및 소득 수준이 높은 유권자가 그렇지 않은 유권자에 비해, 백인 유권자가 유색인종 출신 유권자에 비해 투표할 가능성이 더 높다는 것이다.[48]

그렇다면 사회경제적 지위가 높은 유권자가 그렇지 않은 유권자에 비해 정치에 더 적극적으로 참여하는 이유는 무엇인가? 관련 연구를 집대성한 버바와 동료들의 '자발적 시민참여주의(civic voluntarism)' 모델에 따르면 유권자가 투표에 참여하지 않고 기권하는 이유는 능력("because they can't"), 의지("because they don't want to"), 그리고 동원("because nobody asked")의 문제로 귀결되며, 유권자의 사회경제적 지위는 이러한 세 가지 문제와 모두 관련된다(Brady et al. 1995; Verba et al. 1995). 첫 번째로 사회경제적 지위는 정치와 선거에 참여하기 위해 필요한 자원(resources)에 영향을 끼친다. 예를 들어 일상생활을 잠시 제쳐두고 정치와 선거에 관심을 두고 참여하기 위해서는 그만큼 시간과 돈이 필요하며, 또한 효과적인 참여를 위해서는 사람들을 조직하고 소통하기 위한 기술(civic skills)이 필요하다. 그리고 사회경제적 지

48 과거에는 남성 유권자의 투표율이 여성 유권자의 투표율보다 높았으며, 따라서 성별 또한 투표 참여에 차이를 가져오는 사회경제적 지위 중 하나로 알려져 있었다. 그러나 시간이 흐르고 여성들의 경제활동과 사회참여가 늘어나면서 성별에 따라 투표율이 유의미하게 달라지는 현상은 더 이상 관찰되지 않는 경우가 많다.

위가 높은 유권자일수록 이와 같은 참여를 위한 자원에 더 쉽게 접근할 수 있을 것이다.

두 번째로 투표 여부는 참여할 수 있는 능력만큼이나 그러한 능력을 실제로 발휘하고자 하는 주관적인 의지, 즉 정치에 대한 심리적 관여(psychological engagement)에 달려 있다. 예를 들어 정치에 대한 관심과 지식, 그리고 효능감(efficacy)이 높은 유권자는 그렇지 않은 유권자에 비해 선거에 참여하여 투표할 확률이 높다. 마찬가지로 특정 정당을 지지하는 유권자는 지지 정당의 승리를 위해 무당파 유권자에 비해 선거에 더 적극적으로 참여하기 마련이다. 이들은 정치 참여를 통해 상당한 심리적 효용을 얻을 수 있으며, 따라서 참여를 위한 비용을 지불할 의지 역시 강하기 때문이다. 그리고 많은 연구에 따르면 사회경제적 지위가 높은 유권자일수록 정치에 대한 심리적 관여가 높은 것으로 나타났다.

세 번째로 유권자의 투표 참여를 촉진하는 중요한 요인 중 하나는 다름 아닌 후보 및 정당에 의한 동원(mobilization)이다. 더구나 선거가 다가오면서 후보나 정당 외에도 다양한 사회단체나 종교단체, 심지어 일반 활동가와 유권자 차원에서도 동료 유권자들에게 투표 참여를 독려하는 다양한 캠페인이 벌어진다. 그리고 이러한 동원 노력을 접한 유권자는 그렇지 않은 유권자에 비해 실제로 선거에서 투표할 확률이 유의미하게 높아지는 것으로 나타났다(Gerber and Green 2000; Rosenstone and Hansen 1993). 그런데 유권자의 사회경제적 지위는 정치적 동원의 기회에 영향을 줄 수 있다. 우선 정치적 동원은 다양한 사회적 집단과 네트워크를 중심으로 이루어지는데, 사회경제적 지위가 높은 유권자일수록 이러한 동원의 기회에 보다 쉽게 노출될 수 있다. 또한 한정된 자원을 효율적으로 활용해야 하는 정당 및 후보자 입장에서도 처음부터 투표할 가능성이 높은—즉 사회경제적 지위가 높은—유권자들에게 전략적으로 선거운동과 동원 노력을 집중하는 경향이 있다.

유권자의 사회경제적 지위가 투표 참여에 끼치는 영향력에 대해서는 의문의 여지가 없는 가운데, 사회경제적 지위를 구성하는 다양한 요소들 사이에서도 투표 참여에 끼치는 영향력의 차이는 존재한다. 예를 들어 미국을 포함한 서유럽의 민주주의 국가의 경우 개인의 투표 참여 결정에 가장 큰 영향을 끼치는 것은 교육 수준으로 알려져 있다(Blais 2000; Wolfinger and Rosenstone 1980). 교육 수준은 정치를 이해하고 참여하기 위한 인지적 능력의 향상과 심리적 관여의 형성에 직접적으로 연관될 뿐만 아니라, 교육을 통해 시민적 의무(civic duty)로서의 정치 참여 및 투표의 중요성에 대한 인식이 길러질 수 있기 때문이다.

그런데 교육 수준이 유권자의 투표 참여에 강력한 영향력을 끼친다는 사실은 다른 차원에서 흥미로운 역설을 가져오게 된다. 미국을 포함한 대부분의 서유럽 국가에서 1960년대 이후 일반 유권자의 교육 수준이 급격하게 상승했다. 같은 시기에 미디어 역시 본격적으로 발전하면서 정치에 대한 정보를 얻기 쉬워졌다는 것을 고려한다면, 일반 유권자들이 정치에 참여하기 위한 능력과 자원은 크게 증가했다고 할 수 있다. 그러나 교육 수준이 높을수록 투표에 적극적으로 참여한다는 사실에도 불구하고 정작 1960년대 이후 거의 모든 국가에서 투표율은 하락했다. 예를 들어 〈그림 9-2〉에서는 1964년부터 2020년까지 미국 대통령선거의 투표율과 함께 같은 시기 미국 인구 중 대학을 졸업한 비율을 보여주고 있다. 그림을 통해 교육 수준의 증가가 투표율 상승으로 전혀 이어지지 않았다는 점을 확인할 수 있다. 즉 유권자 개인 차원에서 교육 수준이 투표 참여에 끼치는 영향력과 전체 유권자 차원에서 교육 수준과 투표율 사이의 관계가 서로 반대로 나타난다는 것이다.

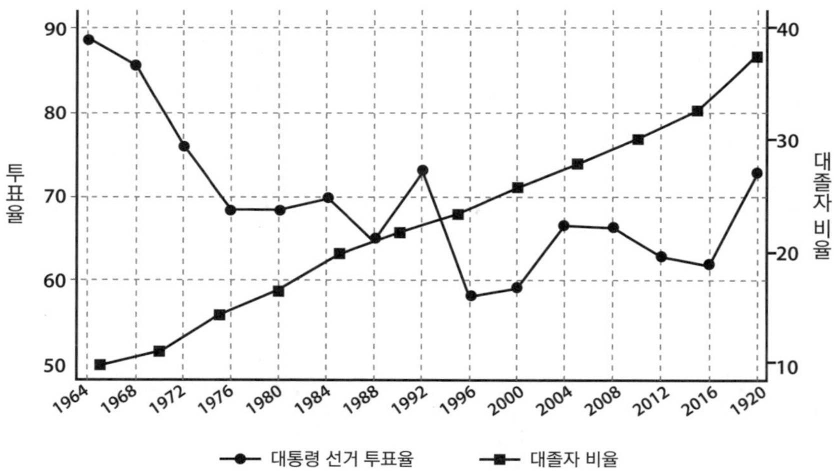

자료: U.S. Census bureau

〈그림 9-2〉 미국 대통령선거 투표율과 교육 수준의 변화 (%)

〈그림 9-2〉에서 발견되는 역설에 대해서는 몇 가지 설명이 가능하다. 첫 번째는 1970년대 이후 정당의 사회적 기반과 역할이 약화

되면서 정당에 의해 이루어지는 유권자 동원 역시 감소했으며, 이것이 투표율 하락으로 이어졌다는 것이다(Dalton and Wattenberg 2000; Rosenstone and Hansen 1993). 두 번째는 비슷한 시기 미국 사회에서 일반 대중들의 생활 수준은 상승했지만, 이와 동시에 사람들의 삶은 점차 원자화되었고 사회적 공동체가 약화되는 현상이 나타났다. 일반적으로 타인에 대한 신뢰가 높고 다양한 단체와 네트워크에 속하여 활동하는 사람들, 즉 소위 사회 자본(social capital)이 높은 유권자일수록 정치와 선거에 적극적으로 참여하는 경향이 있는데, 1960년대 이후 미국 사회에서 전반적으로 사회 자본이 하락했다는 것이다(Putnam 2000). 다시 말해서 비록 1960년대 이후 일반 유권자의 교육 수준이 상승하기는 했지만, 이러한 효과를 상쇄하는 정치적·사회적 변화가 미국 선거에서 투표율을 오히려 하락시킨 주요한 원인이라는 것이다.

한국의 선거에서는 교육 수준에 따른 투표 참여의 격차는 그다지 눈에 띄지 않는 대신에, 연령대의 영향력이 두드러지게 나타난다.[49] 아래의 〈표 8-1〉은 최근의 대통령선거와 총선, 그리고 지방선거에서 나타난 성별·연령대별 투표율을 보여주고 있다. 표를 통해 연령대가 증가할수록 투표율이 상승하는 경향이 명확하게 발견된다. 예를 들어 대통령선거에서도 2~30대 청년 유권자에 비해 6~70대 고령층 유권자의 투표율은 15%p 이상 더 높았으며, 상대적으로 관심이 떨어지는 지방선거의 경우 청년 유권자에 비해 6~70대 고령층 유권자의 투

49 최근에 한국 선거에서 소득 수준에 따른 투표율 격차가 뚜렷하게 나타나고 있으며, 이러한 참여 격차는 경제적 불평등이 심화될수록 점점 커진다는 연구 결과가 발표되기도 했다(권혁용·한서빈 2018).

표율은 거의 두 배 가까이 높았다.

〈표 9-1〉 최근 한국 선거의 성별, 연령별 투표율 (%)

		제20대 대선 (2022년)	제22대 총선 (2024년)	제8회 지방선거 (2022년)
성별	남성	76.8	66.5	50.6
	여성	77.5	67.9	52.5
연령대	18-19세	71.9	57.3	35.9
	20대 초반	71.6	53.4	37.0
	20대 후반	70.4	51.6	35.6
	30대	70.7	55.1	37.8
	40대	74.2	62.6	44.7
	50대	81.4	71.6	55.2
	60대	87.6	82.0	70.5
	70대	86.2	84.7	75.3
	80세 이상	61.8	60.5	51.2

자료: 중앙선거관리위원회, 『대통령선거 투표율 분석』, 『국회의원선거 투표율 분석』, 『전국동시지방선거 투표율 분석』, 각 연도

사회경제적 지위를 포함하여 어떠한 요인이 유권자의 투표 참여를 이끄는가에 대한 연구는 당연히 중요하며 앞으로도 계속 이루어질 것이다. 그러나 동시에 "누가 투표하는가?"라는 질문에 지나치게 초점을 맞추는 것은 한계를 가지는 것도 사실이다. 예를 들어 앞서 〈그림 8-1〉에서 살펴보았듯이 민주화 이후 불과 한 세대 남짓 흘렀을 뿐이지만 그 사이에도 투표율은 상당히 큰 폭으로 오르내렸다. 그러나 이 짧은 기간 동안 한국 유권자의 사회경제적 구성이 그렇게 크게 변화

했다고 보기는 어려운 것이 사실이다. 다시 말해서 특정 선거에서 투표하는 유권자와 기권하는 유권자 사이에서 나타나는 차이에만 초점을 맞추어서는 단기간에도 등락할 수 있는 투표율의 변화를 설명할 수 없다는 것이다. 이와 같은 인식에 기반하여 정치학자들은 투표 참여와 관련하여 새로운 질문을 던지기 시작했다.

2. 왜 투표하는가?

투표에 참여하는 유권자와 기권하는 유권자 사이의 차이에 관심을 가지는 배후에는 기본적으로 투표하는 것을 정상적인—혹은 바람직한—행동으로 전제하는 인식이 자리잡고 있다. 그러나 조금만 관점을 바꾸어보자. 우리가 선거에 참여하여 투표하는 궁극적인 이유는 내가 지지하는 후보를 당선시키기 위해서이다. 그런데 문제는 선거 결과는 일종의 공공재(public goods)라는 점이다. 즉 내가 실제로 투표했는지 혹은 그 후보를 지지했는지와 상관없이, 특정 후보가 승리했다는 선거 결과와 당선 이후 그(녀)가 펼치는 정책은 나에게도 똑같이 적용되는 현실이다. 그렇다면 자연스럽게 따라오는 문제는 바로 무임승차(free-riding)의 문제이다. 한 개인의 기여가 사회적 결과에 끼치는 영향이 미미하다면, 그리고 각자가 기여했는지 여부를 쉽게 감시할 수 없다면, 개인 입장에서 가장 합리적인 선택은 기여는 하지 않으면서 결과는 똑같이 누리는 것이다. 다시 말해서 정말로 물어야 하는 질문은 왜 투표하지 않는가가 아니라, 어째서 그렇게 많은 유권자들이 무임승차를 선택하지 않고 선거에 참여하는가라고 할 수 있다.

이러한 문제의식은 다음과 같은 수식으로 간단하게 표현될 수 있다. 유권자가 투표하는 행위를 통해 얻을 수 있는 효용 U는 투표를 통해 얻을 수 있는 이득 B에서 투표를 하기 위해 지불해야 하는 비용 C를 뺀 것이라고 할 수 있다. 여기에서 이득 B는 유권자가 지지하는 후보가 당선되는 상황—혹은 그 결과 펼쳐질 정책들—과 지지하지 않는 후보가 당선되는 상황 사이의 차이라고 할 수 있다. 그리고 비용 C는 투표하기 위해 들어가는 물리적인 시간과 노력 및 투표를 위해 포기하는 기회비용, 그리고 사전에 지지 후보를 결정하기 위해 정보를 모으고 처리하기 위한 비용 등을 포함한다.

그런데 앞서 언급했듯이 선거 결과는 공공재와 유사한 성격을 가지기 때문에, 유권자 개인의 행동을 통해 기대할 수 있는 효용은 나의 투표로 인해 선거 결과가 달라질 확률, 즉 P와 함께 고려되어야 한다. 결과적으로 투표 참여를 통해 얻을 수 있는 효용은 수식 (1)의 형태를 띠게 되며, 이 효용이 0보다 크다면 유권자는 선거에 참여하여 투표할 것이다.

$$U = P \times B - C > 0 \qquad (1)$$

문제는 P의 값이다. 아무리 선거구의 크기가 작아도 현실에서 유권자 한 명의 투표로 인해 선거 결과가 달라질 확률은 실질적으로 0

에 수렴한다.[50] 따라서 투표를 통해 얻을 수 있는 이득이 아무리 크더라도 P와 곱하는 순간 0이 되어 버리며, 결국 아주 작은 C로도 전체 효용 U는 0보다 작아진다. 지금까지의 논의가 의미하는 것은 합리적 유권자라면 선거에 참여하지 않고 기권할 것이며, 따라서 민주주의하에서 가장 기본적인 정치적 행위라고 할 수 있는 투표 참여가 사실은 비합리적 선택의 결과라는 것이다.

이러한 '투표의 역설(paradox of voting)'을 해결하기 위해 다양한 이론적 수정이 뒤따랐다. 가장 널리 알려진 시도는 투표 참여를 통해 얻을 수 있는 효용의 일부로 '시민적 의무(civic duty)'를 의미하는 D를 포함하는 것이다(Downs 1957; Riker and Ordeshook 1968). 즉 투표를 통해 얻을 수 있는 이익보다 비용이 더 크다고 하더라도, 만일 유권자가 투표하는 행위 자체를 통해 얻는 심리적 만족감—예를 들어 참여를 통해 민주주의를 유지하는 데 기여한다는—이 충분히 크다면 U가 0보다 커질 수 있고 결과적으로 투표에 나선다는 것이다.

$$U = P \times B - C + D > 0 \qquad (2)$$

50 보다 구체적으로 유권자 한 명의 표가 선거 결과에 영향을 끼치는 상황은 다음의 세 가지 상황 중 하나가 벌어졌을 때이다. A와 B 두 명의 후보가 경쟁할 때, 해당 유권자의 표를 제외하고 (1) 두 후보가 정확히 똑같은 득표를 얻었을 경우, (2) A 후보가 B 후보보다 정확하게 1표 더 받았을 경우, 그리고 (3) B 후보가 A 후보보다 정확하게 1표 더 받았을 경우이다. 그리고 현실에서 이러한 세 가지 경우 중 하나가 발생할 확률은 0에 수렴한다.

실제로 많은 유권자들은 민주 시민으로서 당연히 투표해야 한다는 시민적 의무감을 느끼며, 이러한 의무감을 강하게 느끼는 사람일수록 투표에 더 적극적인 것이 사실이다(Blais 2000). 그러나 D를 사용하여 투표의 역설을 극복하려는 시도는 그다지 만족스럽다고 평가하기 어렵다. 일단 수식 (2)에 어째서 D가 포함되어야 하는지—U를 0보다 크게 만드는 것을 제외하고—이론적으로 명확하지 않다. 더구나 이러한 논리로는 "왜 투표하는가"라는 질문에 대해 합리적인 설명을 찾으려는 노력이 결국 "투표하고 싶은 유권자가 투표한다"라는 동어반복에 가까운 결론으로 이어질 뿐이다.

그러나 이론적인 불만족스러움과는 별개로, 수식 (2)는 다른 의미에서 유용하게 활용될 수 있다. 앞서 누가 투표하는가라는 질문에 대한 대답으로는 〈그림 8-1〉에서 발견되는 것과 같은 투표율의 단기적 변화를 설명하기 어렵다는 점을 지적한 바 있다. 반면에 수식 (2)는 P, B, C의 변화를 통해 어째서 특정 선거에서는 다른 선거에 비해 투표율이 더 높거나 낮은지 설명할 수 있다. 보다 구체적으로 P나 B의 증가는 투표율 상승으로 이어지고, 반면에 C의 증가는 투표율 하락으로 이어진다는 것이다. 예를 들어 선거가 박빙으로 예상된다면—객관적인 P의 값과 상관없이—나의 한 표가 가지는 중요성에 대한 인식이 증가할 것이고, 이는 유권자가 주관적으로 인식하는 P가 증가를 통한 투표율 상승으로 이어진다는 것이다.[51] 마찬가지로 2010년대 이후

51 반대의 예로서 2007년 대통령선거의 경우 선거 훨씬 전부터 이명박 후보가 정동영 후보에 손쉽게 승리할 것으로 예측되었고, 이것이 다른 대통령선거에 비해 훨씬 낮은 투표율을 기록한 원인 중 하나라고 할 수 있다.

한국의 선거에서 주요 후보 및 정당 간 이념적 차별성이 커지면서 유권자가 인식하는 *B*의 크기가 증가했고, 이것이 해당 시기 투표율 상승을 이끈 중요한 원인이라고 할 수 있다. 혹은 대선의 투표율이 총선에 비해 상대적으로 더 높은 이유 또한 *B*의 차이에서 기인한다고 할 수 있다.

사회경제적 지위가 높은 유권자일수록 투표에 참여할 가능성이 높다는 사실 또한 유권자가 부담해야 하는 *C*의 차이로 설명할 수 있다. 정치와 선거에 참여할 자원과 의지가 높을수록 유권자가 인식하는 *C*의 크기는 작아질 것이다. 혹은 유권자 개인의 특성 외에 선거가 치러지는 제도적 환경도 *C*의 크기에 영향을 줄 수 있다. 예를 들어 투표소를 더 많이 설치하거나 투표소까지의 교통편을 제공하는 조치, 혹은 사전투표제나 우편투표제의 도입 등은 유권자가 투표하기 위해 지불해야 하는 비용을 감소시킴으로써 투표율 제고에 기여할 수 있다. 심지어 궂은 날씨로 인한 불편함도 투표하는 과정에서 느끼는 비용을 증가시키고 결과적으로 투표율을 떨어트릴 수 있다(Gomez et al. 2007; 강우창 2016).

투표율의 증감을 설명할 수 있다는 장점에도 불구하고, 이론적인 관점에서 수식 (2)는 여전히 명확한 한계를 가진다. 따라서 최근에는 *D*를 추가하는 것과 같은 임시방편적(ad hoc) 수정을 넘어서, 보다 근본적인 차원에서 유권자가 투표에 참여함으로써 얻는 효용을 새롭게 개념화하는 여러 가지 이론들이 제시되었다. 이러한 새로운 이론의 배후에는 투표라는 행위에 수반되는 혜택과 비용이 둘 다 매우 작으며, 따라서 유권자 개인에게 돌아가는 물질적인 손익계산을 통해서는 "왜 투표하는가"를 설명할 수 없다는 인식이 존재한다. 아래에서는 이러한 새로운 이론 중 대표적인 예 몇 가지를 소개한다.

윤리적(ethical) 혹은 이타적(altruistic) 투표자. 몇몇 연구들은 투표를 통해 유권자가 얻을 수 있는 효용에는 투표자 자신에게 돌아올 이득뿐만 아니라 선거 결과를 통해 다른 사람들이 얻을 수 있는 이득까지 포함된다고 주장하며, 이를 고려하면 투표 참여가 합리적 선택일 수 있다는 것을 보여주었다(Edlin et al. 2007; Fowler 2006).

집단 합리성(group rationality). 이 이론은 유권자 개인은 선거 결과에 영향을 끼칠 수 없지만 사회 집단 차원의 지지는 후보의 당락에 유의미한 영향을 끼칠 수 있다는 점에 주목한다. 즉 사회 집단을 이끄는 지도자는 집단의 이익을 위해 구성원들을 동원하기 위해 노력하고, 이 과정에서 제공되는 '관계적 재화(relational goods)'가 일반 유권자가 투표를 통해 얻는 효용의 일부로 포함된다는 것이다(Morton 1991; Shachar and Nalebuff 1999; Uhlaner 1989).

표현적 투표(expressive voting). 이 이론은 선거 결과를 통해 얻을 수 있는 이득과는 별개로 지지 후보를 위해 투표하는, 즉 자신의 정치적 정체성을 표현하는 행위 자체로부터 유권자가 얻는 효용을 고려한다면 투표 참여를 설명할 수 있다고 주장한다(Brennan and Hamlin 1998; Hillman 2010; Schuessler 2000).

3. 선거제도와 투표율

유권자 개인의 특성에 따라 투표할 가능성이 달라지는 것처럼, 그 국가가 어떠한 선거제도를 채택했는가에 따라 투표율이 달라질 수 있다. 가장 직관적인 사례로는 의무투표제(compulsory voting)를 들 수 있다. 호주나 벨기에를 비롯한 몇몇 국가에서 채택하고 있는 의무투표제는 투표에 참여하지 않은 유권자에게 벌금을 부과하거나 일정한 행정적 제재[52]를 가함으로써 투표 참여를 장려하는 제도이다. 당연히 의무투표제를 실시하는 국가의 투표율은 그렇지 않은 국가에 비해 높게 나타난다.

선거제도가 투표율에 영향을 끼치는 또 다른 사례로서, 일반적으로 다수제(plurality) 선거제도에 비해 비례대표제(proportional representation)을 채택하고 있는 나라의 투표율이 더 높게 나타나는 경향을 지적할 수 있다.[53] 다수제 선거제도 하에서 당선가능성이 낮은 군소정당 후보의 지지자들은 굳이 시간과 비용을 들여 선거에 참여할 이유를 찾기 어렵기 때문이다. 반면에 비례대표제에서는 각 정당

---

52 예를 들면 일정 기간 동안 몇 차례 이상 투표하지 않는다면 해당 유권자의 이름을 유권자 명부에서 삭제하고, 복구를 위해서는 투표권을 다시 신청하는 절차를 밟도록 하는 경우가 있다. 혹은 투표에 불참한 사람들에게 여권이나 운전면허증 발급을 제한하는 경우도 있다. 반면에 의무투표제를 채택하고는 있지만 특별한 처벌 규정이 없다는 점에서 상징적인 차원에만 그치는 국가도 존재한다.

53 이와 관련해서는 상당히 많은 연구가 이루어졌기 때문에 여기에서 하나하나 인용하기 어렵다. 관련 연구에 대한 요약과 비판적 평가에 대해서는 다음을 참조할 수 있다(Cox 2015; Smith 2018).

이 득표율에 비례하여 의석을 배분받기 때문에 사표가 적고, 따라서 군소정당 지지자라고 하더라도 자신이 지지하는 정당을 위해 선거에 참여할 수 있다. 나아가 비례대표제 하에서는 다당제가 나타날 가능성이 높다는 점을 고려하면, 유권자들이 자신의 생각과 의견을 대변해 줄 정당을 발견하고 그 정당을 위해 투표할 가능성이 높다고 할 수 있다. 마지막으로 다수제 하에서는—한국의 지역주의와 같이—선거에서 유의미한 경쟁이 벌어지지 않는 지역구가 다수 발생할 수 있는 반면에, 비례대표제 하에서는 전국적인 차원에서 정당이 경쟁하게 되고 따라서 유권자를 동원하려는 노력 또한 더욱 강화될 가능성이 있다.

미국이 채택하고 있는 유권자 등록제도(voter registration)는 유럽의 다른 민주주의 국가와 비교하여 미국의 투표율이 상대적으로 낮게 나타나는 주요한 원인 중 하나로 꼽힌다(Teixeira 1992). 전국민을 대상으로 한 주민등록제도가 없는 미국의 경우 선거에서 투표하기 위해서는 주정부에 합법적 참정권을 가진 유권자로 사전에 등록하는 절차가 필요하다. 이는 투표하기 위해서는 유권자가 실질적으로 두 번에 걸쳐 참여를 위한 시간과 노력을 들여야 한다는 것을 의미한다. 결과적으로 유권자 등록제도는 투표하기 위한 비용을 증가시킴으로써 투표율에 부정적인 영향을 끼친다고 할 수 있다.

이 외에도 유권자가 보다 쉽고 편리하게 투표에 참여할 수 있도록 도와주는 다양한 제도 역시 투표율 상승에 기여할 수 있다. 투표일을 공휴일로 지정한다든지 혹은 우편투표를 도입한다든지 등의 조치들은 유권자가 투표하기 위해 치러야 하는 비용을 줄여주는 효과를 가진다. 마찬가지로 한국에서 2014년 지방선거 이후 실시된 사전투표제 역시 실질적으로 선거일을 늘려줌으로써 유권자들이 투표에 참여하기 위해 부담해야 하는 비용을 줄여준다고 할 수 있다.[54]

4. 투표율의 정치적 의미

1996년 미국정치학회장 라이파트는 기조연설에서 낮은 투표율이 불평등한 참여와 이로 인한 불평등한 정치적 영향력을 가져오기 때문에 민주주의에 근본적인 도전을 초래한다고 주장하며, 전 세계적으로 하락 추세인 투표율을 다시 상승시키기 위한 제도적 개혁을 촉구하였다(Lijphart 1997). 사회경제적 지위가 높은 유권자들이 투표에 더 적극적으로 참여한다는 사실은 투표율이 하락할수록 사회경제적 지위가 낮은 유권자들이 주로 선거 과정으로부터 배제된다는 것을 의미하며, 그렇게 선출된 공직자들은 선거에 참여할 가능성이 높은 유권자들의 요구에 비대칭적으로 반응할 유인을 가지기 때문이다. 결과적으로 낮은 투표율이 초래하는 정치적 불평등은 왜곡된 정책을 통해 다시 사회경제적 불평등으로 이어질 수도 있다.

---

54 한국에서 사전투표제를 통해 과거에 투표하지 않았던 사람들이 사전투표에 참여함으로써 투표율을 증가시켰는지, 혹은 어차피 본선거일에 투표할 사람들이 분산되는 효과만 가지기 때문에 실질적으로 투표율 상승을 가져오지는 않았는지에 대해서는 논란이 여전히 존재한다(가상준 2016; 강신구 2016).

더구나 투표율은 선거를 통해 선출된 공직자가 누리는 정치적 정당성(legitimacy)에 직접적으로 영향을 끼칠 수 있다. 예를 들어 2007년 대통령선거에서 이명박 후보는 48.7%의 득표율로 대통령에 당선되었지만, 당시 투표율이 63%에 그쳤다는 점을 고려한다면 한국 유권자의 고작 30% 남짓만이 이명박 후보를 대통령으로 선택했을 뿐이다. 그리고 선출직 공직가가 누리는 정치적 정당성은 당선 이후 그가 추진할 정책과 국정운영 방향에 대한 지지를 확보하는 데 중요한 의미를 가진다.

물론 투표율이 민주주의의 반응성(responsiveness)이나 정치적 정당성이라는 규범적 가치를 위해 중요하다는 점을 인정하더라도, 투표율 제고를 위한 개혁이 특정 정당에 유리하게 작용할 가능성으로 인해 부정적인 태도를 가질 수 있다. 사실 모든 유권자가 투표에 참여하여 투표율 100%를 달성한다면 선거 결과가 달라질 것인가라는 질문은, 현실에서 관찰할 수 없는 가상의 상황을 다룬다는 점에서 완벽하게 답을 찾는 것은 불가능하다. 그러나 설문조사를 사용하여 투표한 유권자와 투표하지 않은 유권자의 다양한 특성 및 정책 선호를 비교한 연구에 따르면 두 유권자 집단 사이의 차이는 생각보다 크지 않으며, 따라서 투표율이 극적으로 상승한다고 해서 반드시 특정—주로 사회경제적 지위가 낮은 유권자들이 지지하는—정당에게 유리하게 선거 결과가 뒤바뀐다는 근거는 찾아보기 어렵다(Citrin et al. 2003; Highton and Wolfinger 2001; 지병근 2012). 따라서 정치적 유불리에 대한 근시안적인 관점을 극복하고, 투표율 제고를 위한 제도적 개혁을 통해 민주주의의 반응성과 정당성, 나아가 대표성을 고양시키는 것이 필요하다.

Part 3

10장
투표 외 다양한 정치 참여

10장

투표 외 다양한 정치 참여

2016년 하반기 언론에 의해 국정농단 사태가 드러나고 2017년 3월 10일 헌법재판소가 박근혜 대통령의 탄핵을 최종적으로 결정하기까지의 일련의 과정은 1987년 민주화 이후 한국 정치가 경험한 가장 극적인 사건 중 하나라고 할 수 있다. 그리고 이 과정에서 가장 중요한 배역을 맡은 것은 촛불집회라고 불리는 대규모 시위였다. 2016년 10월 29일 개최된 첫 번째 집회를 시작으로 대통령 탄핵이 결정되기까지 총 19차에 걸쳐 진행된 촛불집회에는 주최 측 추산으로 누적 인원 1,500만 명 이상이 참여했으며, 엄청난 규모에도 불구하고 평화적 진행 과정과 그 속에서 참여자들이 보여준 성숙한 시민의식으로 국내외 언론의 극찬을 받기도 했다.

앞 장에서 다룬 투표가 일반 유권자 입장에서 정치에 참여할 수 있는 가장 일반적이고 대표적인 방법이기는 하지만, 결코 유일한 방법은 아니며 나아가 어쩌면 가장 효과적인 방법도 아닐 수 있다. 선거에 참여하여 투표하는 것이 한쪽 극단에 있다면 광장에 모여 촛불을 드는 행위가 다른 쪽 극단 가까이에 놓일 것이며, 그 사이에 유권자들이 정치에 참여하는 다양한 형태가 존재한다. 이러한 다양한 형태의 정치 참여는 투표 참여와는 다른 특징을 가지며, 따라서 참여자들의 모습도 몇 년에 한 번씩 돌아오는 선거에서 투표하는 것이 전부인 유권자와는 일정한 차이를 보일 수 있다. 그러나 이들 역시 대의제 민주주의의 운영에 참여하고 기여하고 있다는 사실에 있어서는 선거에 참여하여 대표자를 선출하고 심판하는 사람들과 마찬가지로 중요한 역할을 수행하고 있다.

1. 정치 참여의 유형

민주주의를 수식하는 가장 흔한 표현 중 하나는 주권이 국민으로부터 비롯된다는 것이다. 물론 주권을 행사하기 위해 우리 스스로가 정치인이 되어 직접 정치에 뛰어들 필요는 없다. 선거에 참여해서 나를 대표할 국회의원이나 대통령을 선출할 때, 불합리한 행정에 항의하기 위해 지역구 국회의원이나 공무원에게 이메일을 보낼 때, 지지하는 정당에 가입하여 활동하거나 소속 후보의 당선을 위해 주변 사람들을 설득할 때, 정치단체나 사회단체의 활동에 공감하여 자원봉사를 하거나 기부금을 낼 때, 우리 사회를 위해 필요한 법안의 통과를 촉구하는 서명운동이나 청원에 이름을 올릴 때, 윤리적으로 문제가 있는 기업의 상품에 대한 불매운동에 동참할 때, 그리고 부패한 정치인의 탄핵을 위해 촛불을 들 때, 이 모든 경우에 우리는 국민으로서 주권을 행사하고 있다.

정치 참여는 "정부의 정책과 행위에 영향을 끼치고자 하는 시민들의 자발적 활동"으로 정의할 수 있다(Verba and Nie 1972, p. 56). 정치 참여를 이렇게 이해한다면 선거에서 투표하는 것은 정치에 참여하는 수많은 방법 중 하나일 뿐이다. 그리고 이러한 다양한 형태(modes)의 정치 참여는 참여를 위해 요구되는 비용, 참여자의 선호에 대한 정보를 제공하는 정도, 그리고 정책결정자에게 가해지는 압력이라는 세 가지 기준으로 구분할 수 있다(Verba et al. 1995). 그리고 이 세 가지 기준 모두에 있어서 투표 참여는 다른 형태의 정치 참여와는 확연하게 구별된다.

먼저 투표는 가장 비용이 적게 들어가는 정치 참여의 형태이다. 유권자가 특별히 요구하거나 노력하지 않아도 선거는 주기적으로 실시되며, 유권자가 해야 하는 일은 주어진 선택지 중 하나를 선택하는 수동적 행위이다. 또한 선거에서 지지 후보를 결정하고 투표하기 위해서는 특별히 다른 유권자와의 협력이 필요하지 않다는 점에서 투표는 지극히 개인적인 형태의 정치 참여라고 할 수 있다. 반면에 다른 형태의 정치 참여는 참여자가 시간과 노력을 투자하여 참여의 기회를 능동적으로 만들어내야 한다는 점에서, 그리고 효과를 거두기 위해서는 다른 많은 참여자와의 상호작용과 협력이 필수적이라는 점에서, 상대적으로 더 높은 비용이 요구되는 행위이다.

두 번째로 선거에서는 많은 이슈가 동시에 다루어지기 때문에, 선거 결과를 통해서는 특정 사안이나 정책에 대해 유권자가 어떤 생각을 가지고 있는지 파악하기 어렵다. 반면에 다른 형태의 정치 참여는 주로 특정한 의제를 중심으로 진행되기 때문에, 참여자가 어떠한 생각과 선호를 가지고 있는지 명확한 정보를 정책결정자에게 전달할 수 있다. 세 번째로 투표 참여는 정책결정자에게 가해지는 압력에 있어서도 제한적인 효과를 가진다. 비록 선거 결과가 정부를 구성한다는 점에서 집합적인 차원에서는 결정적인 영향을 끼치지만, 유권자 개인은 한 표를 행사할 뿐이며 한 표가 가지는 정치적 영향력은 제한적이다. 반면에 다른 형태의 정치 참여는 한 개인이 제공할 수 있는 참여의 양에 있어 원칙적으로 한계가 없다. 예를 들어 나의 의지와 능력만 허락한다면 얼마든지 오래 자원봉사에 참여할 수 있고, 얼마든지 많은 정치자금을 기부할 수 있으며, 얼마든지 많은 집회나 시위에 참여할 수 있기 때문이다.

투표 참여 외 다른 형태의 정치 참여 사이에서도 차이는 존재하며, 이러한 차이 중 대표적인 것이 통상적(conventional)[55] 정치 참여와 비통상적(non-conventional) 정치 참여의 구분이다. 통상적 정치 참여는 공직자와 접촉하여 민원을 제기하거나 의회에 입법 청원을 제출하고, 혹은 정당 활동에 참여하거나 정치자금을 기부하는 등 의회나 정당과 같은 대의제 기구를 통한 정치 참여를 의미한다. 반면에 비통상적 정치 참여는 불매운동, 파업, 집회나 시위와 같이 대의제 기구의

55 다른 표현으로 제도적(institutional) 정치 참여라고 부르기도 한다.

매개 없이—그러나 여전히 합법적으로—이루어지는 정치 참여를 의미한다. 그리고 비통상적 정치 참여의 경우 참여자들을 조직하기 더 어려울 뿐만 아니라, 참여 과정에서의 기회비용 및 실패했을 때 치러야 하는 비용이 통상적 정치 참여에 비해서도 더 높기 마련이다.

투표 참여와 다른 형태의 정치 참여 사이의 차이가 의미하는 것은 각 형태의 정치 참여가 대의제 민주주의 하에서 서로 다른 역할을 수행하면서 그 운영에 기여하고 있다는 사실이다. 또한 투표는 선거가 실시되지 않는다면 애초에 참여의 기회가 주어지지 않는 반면에, 다른 형태의 정치 참여는 선거와 선거 사이의 시기에도 유권자의 선호를 표출하는 것을 가능하게 한다. 나아가 서구 민주주의 국가에서 의회와 정당과 같은 대의제 기구에 대한 유권자의 불만과 불신이 증가하면서, 투표 참여 나아가 통상적 정치 참여를 보완할 수 있는 아래로부터의 비통상적 정치 참여가 점점 활발해지고 있다.

특히 최근의 비통상적 정치 참여는 더 이상 사회적 약자나 소수자 집단의 전유물이 아니며, 대의제 민주주의의 틀 안에서 여론을 동원하고 정책결정자들에게 영향을 끼치기 위한 일상적인 정치적 수단이 되고 있다(Dalton 2008; Norris 2002). 그리고 이러한 변화에 크게 기여한 것 중 하나는 다름 아닌 뉴미디어의 발전이다. 온라인에서 벌어지는 정치적 상호작용은 물리적·시간적·심리적 제약이 약하다는 점에서 정치 참여를 위해 요구되는 비용을 대폭 줄여주는 효과를 가져왔다. 즉 인터넷과 SNS를 통해 사람들은 오프라인에서보다 훨씬 더 쉽고 자유롭게 자신들의 의견을 교환하고 정보를 수집할 수 있으며, 이 과정에서 자신과 비슷한 생각을 가진 사람들과 소통하고 네트워크를 형성할 수 있다. 결과적으로 뉴미디어는 적은 비용으로도 집단행동을 조직하고 실행할 수 있는 기반을 제공하며(송경재 2015, 2020), 이러한 집단행동은 단순히 온라인 공간에만 머무는 것이 아니라 오프라인으로 전이되어 나타날 수 있는 것이다.

2. 다양한 정치 참여와 참여자 유형

투표 참여에 비해 상대적으로 더 높은 비용이 요구된다는 점에서 다른 형태의 정치 참여에 적극적인 유권자의 비율이 일반적인 선거에서 관찰되는 투표율에 비해 낮게 나타나는 것은 자연스러운 현상이라고 할 수 있다. 〈그림 10-1〉에서는 제7차 세계가치조사(World value survey)에 참여한 몇몇 주요 국가들의 응답자 중에 공무원 접촉, 단체나 캠페인에 자금 기부, 탄원 혹은 진정서 서명, 그리고 보이콧, 시위, 파업 등에 참여한 경험이 있는지 물어본 결과를 보여주고 있다.

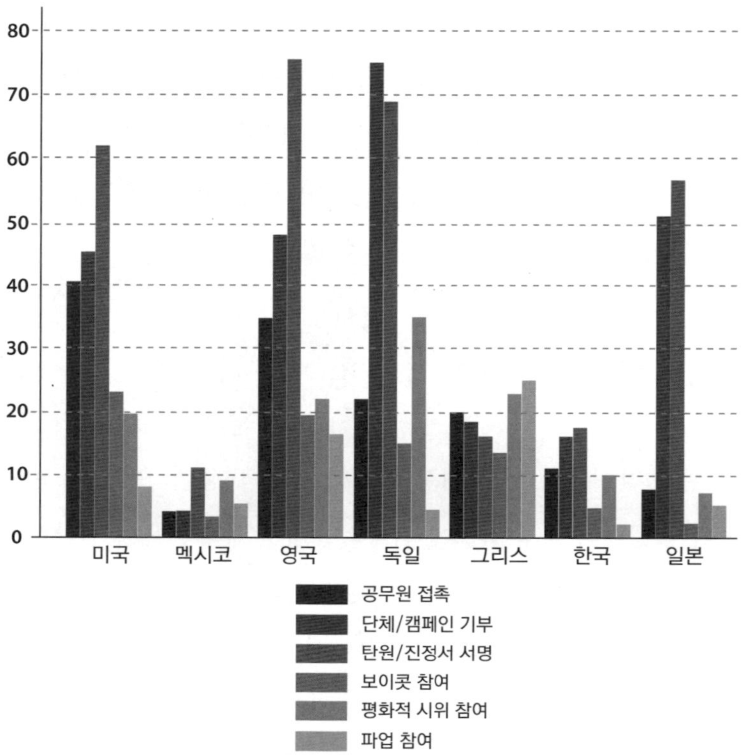

자료: 제7차 세계가치조사, 2017-2022

〈그림 10-1〉 다양한 형태의 정치 활동 참여 비율 (%)

결과에 따르면, 높은 비용에도 불구하고 상당히 많은 사람들이 여러 가지 형태의 정치 참여를 경험한 것으로 나타났다. 정치자금을 기부하거나 탄원 및 진정서에 서명한 경험이 있다고 대답한 비율이 가장 높았으며, 공무원을 접촉하여 자신의 의견을 전달하거나 민원을 제기한 경험이 있는 사람도 적지 않았다. 물론 세계가치조사의 문항이 특정한 기간을 설정하지 않는 방식으로 설계되어[56] 평생에 걸쳐

56 많은 설문조사에서 이와 유사한 문항은 "지난 1년 간 참여한 경험이 있

각각의 정치적 활동에 한 번이라도 참여한 경험을 묻다 보니, 〈그림 10-1〉의 참여율은 현실에서 체감하는 것과는 일정한 차이가 있다고 보아야 할 것이다. 그러나 이러한 점을 감안하더라도 비통상적 정치 참여에 해당하는 보이콧, 시위, 파업 등에 참여한 경험이 있다고 대답한 비율은 통상적 정치 참여의 경험이 있는 비율보다 상당히 낮은 수준이었다.

〈그림 10-1〉에서 한 가지 흥미로운 점은 국가별로도 다양한 형태의 정치 참여를 경험한 비율에 큰 차이가 존재한다는 점이다. 미국과 서유럽 국가의 유권자들은 다른 나라 유권자에 비해 다양한 형태의 정치적 활동에 참여한 비율이 훨씬 높은 것으로 나타났다. 특히 한국 유권자들은 바로 옆 나라인 일본과 비교했을 때에도, 투표를 제외한 다른 형태의 정치 참여에 상당히 소극적이라는 점을 확인할 수 있다.[57] 이와 같은 국가 간 차이는 유권자들이 얼마나 적극적으로 정치적 활동에 참여하는가에 있어서 각 국가의 역사적 경험이나 정치문화(political culture)가 상당히 중요하게 작용할 가능성을 보여주고 있다. 즉 민주주의의 역사가 길고 제도적으로 공고화된, 따라서 시민들이 성장 과정에서 정치 참여와 관련한 시민적 규범 및 민주주의에 대한

는지" 물어보는 것이 일반적이다.

57 비슷한 시기에 실시된 2018년 한국종합사회조사에서 "지난 1년 동안" 다음의 정치 참여를 경험한 적이 있느냐는 질문에 대해 그렇다고 대답한 비율도 〈그림 10-1〉과 크게 차이 나지 않는 수준이었다: 정치인 및 공무원 접촉(4.4%), 정치적·사회적 활동을 위한 기부 또는 모금(14.3%), 진정서 서명(18.3%), 정치적·윤리적·환경적 이유로 인한 상품의 불매 또는 구매(17.4%), 정치 모임이나 집회 참가(6.4%), 시위 참가(8.1%).

지지를 체화한 국가일수록, 투표뿐만 아니라 다양한 형태의 정치 참여에 적극적인 모습을 보인다는 것이다(Almond and Verba 1963; Dalton and Welzel 2013).

정치문화와 같은 거시적인 변수 외에도 여러 가지 요인들이 미시적인 차원에서 다양한 형태의 정치 참여에 적극적인 유권자와 그렇지 않은 유권자 사이의 차이를 가져올 수 있다. 그리고 투표 참여와 마찬가지로 다른 통상적 정치 참여에도 유권자 개인의 사회경제적 지위가 중요한 역할을 하는 것으로 알려져 있다(Dalton 2020; Verba et al. 1995). 교육 수준이 특히 중요한 역할을 하는데, 이는 투표 참여에 비해 다른 형태의 정치 참여는 정치과정에 대한 상당한 수준의 이해도와 함께 유권자의 주도적인 노력이 필요하기 때문이다. 유권자의 소득 수준 또한 정치자금 기부와 같이 재정적 기여를 통해 이루어지는 정치 참여를 중심으로 유의미한 영향을 끼친다. 또 한 가지 주목할 점은 투표 외 다른 형태의 정치 참여에서는 남성과 여성 사이의 참여 격차가 두드러진다는 사실이다(Burns et al. 2001). 남성에 비해 여성이 정치에 대한 관심도가 평균적으로 낮고, 전통적 사회규범이 여전히 남아 있는 상황에서 다양한 형태의 정치 참여를 위한 기회가 상대적으로 여성에게 덜 주어지는 경향이 있기 때문이다.

반면에 비통상적 정치 참여의 경우 참여 여부를 결정짓는 데 있어서 유권자의 사회경제적 지위가 가지는 중요성이 크게 하락한다. 역사적으로 대의제 기구로부터 소외된 유권자 집단이 집회나 시위, 파업과 같은 형태의 정치적 활동에 적극적으로 나서왔으며, 실제로 비통상적 정치 참여에 있어서는 사회경제적 지위가 높은 유권자와 낮은 유권자 사이의 차이는 크게 두드러지지 않는 경향이 있다. 즉 비통상적 정치 참여에 있어서 중요한 것은 참여자의 특성보다는 참여의 목표에 대한 선호 혹은 불만의 강도라는 것이다. 또한 연령에 따른 차이 역시 비통상적 정치 참여에서는 매우 약화되거나 때로는 역전되기도 한다. 특히 최근 인터넷과 SNS를 통한 활발한 커뮤니케이션에 기반하여 젊은 유권자들이 집회나 시위, 그리고 정치적 소비주의(political consumerism)에 적극적으로 참여하는 모습이 증가했다(Norris 2002; Dalton 2020). 다만 통상적 정치 참여에서 확인되는 성별에 따른 참여 격차는 비통상적 정치 참여에서 여전히 관찰된다.

유권자의 사회경제적 지위 대신에 비통상적 정치 참여에 큰 영향을 끼치는 요인은 다름 아닌 심리적인 요인이다. 무엇보다도 정치적 신뢰, 특히 의회와 정당과 같은 대의제 기구에 대한 신뢰가 낮은 유권자일수록 투표 참여나 통상적 정치 참여에는 소극적인 반면에 비통상적 정치 참여에는 오히려 적극적으로 나서는 경향이 있다(Hooghe and Marien 2013; Norris 2011). 정치적 효능감(political efficacy)[58] 역시 비슷한 역할을 할 수 있다. 일반적으로 높은 수준의 정치적 효능감은 유권자의 정치 참여를 이끌어내는 주요한 심리적 정향 중 하나로 여겨지지만, 비통상적 정치 참여의 경우 낮은 수준의 외적 효능감과 높은

58 정치적 효능감은 정치체제가 일반 유권자의 요구와 선호에 반응한다는 믿음을 의미하는 외적(external) 효능감과 정치에 참여하여 올바른 판단과 결정을 내릴 수 있는 유권자 자신의 능력에 대한 믿음을 의미하는 내적(internal) 효능감으로 구성된다. 이에 대해서는 다음 절에서 좀 더 자세히 논의한다.

내적 효능감이 결합된 "냉소적 활동가들(alienated activists)"이 오히려 적극적으로 참여할 수 있다(Craig 1980; Pollock 1983).

이러한 관점에서 흥미로운 가설은 경제적 불평등의 증가와 비통상적 정치 참여 사이의 관계이다. 사람들이 집회 및 시위와 같은 행동에 나서는 이유 중 하나가 경제적 상황 악화에 따른 불만(grivances)이라는 점은 일찍부터 알려져 있으며(Brady 2004; Gurr 1970), 실제로 2000년대 이후 유럽의 여러 국가에서 경제위기가 심화되면서 경제적으로 불만을 가진 계층을 중심으로 비통상적 정치 참여가 증가하는 현상이 발견되었다(Grasso and Giugni 2016; Kern et al. 2015).[59] 한국 유권자를 대상으로 한 최근의 연구도 계층상승이 어렵다는 인식이 하위 계층 유권자들 사이에서 투표참여를 감소시키지만 대신에 비통상적 참여는 증가시키며, 반면에 상위 계층 유권자들 사이에서는 동일한 인식이 투표참여의 증가와 비통상적 참여의 감소로 이어진다는 점을 보여주고 있다(장승진·장한솔 2020). 불평등이 증가하고 계층이동성이 감소하는 현상이 전 세계적으로 나타나고 있다는 점에서, 그리고 이러한 경제적 변화에 대응하는 것은 결국 유권자의 정치 참여를 통해서 이루어질 수밖에 없다는 점에서, 경제적 양극화가 비통상적 정치 참여 혹은 정치 참여 전반에 어떠한 변화를 가져오는가는 앞으로 지속적으로 다루어져야 할 중요한 문제이라고 할 수 있다.

이상의 논의는 비록 대의제 기구를 통하지 않음에도 불구하고 비

59 반면에 경제적 불평등이 전반적으로 정치 참여를 감소시키며, 비통상적 정치 참여를 특별히 증가시킨다는 증거가 존재하지 않는다는 주장도 있다(Solt 2008, 2015).

통상적 정치 참여가 대의제 민주주의 하에서 차지하는 의의와 중요성을 다시 한번 보여주고 있다. 첫 번째로 유권자의 사회경제적 지위가 가지는 영향력이 약하다는 사실은 비통상적 정치 참여에서는 사회경제적 불평등이 정치적 불평등으로 이어지는 정도가 약하다는 것을 의미한다. 두 번째로 정치적 신뢰 및 효능감, 나아가 경제적 불평등과 비통상적 정치 참여 사이의 관계가 의미하는 것은, 이러한 형태의 정치 참여가 대의제 기구를 통해서는 제대로 표출되기 어려운 생각과 목소리가 아예 배제되거나 혹은 합법적 정치과정 외부로 벗어나 버리는 상황을 예방함으로써 역설적으로 대의제 민주주의의 안정에 기여하고 있다는 것이다.

3. 촛불집회를 통해 본 한국인의 비통상적 정치 참여

2002년 11월 한 네티즌의 제안에 화답하여 약 1만여 명의 시민들이 미군 장갑차에 의해 목숨을 잃은 두 여중생을 추모하기 위해 광화문 광장에 모인 이후, 촛불집회는 한국인들의 독특한 정치 참여의 형태로 자리 잡았다. 촛불집회가 등장한 배경으로는 첫 번째로는 유권자들의 선호와 참여 욕구를 매개하지 못하는 정당정치의 취약성 및 대의민주주의 제도의 한계와 함께, 두 번째로 정보통신기술의 발전으로 시민들이 자발적으로 네트워크를 형성하고 이를 통해 집단행동의 문제를 극복할 수 있는 환경이 존재한다. 결과적으로 2004년 노무현 대통령 탄핵 사태와 2008년 미국산 소고기 수입을 둘러싼 논란, 2013년 세월호 참사 등 중요한 정치적·사회적 사건이 발생할 때마다 수많은 유권자들이 촛불을 들고 광장에 모임으로써 자신의 생각과 의견을 표현하곤 했다.

물론 촛불집회와 같은 비통상적 정치 참여를 한국만의 독특한 현상으로 간주할 수는 없다. 실제로 2000년대 이후 정부의 정책에 항의하는 대규모 시위는 선진국과 후진국 혹은 민주주의 국가와 권위주의 국가를 가리지 않고 발생하고 있으며, 그 빈도와 규모 역시 이전 시기에 비해 크게 증가하였다(Carothers and Youngs 2015). 특히 민주주의의 확산과 교육 수준의 상승으로 인해 높아진 유권자들의 정치적 기대와 실제 정부의 실적과 성과 사이의 괴리, 즉 민주주의 결핍(democratic deficit)이 만성화된 것이 유권자들의 직접행동이 증가한 중요한 원인이라고 할 수 있다(Norris 2011). 그리고 2016~7년 한국의 촛불집회 또한 이러한 전 세계적인 흐름을 반영한다고 할 수 있다.

그렇다면 구체적으로 어떠한 요인들이 수많은 유권자들로 하여금 촛불을 들고 광장으로 나서도록 이끌었는가? 촛불집회 참여자들의 인구통계학적 그리고 정치적 특성을 살펴보기 위해 2017년 3월에 실시한 설문조사를 살펴보고자 한다. 이 자료는 헌법재판소의 탄핵 결정으로 촛불집회가 마무리된 직후에 지역과 연령, 성별을 기준으로 전국할당표집을 통해 응답자를 무작위로 선정했다는 점에서, 촛불집회 참여자를 구분하고 참여를 이끈 동인을 파악하는 데 다른 자료에 비해 장점을 가진다.

1,000명의 응답자 중 촛불집회에 한 번이라도 참여한 경험이 있다고 대답한 비율은 26.4%로 나타났으며, 참여자의 약 60% 정도가 두 번 이상 참여했다고 응답했다. 〈표 10-1〉은 응답자의 인구통계학적 특성 및 이념성향에 따라 촛불집회에 참여한 경험이 어떻게 달라지는지 보여주고 있다.

〈표 10-1〉 촛불집회 참여자의 특징 (%, N=1,000)

		참여 경험 있음	참여 경험 없음
전체 응답자		26.40	73.60
성별	남성	28.83	71.17
	여성	24.07	75.93
연령대	19~29세	37.50	62.50
	30~39세	28.25	71.75
	40~49세	29.58	70.42
	50~59세	22.89	77.11
	60세 이상	17.43	82.57
교육수준	고교 졸업 이하	21.64	78.36
	대학 재학 이상	30.73	69.27
월평균 가구소득	200만 원 미만	25.00	75.00
	200~300만 원	25.29	74.71
	300~400만 원	22.93	77.07
	400~500만 원	30.98	69.02
	500~600만 원	29.81	70.19
	600만 원 이상	26.06	73.94
이념성향	진보	40.59	59.41
	중도	23.15	76.85
	보수	9.90	90.10
2012년 대선 투표 여부	투표했음	26.39	73.61
	투표하지 않았음	26.45	73.55

자료: 명지대 미래정치연구소(2017).

〈표 10-1〉는 앞 절에서 일반적으로 비통상적 정치 참여에 영향을 끼치는 요인으로 논의했던 내용을 뒷받침하고 있다. 우선 사회경제적 지위의 영향력이 두드러지지 않다. 비록 고졸 이하 학력을 가진 사람들에 비해 대학교 재학 이상의 학력을 가진 사람들 사이에서 촛불집회 참여 경험이 더 높은 비율로 나타나기는 했지만, 소득 수준과 관련해서는 이러한 경향이 발견되지 않았다. 나아가 연령의 영향력은 일반적인 정치 참여와는 반대로 나타나서 오히려 연령이 낮을수록 촛불집회에 참여한 비율이 늘어난다는 사실을 확인할 수 있다. 성별과 관련해서 여성에 비해 남성 유권자들 사이에서 촛불집회 참여자들의 비율이 다소 높았지만, 그 차이가 유의미하다고 할 정도로 크지는 않았다.

마지막으로 이념성향별로 촛불집회 참여 경험을 살펴보면, 본인이 진보적인 성향을 가지고 있다고 대답한 응답자의 40% 정도가 참여한 경험이 있다고 대답하여 중도나 보수 성향 응답자에 비해 훨씬 높은 비율을 기록하였다. 다시 말해서 촛불집회가 비민주적이고 무능한 정부에 대한 항의로서 출발했음에도 불구하고, 이와 동시에 당파적인 성격도 어쩔 수 없이 함께 가지고 있었다는 것이다. 또한 2012년 대통령선거에서 투표했는가 여부는 촛불집회 참여에 아무런 영향을 끼치지 않았으며, 이는 비통상적 정치 참여의 참여자들이 선거와 같은 대의제 민주주의에서 특별히 소외된 유권자에 국한되지 않는다는 사실을 보여주고 있다.

그렇다면 촛불집회에 참여한 유권자들은 그렇지 않은 유권자들에 비해 정치적 태도에 있어서 어떠한 차이를 보이는가? 여기에서는 응답자의 외적·내적 정치적 효능감과 정치적 신뢰 등 세 가지 정치적 태도에 초점을 맞추어 살펴보았다. 먼저 외적 효능감은 정치체제의 반응성(responsiveness)에 대한 믿음을 나타내며, 보다 구체적으로는 "나 같은 사람들은 정부가 하는 일에 대해 어떤 영향도 주기 어렵다"와 "정부는 나 같은 사람들의 의견에 관심이 없다"는 두 질문에 동의하는 정도를 4점 척도로 측정하여 사용하였다. 내적 효능감의 경우 정치에 참여하고 의사결정을 내리기 위한 스스로의 능력과 자질에 대한 믿음을 의미하며, 보다 구체적으로 "나는 한국이 당면하고 있는 중요한 정치 문제를 잘 이해하고 있다"와 "대부분의 한국 사람은 정치나 행정에 대해 나보다 잘 알고 있다"는 두 질문에 동의하는 정도를 사용하였다. 두 가지 효능감은 각각 두 질문에 대한 대답의 평균값을 사용하였으며 값이 커질수록 높은 수준의 효능감을 의미한다.

응답자의 정치적 신뢰는 (행)정부, 국회, 법원, 그리고 정당 등 대의제 민주주의를 구성하는 핵심적인 기관에 대한 제도적 신뢰를 사용하여 측정하였다. 각 기관에 대해 응답자들은 0–10까지의 11점 척도를 사용하여 신뢰하는 정도를 대답했으며, 정치신뢰는 네 기관에 대한 신뢰도의 평균값을 사용하였다. 그리고 〈표 10–2〉에서는 촛불집회 참여자와 비참여자들이 외적·내적 정치적 효능감과 정치적 신뢰에 있어서 어떠한 차이가 있는지 보여주고 있다.

〈표 10-2〉 촛불집회 참여 경험에 따른 정치적 태도의 차이

	참여 경험 있음	참여 경험 없음	차이에 대한 *t*-test
외적 정치효능감	2.015	2.004	0.233
내적 정치효능감	2.805	2.639	5.008*
정치적 신뢰	2.688	3.147	-3.582*

$^{*}p < 0.05$.

촛불집회에 참여한 경험이 있는 응답자들은 그렇지 않은 사람들에 비해 내적 정치효능감이 유의미하게 높았지만 정치적 신뢰는 거꾸로 유의미하게 낮은 것으로 나타났다. 반면에 외적 효능감에 있어서는 촛불집회 참여자들과 그렇지 않은 사람들 사이에 유의미한 차이가 발견되지 않았다. 다시 말해서 촛불집회에 참여 여부를 가르는 주요 변수는 정치적 태도의 차이이며, 특히 스스로의 정치적 능력과 자질이 대의제 기구에 대한 낮은 신뢰와 결합했을 때 유권자들이 촛불집회와 같은 비통상적 정치 참여에 적극적으로 나선다는 것이다.

물론 〈표 10-2〉의 결과는 다소 신중하게 받아들일 필요가 있다. 특정한 시점에 한 번 실시된 설문조사를 사용해서는 과연 정치적 신뢰가 낮은 사람들이 촛불집회에 참여한 것인지, 아니면 촛불집회에 참여한 경험이 참여자의 정치적 신뢰를 하락시킨 것인지 구분할 수 없기 때문이다. 그러나 이러한 한계에도 불구하고 최소한 〈표 10-2〉의 결과는 높은 내적 정치효능감과 낮은 정치적 신뢰의 조합이 비통상적 정치 참여와 분명하게 유의미한 상관관계를 가지고 있다는 사실을 보여주고 있다. 다시 말해서 대의민주주의 정치과정이 정상적으로

작동하지 않는다고 생각할 때 정치적 능력과 자질을 갖춘 유권자들이 비통상적 정치 참여를 통해 자신들의 의사와 요구를 표출하게 되며, 이는 현대 정치의 정상적인 모습이라고 할 수 있다.

Part 4

Part 4

비록 밀폐된 기표소에서 한 표를 던지는 것 자체는 지극히 개인적인 행위이지만, 정작 그러한 선택이 이루어지는 선거는 특정한 정치적 환경과 제도 아래에서 진행된다. 유권자가 투표용지에 기재된 이름 중 하나를 선택하여 기표한다는 동일한 행위를 하더라도 어떤 이름이 어떠한 맥락에서 투표용지에 올라가는지 그리고 그렇게 모인 표가 어떻게 합산되어 선거 결과로 이어지는지에 따라 유권자의 선택이 가지는 의미는 달라질 수 있다는 것이다. 다시 말해서 유권자가 왜 참여하고 어떻게 선택을 내리는가에 대해 지금까지 논의한 내용은 그러한 참여와 선택이 이루어지는 정치적 환경과 제도의 변화와 함께 달라질 수 있다.

이러한 의미에서 이어지는 두 장에서는 최근 한국을 비롯한 많은 민주주의 국가들이 경험하고 있는 (부정적인) 정치적 변화에 대해서 살펴본다. 첫 번째로 다룰 주제는 당파적 양극화이다. 원래부터 선거는 상대와 경쟁하여 승리를 거두기 위한 싸움이지만, 최근 상대 정당이나 그 지지자를 바라보는 유권자들의 시선에 변화가 발생하고 있다. 상대 정당에 대한 반감이 커지고 반면에 지지하는 정당에 대한 애착과 호감이 강해지면서, 결과적으로 지지하는 정당과 상대 정당 사이에 느끼는 정서적 차이가 벌어지는 현상이 나타난 것이다. 이러한 당파적 양극화의 원인과 결과에 대해 검토함으로써 정치적 경쟁이 점점 적대적이고 극단화되는 상황에서 유권자의 행태가 어떠한 변화를 겪게 되는지 이해할 수 있다. 두 번째로 살펴볼 주제는 민주주의에 대한 유권자들의 태도이다. 최근 각국에서 포퓰리즘이 득세하고 민주주의가 후퇴하는 현상이 발생하면서, 일반 유권자들이 민주주의를 어떻게 인식하고 평가하는지가 가지는 중요성이 새롭게 제기되고 있다. 민주주의에 대한 어떠한 태도가 포퓰리즘적 행태를 보이는 정당과 후보에 대한 지지로 이어지는지, 그리고 이들의 정치적 영향력 확대가 대의제 민주주의의 발전과 관련하여 어떠한 함의를 가지는지 살펴본다.

마지막 장에서는 선거제도에 대해 논의하면서 이 책을 마무리한다. 전 세계적으로 다양한 선거제도가 사용되고 있으며, 한국에서도 국회의원 선거제도 개혁을 둘러싼 논란이 현재 진행형이다. 어떤 선거제도를 채택하는가는 의석을 할당하는 방식에 따라 특정 정당에게 유리하거나 불리하게 작용할 뿐만 아니라, 유권자가 후보를 평가하고 선택하는 기준에 영향을 줌으로써 간접적으로도 선거 결과에 차이를 가져올 수 있다. 물론 모든 선거제도는 나름의 장단점을 가지며, 따라서 선거제도 개혁에 대한 정답은 존재하지 않는다. 다만 선거제도의 대략적인 구분과 각 유형의 선거제도가 가져오는 정치적 효과를 살펴봄으로써, 앞으로 한국이 지향해야 할 선거제도의 모습을 점치는 데 도움을 얻을 수 있을 것이다.

Part 4

11장
당파적 양극화

11장

당파적 양극화

2022년 제20대 대통령선거에서 경쟁한 이재명, 윤석열 두 후보는 공통적으로 본인과 가족이 연관된 수많은 논란과 구설수를 겪었으며, 선거 과정 내내 '역대급 비호감 경쟁'이 진행되었다. 후보의 도덕성과 자질을 둘러싸고 제기된 여러 가지 의문에도 불구하고 진보와 보수 양 진영은 지지 후보를 중심으로 총결집하여 77.1%라는 높은 투표율을 기록했으며, 결국 0.73%p라는 역대 가장 작은 득표율 차이로 결과가 갈렸다. 선거가 끝난 직후 실시된 한 여론조사에 따르면 이재명 후보에게 투표한 유권자 중 가장 많은 비율은 '상대 후보가 싫어서'를 투표 이유로 꼽았으며, 같은 이유는 윤석열 후보에게 투표한 유권자 중에서도 '정권 교체'에 이어 두 번째를 기록하였다.

2022년 대통령선거, 그리고 이후 윤석열 정부하에서 벌어진 여러 가지 경험은 한국 정치의 양극화가 이미 상당한 수준에 도달했다는 사실을 잘 보여주고 있다. 양대 정당이 극단적으로 대립하고, 승리를 위해서 상대방은 어떻게든 깎아내리면서 우리 편의 잘못에는 눈감고, 그 과정에서 필요하다면 얼마든지 민주주의의 규범과 규칙을 편법으로 우회할 수 있다. 유권자들 사이에서도 온라인과 오프라인을 가리지 않고 자신과 정치적 입장이 다른 정당이나 그 지지자에 대한 혐오와 증오의 표현을 여과 없이 쏟아내는 모습을 쉽게 찾아볼 수 있다. 상대 정당은 이제 국정운영을 위한 협력 대상이 아니라 반드시 무찔러야 할 적이며, 상대 정당의 지지자들에게 필요한 것은 대화와 토론이 아니라 교화와 갱생일 뿐이다.

1. 당파적 양극화: 개념과 현상

정치가 양극화되었다는 표현은 일상적으로 사용되지만, 정확하게 어떠한 현상을 지칭하는가에 대해서는 개념적 혼란이 존재한다. 일반적으로 정치적 양극화는 정치인이나 일반 유권자들이 서로 적대시하는 두 진영으로 갈라지는 현상을 지칭한다. 그런데 최근 우리가 경험하는 정치적 양극화는 정당을 중심으로 진행된다는 점에서 당파적(partisan) 양극화라고 할 수 있다. 즉 서로 다른 정당에 소속된 정치인들 사이의, 혹은 서로 다른 정당을 지지하는 유권자들 사이의 차이와 갈등이 증가하고 있다는 것이다.

당파적 양극화는 두 가지 차원에서 나타날 수 있다. 첫 번째는 서로 다른 정당을 지지하는 사람들 사이의 이념적 차이가 증가하는 현상을 나타내는 이념적 양극화(ideological polarization)이다. 보수적인 유권자는 점점 더 보수적이 되고 진보적인 유권자는 진보적인 이념성향을 점점 더 강하게 띠는, 즉 각 정당의 지지자들이 더 극단적인 이념성향을 표출하게 되는 현상이다. 결과적으로 이념적 스펙트럼의 중간에 위치한 중도파의 규모가 감소하게 된다. 두 번째로 정서적 양극화(affective polarization)는 유권자가 자신이 지지하는 정당에 대해 가지는 호감과 상대 정당에 대해 가지는 반감 사이의 차이가 증가하는 현상을 의미한다. 이념적 양극화의 심화가 정서적 양극화를 초래할 수 있지만(Rogowski and Sutherland 2016; Webster and Abramowitz 2017), 경우에 따라서는 두 정당 지지자 사이의 이념적 차이에 별다른 변화가 없어도 정서적 양극화가 심해지는 경우도 존재한다(Levendusky and Malhotra 2016a). 이념적 양극화가 정서적 양극화와 밀접한 관계를 가지는 것은 사실이지만, 그럼에도 불구하고 두 유형의 양극화는 이론적으로나 경험적으로나 구분되어야 하는 별개의 현상이라는 것이다.

일반 유권자들 사이에서 관찰되는 이념적 양극화의 수준에 대해서는 다소 논란의 여지가 있는 가운데, 많은 연구는 다양한 민주주의 국가가 정서적 양극화의 심화를 경험하고 있다는 점에 대해 동의하고 있다(Garzia et al. 2023; Gidron et al. 2020; Reiljan 2020; Westwood et al. 2018; Wagner 2021). 여기에서는 당파적 양극화를 가장 심하게 경험하고 있으며, 따라서 관련 연구가 가장 활발하게 이루어지고 있는 미국의 사례를 통해 당파적 양극화 현상을 좀 더 자세히 살펴보도록 한다.

1) 미국의 당파적 양극화

미국에서 지난 40여 년 동안 의원을 비롯한 정치엘리트 수준에서 이념적 양극화가 진행되었다는 점에 대해서는 대부분이 동의한다. 과거에는 민주당 내에 보수 성향의 의원이 그리고 공화당 내에 진보 성향의 의원이 상당수 공존했지만, 시간이 흐르면서 이러한 의원들의 숫자가 꾸준히 줄어들었다. 결과적으로 이제는 미국 의회에서 중도파 의원을 찾아보기 어려우며, 가장 보수적인 민주당 의원이 가장 진보적인 공화당 의원보다 더 진보적인 태도를 취하고 있다는 것이다(McCarty et al. 2006).

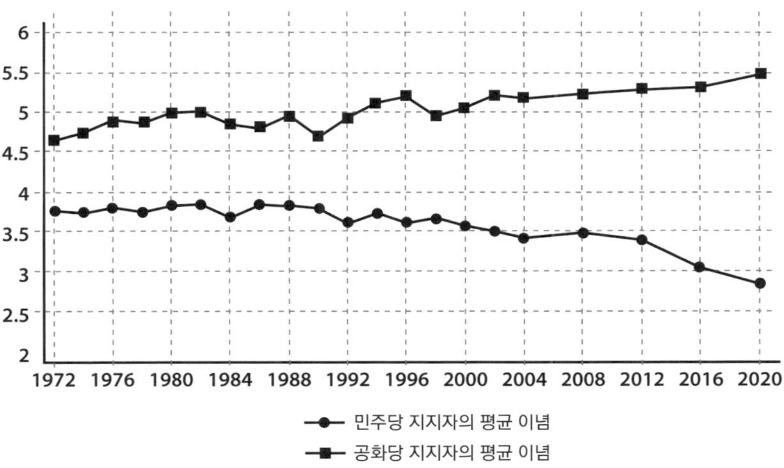

자료: American National Election Studies, cumulative file, 1948-2020.

〈그림 11-1〉 미국 정당 지지자의 이념 성향 변화

반면에 일반 유권자 사이에서도 마찬가지의 이념적 양극화가 나타났는지에 대해서는 논란의 여지가 존재한다. 우선 〈그림 11-1〉은 민주당 지지자의 이념 성향과 공화당 지지자의 이념 성향 사이의 차이가 시간이 흐름에 따라 점점 커졌다는 증거를 제시하고 있다. 이념 성향은 매우 진보를 의미하는 1부터 매우 보수를 의미하는 7까지에 이르는 7점 척도를 사용하여 측정되었으며, 각 정당의 지지자 별로 평균값이 어떻게 변화했는지 보여주고 있다. 1990년대 중반까지는 양 정당의 지지자들의 평균적인 이념 성향에 큰 변화가 없었지만, 1990년대 중반 이후 민주당 지지자들은 점점 더 진보적으로 변화하는 반면에 공화당 지지자들은 조금씩 보수적인 방향으로 움직이는 것을 확인할 수 있다. 결과적으로 1970년대에 비해 2020년에 와서는 민주당 지지자와 공화당 지지자 사이의 이념적 차이가 상당히 벌여졌다.

〈그림 11-1〉이 미국 유권자들 사이에서 이념적 양극화가 진행되었다는 주장을 뒷받침한다면(Abramowitz and Saunders 1998, 2008), 〈그림 11-2〉는 그럼에도 불구하고 전체 유권자들 사이에서 이념 성향이 극단화되거나 중도층이 눈에 띄게 줄어들지는 않았다는 증거를 보여주고 있다(Fiorina et al. 2006). 그림에 따르면 2000년과 2020년 사이에 중도 성향의 유권자 비율이 다소 감소한 것은 사실이지만, 2020년에도 여전히 절반이 넘는 유권자가 다소 진보와 다소 보수 사이에 위치하는 등 전체적으로 미국 유권자들이 이념적으로 극단적인 성향을 보인다고 판단할 근거는 약하다는 것이다.

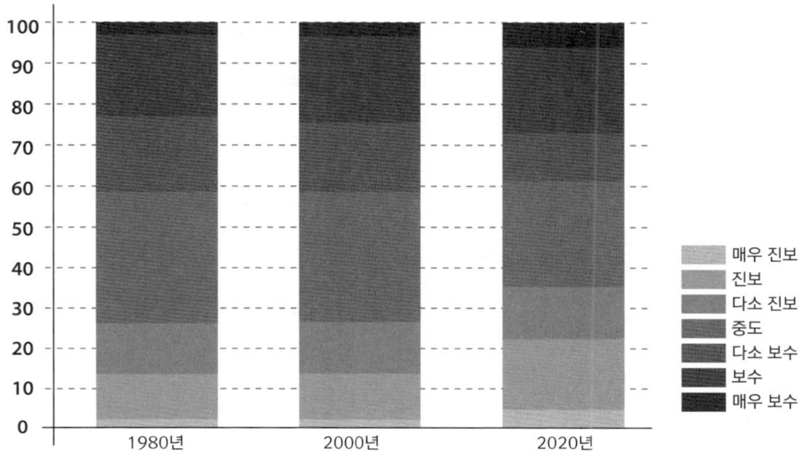

자료: American National Election Studies, cumulative file, 1948–2020.

〈그림 11–2〉 미국 유권자의 이념 성향 분포의 변화 (%)

이념 성향의 전반적인 분포에는 커다란 변화가 없음에도 불구하고 민주당과 공화당 지지자 사이의 이념적 차이가 점점 벌어진 원인은 무엇인가? 많은 연구는 이러한 현상의 원인으로 당파적 배열(partisan sorting)을 꼽는다. 당파적 배열은 유권자의 이념 성향과 지지하는 정당 사이의 연계가 강화되는 현상을 의미한다(Levendusky 2009). 다시 말해서 과거에는 상대적으로 보수 성향을 가졌으면서도 민주당을 지지하는, 혹은 상대적으로 진보 성향을 가졌으면서도 공화당을 지지하는 유권자가 상당수 존재했다면, 이러한 유권자들이 지난 40여 년 간 자신의 이념 성향에 더 부합하는 정당으로 지지 정당을 옮겨갔다는 것이다. 이러한 변화가 발생한 배경은 정치엘리트 수준에서 이념적 양극화가 진행되면서, 어떤 정당이 어떠한 이념 성향을 대표하는지 더 명확한 신호가 유권자들에게 전달되었다는 점을 들 수 있다(Hetherington 2001). 즉 정치엘리트들 사이의 이념적 양극화를 명확하게 인식하게 된 유권자들이 자신의 이념 성향에 부합하는 정당으로 스스로를 다시 '배열'하였다는 것이다. 결과적으로 각 정당의 지지자들이 비슷한 성향을 가진 사람들로 채워지면서, 민주당 지지자와 공화당 지지자들 사이의 이념적 차별성이 두드러지게 되었다.

당파적 배열과 그로 인한 두 정당 지지자 간 이념적 차별성의 증가는 정서적 양극화가 심화되는 중요한 계기를 제공하였다. 사회 정체성 이론에 따르면(Tajfel 1981; Tajfel and Turner 1979), 인간은 효율적인 의사결정을 위해 몇 가지 주요 속성을 기준으로 사람들을 사회집단의 범주로 분류하고(social categorization) 자신이 속한 집단의 속성을 자신의 것으로 내재화한다(social identification). 이와 같은 과정은 자신과 같은 집단에 속한 사람들에 대한 우호적인 감정(in-group favoritism)과 다른 집단에 속한 사람들에 대한 부정적 감정(out-group antagonism)을 자연스럽게 수반하게 되며, 이러한 감정은 집단 내 동질성이 강화될수록 그리고 집단 간 차별성이 커질수록 더욱 커지게 된다.

정당에 대한 태도 역시 유사하다. 특정 정당에 대한 지지를 개인의 사회 정체성의 일부로 이해한다면(Huddy et al. 2015; Huddy et al. 2018; West and Iyengar 2022; 장승진·하상응 2022), 자신이 지지하는 정당에 대해 호감을 가지고 상대 정당에 대해 반감을 가지는 것은 자연스러운 결과라고 할 수 있다. 그런데 당파적 배열의 결과 정당 내 이념적 동질성과 정당 간 이념적 차이가 커지면서,[60] 유권자들 사이에서 지지 정당에 대한 호감 및 상대 정당에 대한 반감이 점차 커지게 되었다는 것이다. 그리고 〈그림 11-3〉은 이러한 정서적 양극화의 증거를 보여주고 있다.

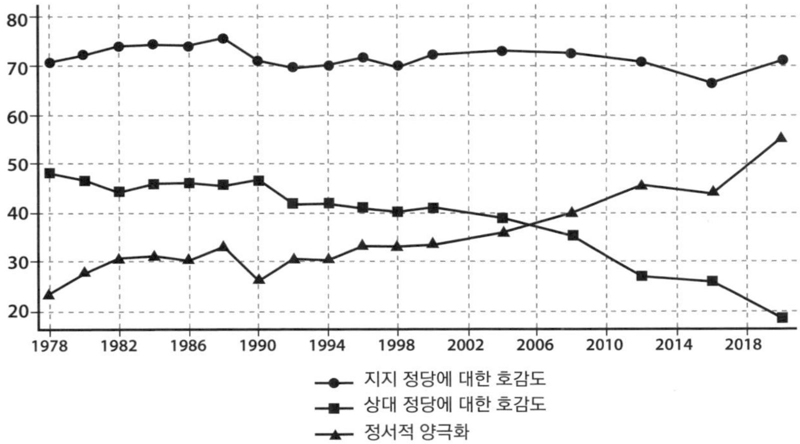

자료: American National Election Studies, cumulative file, 1948-2020.

〈그림 11-3〉 미국 정당 지지자의 정서적 양극화 (%)

일반적으로 정당에 대한 호감도는 감정온도계(feeling thermometer)라고 불리는 0~100점 척도를 사용하여 측정된다. 감정온도계는 50점을 중심으로 숫자가 커질수록 해당 정당에 대해 더 따뜻한 감정—즉 호감—을 느낀다는 것을 의미하다. 〈그림 11-3〉은 민주당과 공화

60 나아가 당파적 배열의 결과 각 정당의 지지자들이 비슷한 생각을 가진 사람들로 채워지면서, 각 정당의 지지자들은 상대 정당과의 이념적 차이를 실제보다도 더 크게 인식하는 경향이 있다(Levendusky and Malhotra 2016b; 이준호·강우창 2025).

당 지지자들이 자신이 지지하는 정당과 상대 정당에 대해 느끼는 호감도와 함께 두 호감도 사이의 차이를 보여주고 있다. 결과에 따르면 지난 40여 년 동안 미국 유권자들 사이에서 자신이 지지하는 정당에 대한 호감도에는 큰 변화가 없었지만, 상대 정당에 대해 느끼는 감정은 지속적으로 악화되었다. 1970년대에는 자신이 지지하지 않는 정당에 대해서 중립적인 감정을 느꼈지만, 최근에 와서는 상대 정당에 대한 호감도가 절반 이하로 하락하였다. 결과적으로 지지 정당과 상대 정당 사이에서 느끼는 정서적 양극화는 시간이 흐름에 따라 지속적으로 커졌다는 사실을 쉽게 확인할 수 있다.[61]

2) 한국의 당파적 양극화

최근 들어 한국에서도 당파적 양극화를 우려하는 목소리가 현실 정치와 학계를 가리지 않고 매우 빈번하게 제기되고 있다. 정치에 조금이라도 관심을 가지고 있는 사람이라면 주위에서 양극화된 정치를 보여주는 사례를 손쉽게 찾아 나열할 수 있을 것이다. 그러나 정작 한국 정치에서 관찰되는 양극화가 어떠한 형태로 그리고 어느 정도의 수

61 정서적 양극화는 기본적으로 정당 지지자들이 자신이 지지하는 정당과 상대 정당을 어떻게 생각하는가에 대한 것이라는 점에서, 이와 관련한 논의에서 무당파 유권자들은 종종 언급되지 않는다. 그러나 무당파라고 해서 전반적인 당파적 양극화의 영향에서 자유롭지 않다. 실제로 한 연구에 따르면 당파적 양극화가 심해지면서, 무당파 유권자들 역시 정당 간 차이를 명확하게 인식하며, 두 정당 사이에서 양가적(ambivalent) 감정을 느끼는 경우가 줄어들고, 지지 후보를 변경하지 않는 등, 과거의 정당 지지자와 크게 다르지 않은 행태를 보이는 것으로 나타났다(Smidt 2017). 다시 말해서 당파적 양극화가 무당파 유권자의 규모를 감소시키지 않더라도, 이들의 행태에는 분명한 변화를 가져올 수 있다는 것이다.

준으로 나타나고 있는지에 대해서는 생각보다 잘 알려져 있지 않다.

한국에서도 지난 20여년 간 정치엘리트 수준에서 이념적 양극화가 심화되어 왔다는 점에 대해서는 이론의 여지가 별로 없다. 역대 국회의원 당선자들을 대상으로 실시한 설문조사에 따르면, 2000년대 들어 진보–보수의 이념성향이 주요한 정치적 갈등축으로 대두된 이래로 한국 주요 정당 소속 국회의원들 사이에서 이념적·정책적 차이는 지속적으로 커져왔다(강우창 외 2020; 박윤희 외 2016). 그러나 이와 동시에 유권자 수준에서는 엘리트 수준의 양극화에 상응하는 이념성향 및 정책선호의 변화가 나타나고 있다는 증거는 찾아보기 어렵다(이내영 2011; 정동준 2018).

〈그림 11–4〉는 2004년 이후 매 총선 직후 실시된 설문조사를 사용하여 전체 한국 유권자들 사이에서 스스로의 이념성향이 진보, 중도, 보수라고 생각하는 사람들의 비율이 어떻게 변화해 왔는지 보여주고 있다. 이념성향은 매우 진보를 의미하는 0점부터 매우 보수를 의미하는 10점까지의 척도로 측정되었으며, 편의상 0~4점은 진보, 5점은 중도, 그리고 6~10점은 보수로 구분하였다. 2008년 이후로 보수 성향 유권자의 비율이 감소하고 대신에 진보 성향 유권자의 비율이 증가하고 있음에도 불구하고 특별히 중도 성향 유권자의 비율이 감소하는 모습이 보이지는 않는다. 이어서 〈그림 11–5〉는 동일한 자료를 사용하여 지지 정당에 따른 평균적인 이념성향의 변화를 살펴보았다. 2000년대 중반에 비해 2024년 현재 민주당 계열 정당 지지자들이 다소 진보적인 방향으로 움직였으며, 결과적으로 양대 정당 지

지자 사이의 이념적 차이가 다소 멀어진 것은 사실이다. 그러나 전체적으로 한국 유권자들이 지지 정당에 따라 이념적으로 극단적인 모습을 보인다고 하기는 어렵다고 할 수 있다.

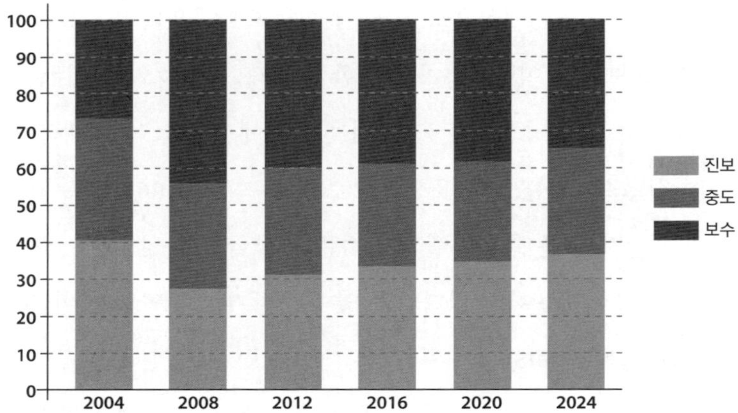

자료: 한국정치학회(2004, 2008, 2012b, 2026, 2020, 2024)

〈그림 11-4〉 한국 유권자의 이념 성향 분포 (%)

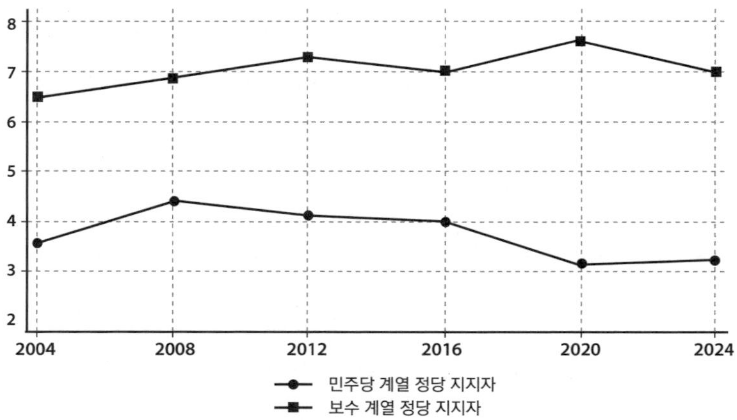

자료: 한국정치학회(2004, 2008, 2012b, 2026, 2020, 2024)

〈그림 11-5〉 한국 주요 정당 지지자의 이념 성향 변화

그렇다면 정서적 차원에서 한국의 주요 정당 지지자들은 어느 수준으로 양극화를 경험하고 있는가? 〈그림 11-6〉은 0~10점의 감정온도계를 사용하여 민주당 계열 정당 및 보수 계열 정당 지지자들이 지지 정당과 상대 정당에 대해 느끼는 호감도, 그리고 두 호감도 사이의 차이로 측정된 정서적 양극화 수준을 보여주고 있다. 결과에 따르면 정서적 양극화는 2000년대 초반 이미 높은 수준에 달해 있었다. 돌이켜보면, 당시는 노무현 대통령에 대한 탄핵 시도를 비롯하여 여야 정당 간 갈등과 대립이 극심한 시기였으며 이에 따라 여야 정당 지지자 간 정서적 양극화 또한 상당했을 것이라고 예상된다. 이후 2010년대 중반까지 한국 유권자의 정서적 양극화 수준은 다소 감소하는 모습을 보이다가, 2016~7년 박근혜 대통령에 대한 탄핵 사태를 지나면서 다시 증가하는 모습을 보인다. 결과적으로 2024년 현재 정서적 양극화 수준은 20여 년 전과 비슷하게 높은 수준에 다시 도달하였다.

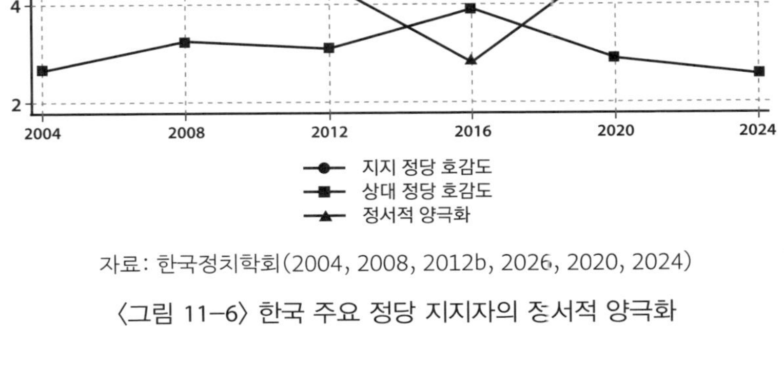

자료: 한국정치학회(2004, 2008, 2012b, 2016, 2020, 2024)

〈그림 11-6〉 한국 주요 정당 지지자의 정서적 양극화

물론 〈그림 11-6〉에서 나타나는 현재 한국 유권자의 정서적 양극화 수준을 어떻게 평가할 것인가는 관점에 따라 달라질 수 있다. 한편으로는 2000년대 초반과 비슷한 수준이라는 점에서, 최근 한국 정치의 양극화가 심각한 수준으로 악화되고 있다는 언론과 학계의 우려가 다소 과장되었다고 볼 수 있다(강우창·이준호 2024). 그러나 다른 한편으로는 최소한 2016년 이후로는 정서적 양극화가 지속적으로 증가하고 있을 뿐만 아니라, 최근의 변화는 유권자의 지지 정당과 이념성향 및 정책선호 사이의 연계가 강화되는 당파적 배열 현상과 상응하여 발생하고 있다는 점에서(김성연 2023; 정동준 2018) 과거의 양극화와는 질적인 차이를 가지고 있다고 볼 수도 있다. 더구나 최근 주요 정당 지지자들이 지지하는 정당에 대해 그리고 상대 정당에 대해 느끼는 정서는 정당의 후보 공천 절차 및 당원 구조와 관련한 제도적 변화(윤왕희 2022)와 맞물려 있다는 점도—비록 비슷한 수준이라고 하더라도—과거와는 상당히 다른 의미를 가진다고 해석할 여지가 있다.[62]

2. 정서적 양극화의 원인과 결과

앞 절에서 논의했듯이, 정서적 양극화가 심해진 첫 번째 원인은 당파적 배열의 결과 정당 내 이념적 동질성과 정당 간 이념적 차별성

62 비슷한 맥락에서 문우진(2024)은 선거를 치르기 위한 인적·재정적 자원을 제공하는 당원 및 열성 지지자의 영향력을 확대하는 정치제도 개혁이 소위 '집토끼'에 대한 의존성을 증가시켜 두 정당의 이념 양극화를 초래했다고 주장한다.

이 커졌다는 점에 있다. 유권자의 지지 정당과 이념성향 및 정책선호가 일치하게 되면서, 지역, 종교, 세대 등 다른 정치적으로 유의미한 정체성 역시 마찬가지로 당파적 정체성에 수렴하게 되었다. 결과적으로 각 정당의 지지자들이 비슷한 생각을 하는 사람들로 채워지면서—설사 자신의 이념 성향 자체는 변화하지 않더라도—상대 정당 및 그 지지자를 바라보는 유권자들의 태도가 점차 부정적으로 변화했다는 것이다(Mason 2015, 2018).

미디어 환경의 변화 또한 정서적 양극화를 심화시키는 데 중요한 역할을 했다. 과거 케이블TV와 인터넷의 등장, 그리고 최근 소셜미디어의 발달을 거치면서 미디어를 통해 유통되는 정보의 종류와 출처가 매우 다양해졌다. 미디어 사용자들이 자신의 성향에 맞은 정보를 취사선택할 여지가 매우 커졌으며, 따라서 유권자들은 다양한 의견을 접하기보다는 비슷한 내용과 성향의 정보에 반복적으로 노출될 가능성이 커지게 되었다(Iyengar & Hahn 2009). 또한 미디어 선택권의 확대는 정보를 생산하는 입장에서도 더 자극적이고 당파적인 메시지를 만들어냄으로써 소비자의 관심과 선택을 받으려고 노력할 유인을 증가시킨다(Baum & Groeling 2008; Sobieraj & Berry 2011). 결과적으로 미디어의 양과 종류가 증가하고 자신의 성향에 맞는 정보를 선택적으로 접할 수 있게 되면서 정서적 양극화가 증가했다는 것이다[63](Lelkes et

63 나아가 온라인 상에서 당파적 미디어를 소비하는 사람들이 정치에 관한 대화가 오가는 오프라인 네트워크에 참여하여 자신이 접한 정보를 퍼트린다는 점에서, 당파적 미디어의 영향력은 단순히 직접적인 소비자들에게만 국한되지 않을 수 있다(Druckman et al. 2018).

al. 2017; Levendusky 2013; Prior 2013; 박지영 2022; 장승진·한정훈 2021).

그렇다면 정서적 양극화의 심화는 어떠한 결과를 가져왔는가? 정서적 양극화의 심화는 일차적으로 유권자가 정치적 이슈를 인식하고 평가하는 방식에 변화를 가져올 수 있다. 동기화된 사고(motivated reasoning) 이론에 따르면 개인이 정보를 처리하는 과정에는 정확한 결론을 도출하기 위하여 새로운 정보를 균형적으로 검토하려는 정확성 목표(accuracy goals)만 작동하는 것이 아니다. 정확성 목표와 더불어, 기존에 이미 가지고 있는 믿음이나 관점을 지지 혹은 정당화하는 편향적 방식으로 새로운 정보를 검토하도록 이끄는 방향성 목표(directional goals)가 함께 작용하기 때문이다(Kunda 1990). 보다 구체적으로, 방향성 목표의 활성화는 기존의 믿음에 부합하는 정보만을 선별적으로 채택하게 하거나, 기존의 믿음이나 자신이 원하는 결론에 부합하지 않는 정보에 대해서는 무시하거나, 혹은 기존의 믿음이나 자신이 원하는 결론에 부합하도록 재해석하도록 만든다(Lodge and Taber 2013).

앞서 3장에서 논의한 것과 같이, 특정 정당에 대해 일체감을 가진 유권자가 자신의 당파적 성향에 부합하는 정보를 선택적으로 수용하는 경향이 있는 것도 동기화된 사고의 작동을 반영하는 것이다. 그리고 이와 같은 동기화된 사고는 정서적 양극화 수준이 높을수록 더욱 강화될 수 있다. 당파적 정체성과 다른 주요한 정체성 사이의 일관성이 강할수록, 결과적으로 지지 정당에 대한 감정적 편향이 강할수록, 정보처리 과정에서 방향성 목표가 활성화될 가능성이 높아진다는 것이다. 이는 정치적 대상에 대한 감정적 평가가 사전에 강하게 존재할 때, 새롭게 획득한 정보를 그 평가와 부합하는 방향으로 처리하려는 경향이 나타나기 때문이다(Morris et al. 2003; Redlawsk 2002). 결과적으로 정서적 양극화는 유권자들이 정치적 이슈를 객관적으로 평가하기보다는 자신이 지지하는 정당에 유리하게 해석하거나, 혹은 정책적 실패의 책임을 상대 정당에게 일방적으로 전가하려는 경향을 더욱 강화시킬 수 있다.

나아가 정서적 양극화의 심화는 당파적이지 않을 수 있는 이슈까지 당파적으로 인식·해석하도록 이끌 수 있다. 예를 들어 정서적 양극화가 심화될수록 집권당을 지지하지 않는 유권자들은 정부에 대해 무조건적인 불신을 보이며, 이러한 모습은 정부의 반응성이나 선거를 통한 정치적 책임성 확보에 부정적인 영향을 끼치게 된다(Hetherington and Rudolph 2015; 길정아 2019). 또한 최근 몇몇 연구는 높은 수준의 정서적 양극화가 유권자들 사이에서 민주주의 원칙과 규범에 대한 지지를 약화시키는 한편, 집권당을 지지하는 유권자들 사이에서 정부의 비민주적 행태을 용인함으로써 민주주의를 후퇴시킬 수 있다는 점을 보여주고 있다(Graham and Svolik 2020; Kingzette et al. 2021; Orhan 2022).

정서적 양극화의 심화는 정치 참여와 관련해서도 중요한 함의를 가진다. 우선 정치적 양극화의 심화는 정치 참여의 증가로 이어질 수 있다. 상대 정당에 대한 반감이 높을수록 자신이 지지하는 후보의 선거 승리와 정책적 성공을 위해 더 적극적으로 정치에 관심을 가지고 참여할 유인이 생겨나는 것은 자연스러운 현상이라고 할 수 있다(Hetherington 2008). 그러나 문제는 이러한 참여의 증가가 반드시 긍정적이지만은 않을 수 있다는 점이다. 상대 정당 및 후보에 대한 반감이 정치 참여 및 선택의 주요 동인이 될수록, 정작 자신이 지지하는 후보의 능력과 자질에 대한 객관적 평가에 대해서는 눈감게 될 가능성이 크기 때문이다(Iyengar and Krupenkin 2018). 또한 정서적 양극화를 강하게 경험하는 유권자가 적극적으로 참여하는 배후에는 정당 간 이념적 차이에 대한 더 극단적인 인식과 함께, 선거 결과를 유권자 자신의 개인적 승리나 패배로 받아들이는 태도가 있기 때문이다(Ward and Travits 2019). 비슷한 맥락에서 지지 정당에 대한 감정적 선호가 극단화될수록 정당 민주주의에 대한 지지 및 당내 이견에 대한 관용도가 감소한다는 증거도 존재한다(장승진·장한일 2022).

흥미로운 점은 정서적 양극화의 심화가 가져오는 효과가 반드시 정치적인 영역에만 국한되지 않으며, 사람들이 일상에서 내리는 다양한 선택에도 영향을 끼칠 수 있다는 사실이다. 예를 들어, 데이트 상대를 고르거나 동업자나 직원을 채용할 때, 혹은 장학금 수령자를 선발할 때와 같이 일상적인 선택을 내리는 경우조차 정서적 양극화의 정도가 높은 사람일수록 상대방이 어떤 정당을 지지하는지를 더욱 심각하게 고려하는 경향이 있다(Huber and Malhotra 2017; Iyengar and Westwood 2015; Lelkes and Westwood 2017). 특히 일부 연구는 시민들이 자신과 다른 정당을 지지하는 사람들을 지적인 측면에서 열등한 존재로 비인간화(dehumanization)하는 등 정서적 양극화가 비정치적 영역에 끼치는 영향력이 이미 심각한 상태에 이르렀다고 경고하고 있다(Martherus et al. 2019; Pacilli et al. 2016; 장승진·장한일 2020).

3. 정서적 양극화 완화 방안

정서적 양극화가 여러 가지 부정적인 결과를 초래한다면, 자연스럽게 이어지는 질문은 과연 정서적 양극화를 완화할 수 있는 방안은 무엇인가이다. 물론 정서적 양극화의 심화는 정치엘리트와 일반 유권자를 포괄하는 전반적인 정치적 환경의 변화에서 비롯된다는 점에서 개인적인 노력이나 일시적인 개입을 통해 눈에 띄는 효과를 기대하기는 어렵다. 그럼에도 불구하고 정서적 양극화로 인한 부작용을 완화하기 위한 방안을 찾기 위한 다양한 연구가 계속되고 있다.

첫 번째로 서로 다른 정치적 입장을 가진 사람들로 구성된 사회적 네트워크 안에서 이루어지는 대화와 토론이 자신과 다른 생각을 가진 사람에 대한 이해와 관용도에 긍정적인 영향을 끼친다는 점은 일찍부터 잘 알려져 있다(Mutz 2002, 2006; Price, Cappella, and Nir 2002). 정서적 양극화가 심해지는 주요한 원인 중 하나가 자신의 당파적 성향에 부합하는 매체와 정보에만 선택적으로 노출되는 것이라는 점은 이미 지적한 바 있다. 따라서 의식적으로 다양한 관점과 의견에 노출되는 것이 상대 정당의 지지자들을 이해하고 나와는 다른 생각을 존중하는 태도를 기름으로써, 궁극적으로 정서적 양극화 완화에 기여할 것으로 예상할 수 있다.

두 번째로 각 정당의 지지자에 대해서 가지는 선입견을 교정하는 것도 상대 정당에 대한 반감을 완화하는 효과가 있다. 예를 들어 미국에서 실시된 한 실험에 따르면(Ahler and Sood 2018), 민주당과 공화당 지지자들은 어떤 사람들이 주로 상대 정당을 지지하는가에 대해 상당한 오해와 선입견을 가지고 있으며 이러한 오인(misperception)은 상대 정당 지지자들이 나와는 다른, 따라서 정치적으로 받아들이기 어려운 집단으로 구성되어 있다는 생각을 불러일으킨다. 그리고 이러한 오인을 교정하는 것은 상대 정당을 이념적으로 덜 극단적인 집단으로 인식하도록 하는 동시에 정서적 반감 역시 완화시켜 주는 것으로 나타났다.

세 번째 방안은 유권자의 정치적 정체성에서 정당이 차지하는 비중을 줄여주는 것이다. 서로 다른 정치적 입장을 가지고 서로 다른 정당을 지지하는 사람들이라고 해도 결국은 국가라는 하나의 정치적 공동체의 구성원이라는 점은 부정할 수 없다. 따라서 국가라는 보다 상위의 정체성을 강조하는 것은 외-집단(out-group)으로 인식하던 상대 정당 지지자들을 내-집단(in-group)으로 재범주화하는 효과를 가져올 수 있으며, 결과적으로 상대 정당 지지자에 대한 정서적 반감을 완화시켜 줄 수 있다. 실제로 한 연구는(Levendusky 2018) 미국인이라는 상위의 정체성이 강조되는 경우 민주당과 공화당 지지자 사이에 형성되었던 정서적 양극화가 현저하게 감소한다는 점을 확인하였다.[64]

64 반면에 서로 다른 정당 지지자들이 국가 정체성을 서로 다른 방식으로 이해할 수 있기 때문에, 상위 정체성을 강조하는 것으로는 정서적 양극화를 완화할 수 없다는 주장도 존재한다(Bell et al. 2021; Dawkins and Hanson 2024). 또한 한국에서 실시된 비슷한 실험 역시 한국인이라는 정체성을 강조해도 정서적 양극화가 유의미하게 줄어들지 않았다는 결

마지막으로 정서적 양극화 완화를 위해서는 정치권의 노력 역시 필요하다. 유권자들이 정당에 대해 생각할 때 가장 먼저 떠오르는 것은 다른 무엇보다도 그 정당 소속의 주요 정치인들이며, 따라서 여야 정치인들이 대화와 타협을 통해 문제를 해결하려는 모습을 보일 때 정서적 양극화가 완화될 수 있다. 실제로 서로 다른 정치인들이 협력하는 모습에 노출된 유권자는 그렇지 않은 유권자에 비해 상대 정당에 대한 정서적 반감을 덜 표출한다는 실험 결과가 제시된 바 있다(Huddy and Yair 2020; 최준영·박상희·구본상 2024). 마찬가지로 미디어가 정당 간 갈등과 협력의 사례를 어떻게 보도하는가가 해당 국가의 정서적 양극화 수준에 유의미한 영향을 끼친다는 증거도 존재한다(Santoso 2024).

여야 정당 간 협력을 통해 정서적 양극화가 줄어들 수 있다는 사실은 초당파주의(bipartisanship)를 장려—혹은 강제—하는 방향으로 선거 및 의회제도를 개혁하는 것이 유권자 사이의 당파적 양극화 완화를 위해 중요한 역할을 할 수 있다는 것을 의미한다. 예를 들어 선거제도의 비례성을 높여 다당제를 유도하고 양대 정당 간 대립과 갈등을 조정하는 제3당의 역할을 강화하는 것이나, 혹은 정당 간 연합정부(coalition government) 구성과 운영을 활성화하는 제도를 마련하는 등의 방안을 생각할 수 있다. 이러한 제도적 개혁은 정당 간 협력의 유인구조에 변화를 가져옴으로써 보다 근본적인 차원에서 정서적 양극화 완화에 기여할 수 있다.

과를 보고하고 있다(최준영·박상희·구본상 2024).

Part 4

12장

민주주의에 대한 태도

12장

민주주의에 대한 태도

2016년 제45대 미국 대통령선거에서 공화당의 트럼프가 대다수의 예상을 뒤엎고 승리하였다. 트럼프는 대선 후보가 처음으로 맡은 공직일 정도로 정치적 경험과 경력이 전무할 뿐만 아니라, 여성과 이민자에 대한 편견과 비하를 공공연하게 드러내는 등 선거 과정 내내 수많은 논란과 구설수를 몰고 다녔다. 그러나 기성 정치권에 대한 뿌리 깊은 불신과 불만, 그리고 미국의 경제구조 및 인종 구성의 변화에 적응하지 못한 백인 유권자의 분노가 결합하면서 역사상 유례가 없는 후보를 세계 최강대국의 지도자로 선출한 것이다.

그리고 4년 뒤 트럼프 대통령이 재선에 실패하자, 지지자 수천 명이 선거 결과가 조작되었다는 음모론을 주장하며 의회에 폭력적으로 난입하고 의사당을 점거하는 초유의 사태를 일으켰다. 트럼프 대통령은 시위대의 폭력을 오히려 조장하는 모습을 보여서 의회로부터 두 번째로 탄핵 소추되었으며, 결국 차기 대통령의 취임식에도 참석을 거부하며 임기를 마무리했다. 다시 4년 뒤, 트럼프는 90여 건에 가까운 범죄 혐의로 재판을 받는 와중에도 공화당 대선 후보 경선에서 압도적으로 승리하여 다시 한번 대선에 출마하였다. 세 번째 대통령선거 출마에서도 트럼프를 둘러싼 논란과 구설수는 여전했지만, 결국 제47대 대통령으로 화려하게 백악관으로 복귀하였다.

트럼프의 등장과 몰락, 그리고 재등장하는 모습은 우리가 당연하게 받아들여 온 민주주의가 얼마나 허약하고 후퇴하기 쉬운지 보여준다. 이와 같이 쿠데타와 같은 외부의 충격 없이도 민주주의가 내부로부터 서서히 무너지는 민주주의 퇴행(democratic backsliding) 현상은 미국만의 독특한 경험에 그치지 않는다. 유럽과 중남미 여러 국가에서 민주적인 절차를 거쳐 합법적으로 집권한 이들이 심판을 매수하고 경쟁자를 제거하며 게임의 규칙을 자의적으로 변경하는 방식으로 민주주의를 서서히 허물어뜨리는 모습이 관찰된다(Levitsky and Ziblatt 2018). 그리고 최근 윤석열 정부에서 우리가 겪은 경험은 한국 또한 예외가 아니라는 점을 보여주고 있다(권혁용 2023).

정치문화(political culture)에 대한 고전적인 연구(Almond and Verba 1963) 이후 많은 연구에 따르면, 민주주의 원칙과 가치에 대한 대중들의 광범위한 지지야말로 민주주의의 발전과 공고화의 핵심적인 조건이다. 이를 뒤집어 이야기하면, 민주주의 제도와 규범이 약화되는 가장 근본적인 배경은 결국 일반 유권자들 사이에서 민주주의에 대한 평가와 지지가 악화되었기 때문이라고 할 수 있다. 유권자들이 정치적 이해관계를 민주주의의 가치보다 우선시하고, 당파적 이익을 위해 정치인과 후보의 비민주적인 언행과 정책을 용인하는 것이야말로 정치 지도자들이 민주주의 퇴행을 불러일으킬 수 있는 조건을 만들어낸다는 것이다. 다시 말해서 민주주의 퇴행이 발생하는 원인은 유권자들이 퇴행적인 정치인과 후보를 선택하고 지지하기 때문이다. 마찬가지 맥락에서 민주주의 퇴행을 저지하고, 민주주의 회복력(democratic resilence)을 복원하기 위한 가장 중요한 조건 역시 민주주의에 대한 유권자들의 이해와 태도를 개선하는 것이라고 할 수 있다.

1. 민주주의에 대한 평가와 지지

과연 민주주의 국가에서 살아가는 일반 유권자들은 민주주의에 대해 어떠한 생각을 가지고 있는지 알아보기 위해 여기에서는 2017년부터 2020년에 걸쳐 실시된 제7차 세계가치조사(World Value Survey)와 2017년 유럽가치조사(European Value Survey) 자료를 살펴보고자 한다. 제7차 세계가치조사는 전 세계에 걸쳐 총 66개 국가에서 실시되었으며, 2017년 유럽가치조사는 37개 유럽 국가들을 대상으로 실시되었을 정도로 다양한 국가에 걸쳐 사람들이 정치 및 사회에 대해 어떠한 생각을 가지고 있는지 살펴보기 위한 좋은 기회를 제공한다. 다만 여기에서는 지면 관계상 한국을 포함하여 비교 대상이 될 수 있는 12개 국가만을 선별하여 살펴보았다.

가장 먼저 살펴볼 것은 각국의 유권자들은 자신들이 경험하고 있는 민주주의에 대해 어떻게 평가하고 있는가이다. 응답자들은 먼저 자신의 국가가 얼마나 민주적으로 통치되고 있다고 생각하는지 '전혀 민주적으로 통치되고 있지 않다'를 의미하는 1점부터 '완전히 민주적으로 통치되고 있다'를 의미하는 10점까지의 척도를 사용하여 대답하였다. 이어서 자국의 민주주의에 대해 얼마나 만족하는지에 대해서 마찬가지의 10점 척도를 사용하여 대답하였다. 〈그림 12-1〉은 두 질문에 대한 응답의 국가별 평균값을 보여주고 있다.

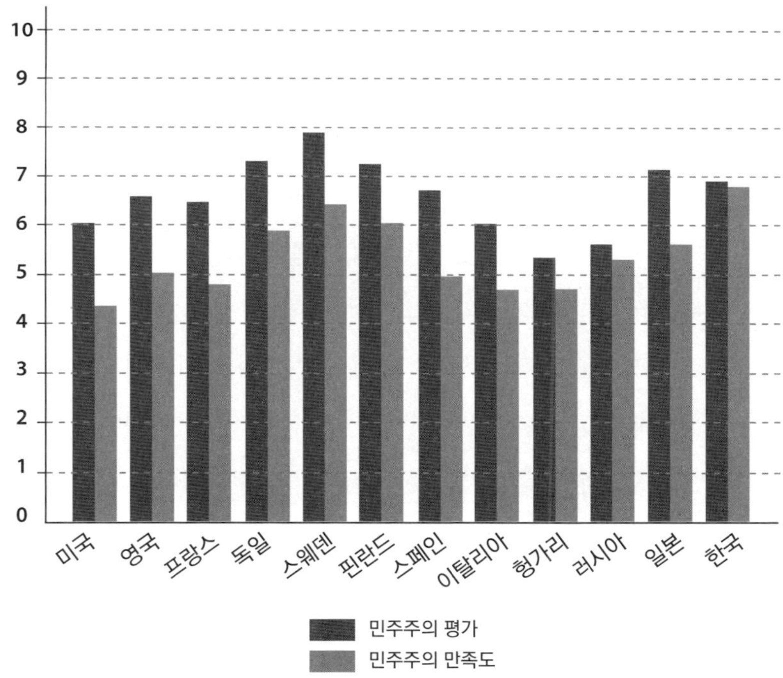

자료: World Value Survey 2017-2020 & European Value Survey 2017, joint file.

〈그림 12-1〉 주요 국가에서 민주주의에 대한 평가와 만족도

〈그림 12-1〉에 따르면 12개 국가의 응답자들은 자국의 민주주의 수준에 대해 평균 6.1점 그리고 자국의 민주주의에 대한 만족도에 있어서 평균 5.2점을 부여하여 그리 높게 평가하지는 않은 것으로 나타났다. 스웨덴이나 핀란드 등 북유럽 국가에서 자국의 민주주의에 대해 상대적으로 긍정적으로 평가하는 것으로 나타났으며, 러시아나 헝가리 등 동구권 국가에서 평가가 특히 낮게 나타났다. 물론 〈그림 12-1〉의 자료는 응답자들의 주관적인 평가이며, 따라서 일반적으로 민주주의 수준을 측정하는 국제 지표에 따른 순위와 반드시 일치하지는 않을 수 있다.

어차피 현실에서 경험하는 민주주의에 대해 그리 높게 평가하지 않는다면 민주주의의 가치와 필요성에 대해서도 미적지근한 태도를 보일 수 있다. 그러나 〈그림 12-2〉에 따르면 모든 국가에서 유권자 대부분이 민주주의의 가치와 필요성에 대해서는 높은 지지를 보내는 것으로 나타났다. 각국의 응답자들이 민주주의 국가에서 사는 것이 얼마나 중요하다고 생각하는지 '전혀 중요하지 않다'를 의미하는 1점부터 '매우 중요하다'를 의미하는 10점까지의 척도를 사용하여 대답하였다. 대부분의 국가에서 유권자들은 민주주의의 가치와 필요성에 대해 평균적으로 8점 이상의 높은 지지를 보내고 있으며, 가장 낮은 점수를 부여한 러시아와 한국 유권자들도 평균 7점대를 기록하였다. 즉 각국의 유권자들은 민주주의의 현실에 대한 평가보다 훨씬 높은 수준으로 민주주의의 가치와 필요성에 대한 지지를 보이는 것이다.

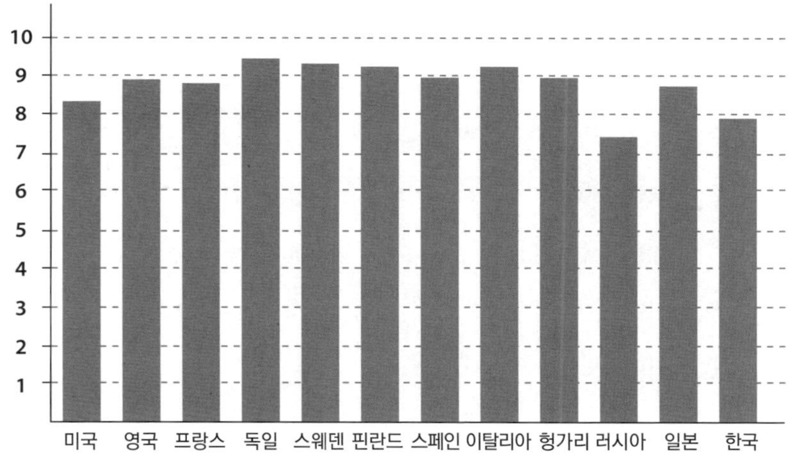

자료: World Value Survey 2017-2020 & European Value Survey 2017, joint file.

〈그림 12-2〉 주요 국가에서 민주주의에 대한 지지

유권자의 대부분이—현실에서 나타나는 여러 가지 한계에도 불구하고—민주주의의 가치와 필요성에 대해 높은 지지를 보낸다는 것은 분명히 바람직한 현상이다. 그러나 문제는 추상적인 원칙으로서 민주주의를 지지하는 것이 반드시 민주주의를 구성하는 구체적인 제도와 절차에 대한 수용과 존중을 의미하지는 않는다는 사실이다. 이와 관련한 대표적인 사례가 바로 민주주의 정치과정에 대한 태도이다.

민주주의는 다양하고 때로는 서로 충돌하는 생각과 의견들이 합의점을 찾아가는 과정이라고 할 수 있다. 따라서 일차적으로는 자신과는 다른 생각과 의견에 대한 관용이 요구되며, 합의를 만들어가는 과정에서 수반되는 시간과 노력, 그리고 비용을 감내해야만 한다. 나아가 다양한 난관을 극복하고 이루어진 합의의 결과는 애초 어느 쪽도 원하지 않았던 어중간한 타협에 그치는 경우도 많다. 다시 말해서 민주주의 정치과정은 순응 비용(conformity costs)을 낮추기 위해 의도적으로 상당한 거래 비용(transaction costs)를 부과하는 체제라고 할 수 있다.[65] 여기에서 문제가 되는 지점은 얼마나 많은 유권자들이 민주주의가 발생시킬 수밖에 없는 거래 비용을 기꺼이 지불할 의지를 가지고 있는가이다.

실제로 몇몇 연구들은 생각보다 많은 유권자들이 추상적인 원칙으로서의 민주주의를 지지함에도 불구하고 정작 민주주의 의사결정을 위한 거래 비용을 지불할 의사는 없는 '스텔스 민주주의자(stealth democrats)'에 해당한다고 주장한다(Hibbing and Theiss-Morse 2002). 스텔스 민주주의자들은 민주주의가 수반하는 이견과 갈등을 비효율적이고 불필요한 비용으로 간주하며, 대신에 강력한 지도자에 의한 일방적인 결정이나 선출되지 않은 전문가들에 의한 결정과 같이 민주주의 원리에 어긋나더라도 더 신속하고 효율적인 의사결정을 선호한다. 한 걸음 더 나아가 스텔스 민주주의자들은 자신들의 당파적 이해관

65 거래 비용은 의사결정과정에서 최종적인 결론을 도출하기 위해 치러야 하는 비용이며, 순응 비용은 자신의 선호와 다른 결론을 수용해야 하기 때문에 치러야 하는 비용을 의미한다. 거래 비용과 순응 비용은 서로 반비례 관계에 있으며, 더 많은 구성원의 입장을 반영하려고 노력할수록 거래 비용은 증가하는 반면 순응 비용은 감소한다. 예를 들어 한 명의 독재자가 모든 결정을 마음대로 내리는 체제에서는 거래 비용이 0에 수렴하는 반면에, 독재자를 제외한 모든 사람이 순응 비용을 지불해야 한다. 반면에 만장일치제는 모든 사람이 동의하는 결과만 가능하다는 점에서 순응 비용이 0에 수렴하는 반면에, 결론에 도달하기 위한 거래 비용은 무한대로 증가할 수 있다.

계를 관철할 수 있다면, 민주주의 규범과 규칙을 편법적으로 왜곡하는 정치인들까지도 지지할 용의가 있다(Bloeser et al. 2022; Graham and Svolik 2020; Simonovits et al. 2022).

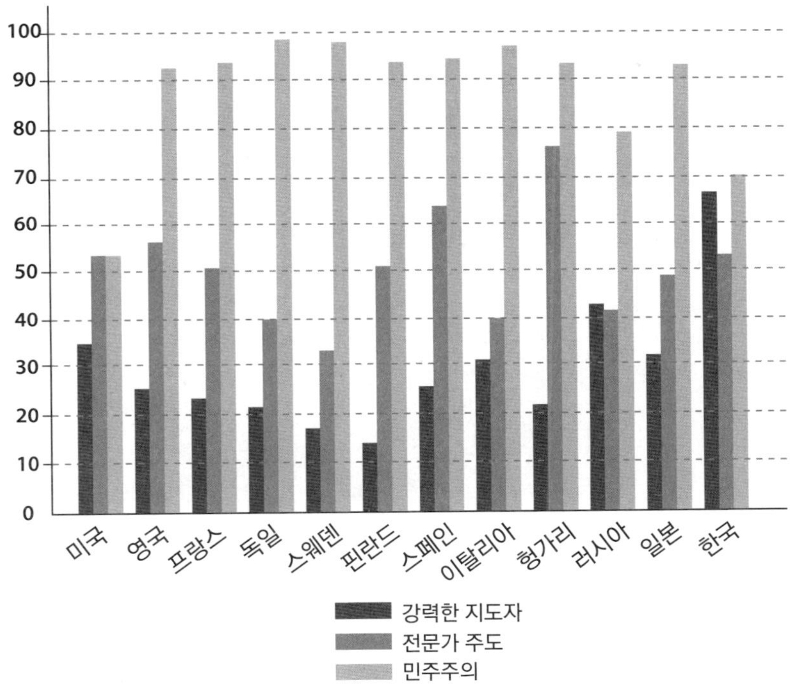

자료: World Value Survey 2017-2020 & European Value Survey 2017, joint file.

〈그림 12-3〉 다양한 정치 체제에 대한 선호 (%)

스텔스 민주주주의자들의 존재는 〈그림 12-3〉에 의해서도 확인된다. 12개 국가 응답자를 대상으로 '의회와 정당에 개의치 않는 강력한 지도자가 다스리는 체제,' '정부가 아닌 전문가들이 국가를 위해 가장 좋다고 생각하는 결정을 내리는 체제,' 그리고 '민주주의 정치 체제' 등 다양한 정치 체제에 대해서 어떻게 생각하는지 질문했으며, 〈그림 12-3〉은 각 정치 체제가 '매우/약간 좋다'고 대답한 비율을 보여주고 있다. 물론 12개 국가 모두에서 민주주의 정치 체제에 대한 선호가 가장 높게 나타나기는 했지만, 눈길을 끄는 부분은 강력한 지도자에 의한 통치나 전문가가 주도하는 정책결정에 대한 선호 역시 무시할 수 없을 정도로 나타났다는 점이다. 미국이나 영국, 프랑스와 같이 민주주의의 역사가 오래된 국가에서조차 절반이 넘는 유권자들이 전문가 주도의 정책결정에 대한 선호를 표현했으며, 헝가리의 경우 전문가 주도의 정책결정이 좋다고 대답한 비율이 80%에 육박했다. 전문가 주도의 정책결정에 비해 낮기는 하지만, 강력한 지도자에 의한 자의적인 통치를 선호하는 사람들의 비율 역시 결코 적지 않았다. 흥미로운 부분은 한국의 경우 민주주의 정치 체제에 대한 선호가 상대적으로 낮을 뿐만 아니라, 다른 국가와 달리 강력한 지도자에 대한 선호가 거의 민주주의 정치 체제와 유사하게 높게 나타났다는 점이다.

스텔스 민주주의자들의 존재가 의미하는 것은 상당수의 유권자들이 정치인과 후보의 비민주적 행태를 용인하거나 나아가 적극적으로 지지할 가능성이 있다는 사실이다. 실제로 민주주의 수준이 다양한 여러 국가에 걸쳐, 많은 유권자들이 후보가 능력만 있다면 비민주적인 모습을 보여도 여전히 지지한다거나 심지어 부패를 통해 이득을 얻을 수 있다면 부패한 정치인에 대한 심판을 기꺼이 포기한다는 결과가 확인되었다(Frederiksen 2022; Klašnja et al. 2021). 물론 그렇다고 해서 이들이 민주주의에 대한 지지를 저버리는 것은 아니다. 다만 이들이 민주주의에 대한 지지와 비민주적인 정치인의 행태 사이의 갈등을 해소하는 방법은 민주주의가 무엇을 의미한다고 생각하는가에 달려있다. 예를 들어 집권당을 지지하는 유권자들은 민주주의를 구성하는 요소로서 시민적 자유보다는 권위와 질서를 강조함으로써, 민주주의의 원칙에 어긋나는 정책에 대해 관대한 태도를 보이는 것을 정당화한다는 것이다(Bryan 2023). 다시 말해서 민주주의에 대한 태도에 있어서 중요한 것은 단순히 민주주의를 지지하는가에 그치는 것이 아니라, 과연 어떤 민주주의를 지지하는가라는 점이다.

2. 어떤 민주주의인가?

민주주의라는 개념과 현상의 역사가 오래된 만큼, 민주주의를 어떻게 정의할 것인가에 대해서도 수많은 다양한 견해가 존재한다.[66] 하나의 합의된 정의가 존재하지 않는다는 사실로 인해 많은 학자들은 민주주의와 그렇지 않은 정치체제를 구분하기 위해 민주주의가 갖추어야 한다고 생각하는 최소한의 절차와 제도들—예를 들어 자유롭고 공정한 선거의 주기적인 실시, 혹은 정치적 표현 및 결사 그리고 반대

66 흔히 민주주의의 정의로 '인민에 의한 지배(rule of the people)' 혹은 '피치자의 동의(consent of the governed)' 등이 꼽히지만, 구체적으로 어떠한 모습의 지배/동의가 어떠한 과정으로 확보되는가에 대해서는 수많은 서로 다른 견해가 가능하다는 것이다.

의 자유 보장 등—에 초점을 맞추곤 한다(e.g., Dahl 1971, 1989). 다시 말해서 민주주의에 대한 절차적(procedural) 정의에 따르면 민주주의에 필수적인 절차와 제도가 갖추어져 있다면, 그러한 절차와 제도를 통해 어떠한 결과가 산출되는가와는 무관하게 민주주의로 인정할 수 있다는 것이다.[67]

반면에 단순히 절차와 제도를 갖추는 것만으로는 민주주의가 유지되기 어렵다는 주장도 있다. 예를 들어 지나치게 경제적으로 낙후되었거나 극단적인 경제적 불평등이 지속되는 사회에서는 민주주의 절차와 제도가 제대로 작동할 수 없다는 것이다. 따라서 민주주의의 실질적(substative) 정의는 민주주의의 절차와 제도보다는 그 내용에 초점을 맞춘다. 즉 민주주의로 인정하기 위해서는 바람직하고 민주적인 정책이나 결과—예를 들어 경제 성장이나 복지, 혹은 사회 질서 유지 등—를 가져올 수 있어야 한다는 것이다.

물론 구체적으로 어떤 절차나 제도 혹은 어떤 정책과 결과를 민주주의의 필수적인 요소로 간주할 것인가에 대해서는 서로 다른 입장이 존재한다. 나아가 절차적 민주주의와 실질적 민주주의 역시 민주주의란 무엇인가라는 질문에 대한 대표적인 대답의 예일 뿐, 이 외에도 민주주의에 대한 다양한 정의가 가능하다.[68] 그리고 이와 같은

67 언론을 통해 종종 인용되는 다양한 민주주의 지수(index) 역시 민주주의에 대한 절차적 정의에 입각하고 있다. 이러한 지수의 산출 기관은 민주주의에 필수적이라고 생각되는 제도와 절차를 선정하고, 세계 각국에서 이러한 제도와 절차가 얼마나 마련되어 있으며 얼마나 준수되고 있는가를 점수화하여 발표한다.

68 예를 들어 한 연구(König et al. 2022)는 지난 30여 년간 실시된 다양한

민주주의에 대한 다양한 이해는 실제로 일반 유권자들이 민주주의를 무엇이라고 생각하는가에도 분명하게 반영되고 있다.

〈그림 12-4〉에서는 세계가치조사의 12개국을 대상으로 응답자들에게 정치체제의 다양한 모습을 제시하고 각각이 민주주의의 핵심적인 특징이라고 생각하는지 물어본 결과를 살펴보았다. 응답자들은 총 9가지 특징에 대해 평가를 내렸고, 평가는 1~10점의 척도를 사용하여 이루어졌으며 값이 클수록 해당 항목이 민주주의의 핵심적인 특징이라고 생각하는 것을 의미한다. 구체적인 특징으로는 "자유로운 선거를 통해 지도자를 선출한다", "국가의 억압으로부터 보호하는 시민의 권리를 보장한다", "여성이 남성과 동등한 권리를 누린다" 등 절차적 민주주의와 관련한 3가지 항목, "정부는 부자에게 세금을 거두어 가난한 사람들에게 보조금을 지급한다", "국가로부터 실업 수당이 지급된다", "국가가 국민들의 소득을 균등하게 만든다" 등 실질적 민주주의와 관련한 3가지 항목이 포함되었다. 마지막으로 비교의 목적으로 "종교 기관이 법률을 최종적으로 해석한다", "정부가 무능하면 군대가 권력을 장악한다", 그리고 "국민들이 지도자에게 복종한다" 등 민주주의와 무관한—혹은 '권위주의적' 민주주의라고 불릴 수 있는—3가지 항목이 포함되었다. 최종적으로 〈그림 12-4〉는 각 민주주의 유형에 해당하는 3항목에 대한 평가의 평균값을 보여주고 있다.

민주주의 관련 연구를 종합하여 대표적인 민주주의 개념으로 절차적 민주주의, 실질적 민주주의, 직접 민주주의, 스텔스 민주주의, 포퓰리스트 민주주의, 권위주의적 민주주의 등 6가지 유형을 제시하였다.

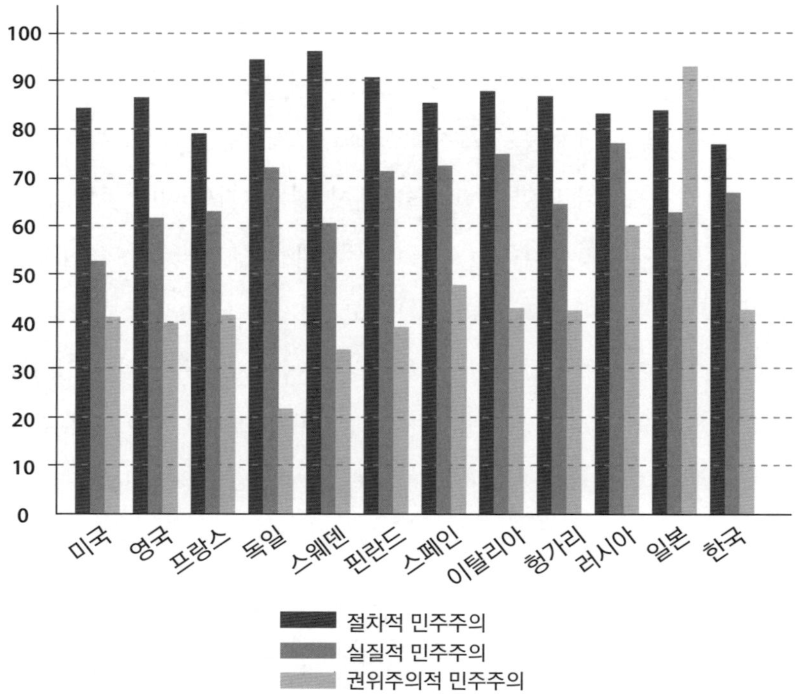

자료: World Value Survey 2017-2020 & European Value Survey 2017, joint file.

〈그림 12-4〉 민주주의에 대한 절차적·실질적 이해

〈그림 12-4〉에 따르면 모든 국가에서 일반 유권자들은 민주주의의 핵심적인 특징으로 절차적 민주주의를 가장 높게 꼽는 것으로 나타났다. 다시 말해서 민주주의를 정의하는 데 있어서 제도와 절차의 중요성에 대해서 많은 국가에서 광범위한 합의가 존재한다는 것이다. 실제로 서구 민주주의 국가뿐만 아니라 민주주의의 역사가 짧고 민주주의 수준이 뒤떨어지는 많은 국가에서도 민주주의의 핵심적인 특징이 무엇이라고 생각하는지 자유롭게 대답한 결과 시민적 자유나 권

리 혹은 자유로운 선거와 같은 제도적·절차적 측면을 꼽는 유권자의 비율이 절반을 넘어서는 것으로 나타났다(Dalton et al. 2007). 이와 동시에 민주주의의 핵심적인 특징으로 민주주의를 통해 기대하는 정책과 결과, 즉 실질적 민주주의가 중요하다고 생각하는 의견 또한 적지 않은 것으로 나타났다. 특히 눈길을 끄는 부분은 상대적으로 민주주의 역사가 짧고 민주주의 수준이 낮은 국가일수록 절차적 민주주의와 실질적 민주주의에 부여한 중요성의 차이가 크지 않게 나타났다는 점이다.

절차에 비해 상대적으로 결과를 강조하는 것은 바람직한 결과를 얻기 위해 민주주의 원칙의 훼손을 용인하는 태도로 이어질 수 있다. 즉 무능한 민주주의자보다 유능한 비민주주의자가 낫다는 것이다. 이와 관련한 하나의 예가 기술관료주의(technocracy)에 대한 선호이다. 최근 각국에서 적지 않은 유권자들이 민주적으로 선출되지 않은 전문가들이 중요한 정책을 결정하도록 해야 한다는 태도(technocratic attitudes)를 보이며, 실제로 기술관료들이 중요한 정치적 결정을 내리는 지위를 차지하는 경우가 관찰되고 있다(Bertsou and Caramani 2022; Bertsou and Pastorella 2017; McDonnell and Valbruzzi 2014). 선출직 정치인들은 당파적 이해관계에 휘둘리거나 재선에 유리한 단기적인 성과에 초점을 맞추기 때문에, 능력과 자격, 전문성에 기반하여 선발된 전문가들이 권력을 행사하고 장기적인 관점에서 중요한 정책을 결정하는 것이 더 효율적이고 바람직하다고 믿는 것이다. 이러한 믿음에서 정치적 정당성의 기준은 대표자들을 선출하는 민주적 과정과 절차가 아니라, 이들이 사회적 현안을 해결할 능력을 가지고 있고 실제로 바람직한 결과를 가져왔는가라고 할 수 있다.

비슷한 맥락에서 한동안 흥미로운 논쟁의 대상이 되었던 것은 소위 '아시아적 가치(Asian values)'에 대한 주장이다. 싱가폴의 국부(國父)라고 불리던 리콴유는 1994년 한 인터뷰에서 한국, 일본, 대만, 싱가폴과 같은 동아시아 국가들이 급속한 경제성장을 이룩할 수 있었던 배경으로 유교 전통에 기반한 아시아의 독특한 문화와 가치체계를 꼽았다(Lee 1994). 리콴유에 따르면 이러한 아시아적 가치는 근면과 성실에 대한 강조, 권위와 위계(hierarchy)에 대한 존중, 그리고 개인의 권리보다는 가족과 공동체를 중요시하는 태도 등의 특징을 가진다. 문제가 된 것은 이러한 아시아적 가치가 서구 사회에서 발전한 인권 및 자유민주주의 개념과는 어울리지 않는다고 주장한 것이다. 결과적으로 리콴유는 아시아 국가에 적당한 민주주의 형태가 따로 존재하며, 따라서 서구식 민주주의를 강요해서는 안 된다고 주장했다.

이후 리콴유의 주장에 대한 많은 비판이 뒤따랐다. 무엇보다도 아시아적 가치는 현실의 독재와 권위주의 체제를 정당화하기 위한 정치적 수사와 다르지 않다는 비판부터, 과연 아시아 국가들 사이에 존재하는 역사적·문화적 차이를 무시하고 유교 전통으로 뭉뚱그려 취급할 수 있는가에 대한 의문, 나아가 유교 전통이 서구적 자유민주주의와 대치되지 않는다는 주장까지 다양한 반론이 제기되었다. 그러나 리콴유의 주장에 대한 반박과는 별개로, 과연 동아시아 국가의 유권자들은 민주주의를 어떻게 이해하고 있으며, 이들이 이해하는 민주주의는 서구 사회의 유권자들과 어떠한 차이를 보이는지 살펴보는 다양한 연구가 등장하였다. 그리고 이러한 연구들은 동아시아 국가의 유권자들이라고 해서 특별히 민주주의에 부합하지 않는 태도를 보인다고 할 수 없다는 결론을 내리고 있다(Dalton et al. 2007; Shin and Wells 2005; Welzel 2011). 다만 서구 유권자들과 비교했을 때 한국을 포함한 동아시아 국가의 유권자들은 실질적 민주주의에 상대적으로 더 큰 중요성을 부여하며, 정부의 정당성과 권위에 대한 높은 수용성을 보인다는 증거가 확인되었다(Chu et al. 2008; Gilley 2016).

이상의 논의는 한국의 민주주의에 대해서도 중요한 함의를 가지고 있다. 한국 유권자들 역시 민주주의 가치와 원칙에 대해 높은 수준의 지지를 보내면서도, 민주주의를 절차적 차원뿐만 아니라 실질적 차원으로 이해하려는 경향이 적지 않다. 그리고 이러한 실질적 민주주의에 대한 지지는 높은 거래 비용에도 불구하고 기대만큼의 성과를 낳지 못하는 대의제 민주주의 제도와 절차에 대한 불만으로 이어질 수 있다. 실제로 서로 다른 형태의 민주주의에 대한 생각을 살펴본 연구에 따르면, 한국 유권자들이 대의제 민주주의 절차보다는 유권자의 직접 참여를 통한 의사결정이나 전문가에 의한 의사결정을 선호하는 것으로 나타났다(민정훈 외 2018; 조영호·김용철 2017). 혹은 보다 심각하게는 민주주의 체제의 수행력에 대한 비판적 평가가 권위주의에 대한 향수(authoritarian nostalgia)로 이어지기도 한다(Chang et al. 2007; 강우진 2013). 다시 말해서 유권자의 정치적·경제적 불만이 비민주적인 정치 체제 및 지도자에 대한 지지, 나아가 민주주의 퇴행이라는 현상으로 이어질 가능성이 작지 않다는 것이다.

3. 포퓰리즘 성향과 민주주의

기술관료주의에 대한 선호—혹은 일반적으로 스텔스 민주주의—와 더불어, 대의제 민주주의에 도전하는 또 다른 축은 바로 포퓰리즘(populism)이라고 할 수 있다(Caramini 2017). 흔히 포퓰리즘은 정치인들이 대중적 인기와 득표만을 위해 비현실적인 공약을 무책임하게 남발하는 행태를 비판적으로 지칭하는 용어로 사용된다. 그러다 보니 그 의미와 내용에 대한 고민 없이, 단순히 상대방을 공격하고 정치적으로 낙인찍기 위한 도구로 오남용된 측면이 크다. 그러나 정치학적 의미에서 포퓰리즘은 민주주의를 이해하는 하나의 관점이라고 할 수 있으며 다양한 환경에서 다양한 형태로 나타나 왔다.[69]

포퓰리즘에 대한 합의된 정의는 존재하지 않지만, 다양한 정의가 공통적으로 포함하고 최소한의 요건에 따르면(Mudde 2004; Mudde and Kaltwasser 2013) 포퓰리즘은 “사회가 궁극적으로 두 개의 동질적이고 적대적인 두 집단인 ‘순수한 인민(people)’과 ‘부패한 엘리트’로 구성되었다고 간주하며, 정치란 인민의 일반의지(general will)가 실현되어야만 한다고 믿는 중심이 얇은(thin–centered)[70] 이데올로기”이다. 그리

69 이러한 이유에서 대중의 인기와 득표를 좇는 정치인의 행태를 포퓰리즘과 구분하여 ‘대중(인기)영합주의(popularism)’라고 부르기도 한다.

70 여기에서 ‘중심이 얇은(thin–centered)’은 지향해야 할 바람직한 사회의

고 이렇게 정의된 포퓰리즘은 세 가지의 주요한 특징을 가진다. 첫 번째로 포퓰리즘은 일반 국민 대(對) 기성 정치 엘리트라는 이분법적 구도에 근거하고 있으며, 기성 정치 엘리트들이 일반 국민을 진정으로 대표하는 것은 불가능하다고 믿는다. 두 번째로 포퓰리즘은 일반 국민이 동질적이고 순수하다고 상정하기 때문에, 이에 해당하지 않고 따라서 동질성과 순수성을 훼손하는 사람들—즉 다양한 사회적 소수자 집단—에 대한 배타적인 태도를 수반한다. 세 번째로 포퓰리즘이 활성화되기 위해서는 추상적인 일반의지를 구체화하는—그러나 부패한 기성 정치인과는 다른—카리스마를 갖춘 새로운 정치신인이 필요하다.

민주주의에 대한 태도와 관련하여 특히 중요한 것은 포퓰리즘이 기반하고 있는 이분법적인 구도이다. 첫 번째로 포퓰리즘은 올바른 정치를 구현하기 위해서는 순수한 일반 국민의 뜻이 정책으로 실현되어야 함에도 불구하고, 기성 정치인들이 이를 대변하지 않고 오히려 왜곡하기 때문에 일반 국민들이 고통받는다고 본다. 따라서 포퓰리즘은 기본적으로 정치 불신 및 혐오와 맥을 같이 한다. 그러나 포퓰리즘이 단순한 정치 불신 및 혐오와 구별되는 부분은 후자의 경우 정치에 관심을 가지지 않거나 정치 참여를 기피하는 경향을 보이는 반면에, 포퓰리즘 성향이 강한 유권자는 정치에 대한 불만을 표현

모습을 따로 상정하지 않기 때문에 다른 이데올로기와 쉽게 결합할 수 있다는 의미이다. 즉 '좌파 포퓰리즘'이나 '우파 포퓰리즘'과 같은 표현이 보여주듯이, 다양한—때로는 전혀 상반된—수식어와 결합하여 정치적으로 동원될 수 있다는 것이다.

하기 위해 오히려 적극적으로 정치과정에 참여하려는 태도를 보인다는 점이다. 다만 이들은 기성 정치인에 대한 불신으로 인해 대의제 민주주의에 의지하기보다는 유권자들이 직접 결정을 내릴 수 있는 직접 민주주의(direct democracy)를 선호하는 모습을 보인다(Donovan and Karp 2006; Mohrenberg et al. 2021; Werner and Jacobs 2021; 도묘연 2020).

일반 국민 대 기성 정치 엘리트 사이의 대립과 함께, 포퓰리즘이 기반하고 있는 또 하나의 이분법적 구도는 진정한 국민과 이에 속하지 않는 외집단(out-group) 사이의 구분이다. 포퓰리즘 성향이 강한 사람들은 이민자를 비롯한 사회적 소수자 집단들이 국민의 인종적·문화적 순수성과 동질성을 훼손한다고 생각하며, 따라서 이들에 대해 부정적이고 배타적인 태도를 보인다(Oesch 2008; Ivarsflaten 2008; Oliver and Rahn 2016). 나아가 포퓰리즘의 반-다원주의(anti-pluralism)적 성격은 반드시 사회적 소수자 집단만을 대상으로 하지 않는다. 진정한 국민은 올바른 하나의 목소리만 내야 하므로, 포퓰리즘 하에서는 정치를 보는 시각 혹은 가치의 다양성이 존중받지 못하는 경우가 종종 발생한다.[71]

포퓰리즘에 대한 지지는 일반 유권자들 사이에서 얼마나 강하게 나타나는가? 이를 확인할 수 있는 가장 쉬운 방법은 주요 선거에서

---

71 특히 포퓰리즘 성향의 정치 세력이 정권을 잡게 된다면 그 정권은 국민과 정치인 간의 이분법은 버리고 진정한 국민과 그로부터 배제된 외집단이라는 이분법에만 근거하게 됨으로써, 정부의 정책을 비판하는 목소리 더 나아가 시민사회 전체를 권위적으로 억압하는 성격을 가질 가능성이 높다(하상응 2018).

포퓰리즘 정당이 얻는 득표율을 살펴보는 것이다. 〈그림 12-5〉는 유럽에서 1990년대 이후 포퓰리즘 정당이 얻은 득표율의 변화 추이를 보여주고 있다. 지난 30여 년 간 포퓰리즘 정당에 대한 지지가 두 배 이상 증가했으며, 최근에는 약 30%에 달하는 유권자들이 포퓰리즘 정당에 투표했다는 사실을 확인할 수 있다. 그리고 이와 같은 포퓰리즘의 급속한 성장세의 배후에는 경제적 원인과 문화적 원인이 복합적으로 작용했다고 평가된다. 즉 경제불황과 긴축정책으로 인해 경제적 불안을 느끼는 유권자들이 문화적 반발(cultural backlash)과 관련한 포퓰리즘 정당의 주장에 쉽게 설득되었다는 것이다(Nouri and Roland 2020).

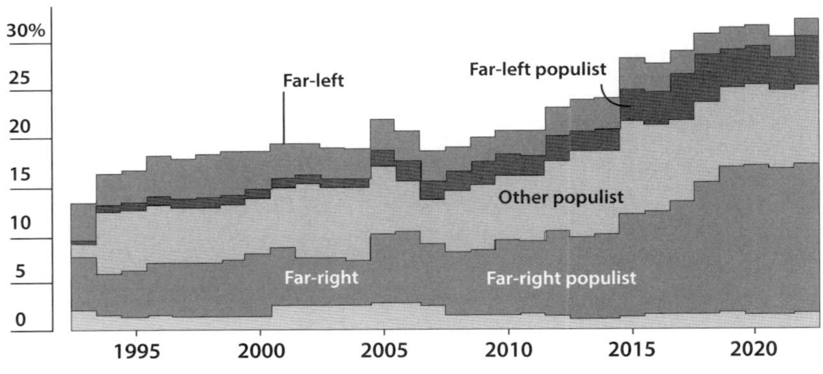

출처: PopuList 3.0, ParlGov project, World Bank 자료에 기반하여 *Guardian*에서 작성함(https://www.theguardian.com/world/2023/sep/21/revealed-one-in-three-europeans-now-votes-anti-establishment).

〈그림 12-5〉 유럽 포퓰리즘 정당의 득표율 변화

한국에서는 포퓰리즘 정당이나 정치인이 득세하는 현상은 아직까지 나타나고 있지 않으며, 따라서 이러한 정당이나 정치인에 대한 지지를 통해 일반 유권자의 포퓰리즘 성향을 측정할 수 없으며, 대신에 설문조사를 통해 포퓰리즘 성향을 직접적으로 측정할 수밖에 없다. 예를 들어 〈표 12-1〉에는 2022년에 실시된 설문조사에 포함된 한국 유권자의 포퓰리즘 성향을 알아보는 문항에 대한 응답을 보여주고 있다. 각 응답은 1~7점 척도로 측정되었으며, 값이 커질수록 해당 진술에 대해 강하게 동의한다는 것을 의미한다. 첫 4문항은 기성 정치인과 일반 국민을 대치시켜 순수한 일반 국민들의 의지를 직접적으로 정치 과정에 반영하는 것(people-centerism)에 대한 의견을 묻고 있다. 후반부 네 문항들은 기성 정치인들의 행태에 대한 반감을 통해 반-엘리트주의(anti-elitism)를 측정하고 있다.[72] 그리고 이어지는 〈그림 12-6〉은 8개 문항에 대한 대답의 평균값이 어떻게 분포되어 있는지 보여주고 있다.

72 〈표 12-1〉의 문항은 서구 사회의 유권자를 대상으로 포퓰리즘 성향을 측정하는 설문 문항을 번역한 것이다(Akkerman et al. 2014; Van Hauwaert et al. 2020). 다만 여기에서는 포퓰리즘의 또 다른 중요한 특징인 내집단과 외집단 사이의 구분, 즉 반-다원주의 성향은 반영되어 있지 않다.

〈표 12-1〉 한국 유권자의 포퓰리즘 성향

	응답 평균 (표준편차)
"정치인들은 자신의 소신보다는 일반 국민들의 뜻에 따라 정책을 만들어야 한다."	5.13 (1.39)
"우리나라의 운명을 좌지우지할 중요한 정책은 정치인이 아니라 일반 국민들이 만들어야 한다."	5.04 (1.37)
"정치에서 '타협'이란 사실 '원칙없음'을 의미한다."	4.36 (1.54)
"전문 정치인보다는 나와 같은 일반인이 나의 정치적 입장을 잘 대변해 줄 것 같다."	4.39 (1.35)
"기성 정치인은 일반 국민들의 이익을 대변한다고 하지만 사실 그들의 이익 추구에만 관심이 있다."	5.64 (1.33)
"정치인들과 일반 국민들 간의 정치 견해 차이는 일반 국민들 사이의 정치 견해 차이보다 크다."	5.19 (1.29)
"정치인들은 말만 많고 실제 행동을 취하지는 않는다."	5.49 (1.31)
"기성 정치인들은 일반 국민들을 자주 배신한다."	5.61 (1.31)

자료: 한국정치학회(2022b)

〈표 12-1〉에서 대부분의 문항에 대해 7점 척도 상에서 평균 5점 이상을 기록했을 정도로, 한국 유권자들은 결코 낮지 않은 포퓰리즘 성향을 보이고 있다. 그리고 기존 연구에 따르면 포퓰리즘 성향은 진보-보수 이념성향과는 직접적인 연관이 없는 것으로 나타났다. 다만 진보와 보수를 막론하고 이념성향의 강도가 더 극단적인 사람일수록 더 강한 포퓰리즘 성향을 보이는 것으로 나타났다(하상응 2018). 또 다른 가능성은 진보 혹은 보수적인 이념성향이 포퓰리즘 성향의 하위 구조와 서로 다른 관계를 맺고 있을 수 있다. 즉 진보 성향의 유권자는 강한 국민중심주의와 반엘리트주의를 보이는 반면에, 보수 성향

의 유권자는 강한 반다원주의를 드러낸다는 것이다(도묘연 2021; 정동준 2023). 또한 일반적으로 저학력 유권자들 사이에서 포퓰리즘에 대한 지지가 강한 서구 사회와는 달리, 한국 유권자의 경우 교육 수준이나 정치 지식 수준이 상승할수록 오히려 포퓰리즘 성향이 강해지는 것도 흥미로운 발견이다(정동준 2023; 하상응 2018).

비록 아직까지 한국 정치에서 포퓰리즘 정당이 본격적으로 등장하지 않았음에도 불구하고, 〈표 12-1〉에서 드러난 한국 유권자들의 높은 포퓰리즘 성향은 잠재적인 정치 지형 변동의 원동력이 될 가능성이 충분하다. 다만 한국에서는 서구 사회의 이민자와 같이 외모, 종교, 관습, 언어 등의 차이를 통해 쉽게 구별될 수 있는 소수자 집단이 존재하지 않으며, 따라서 진보과 보수를 모두 아우르는 내집단과 외집단 구분이 어렵다는 점이 포퓰리즘 정당의 성장이 지체되는 중요한 원인이라고 할 수 있다. 그러나 선거 때마다 벌어지는 새로운 인재 영입 경쟁, 그리고 참신성과 기성 정치권과의 차별화를 무기로 별다른 정치적 경험과 경력 없이도 주요 선출직에 진출하는 정치인의 존재는 한국 선거에서도 포퓰리즘 성향이 이미 무시할 수 없는 중요성을 가지고 있음을 보여주고 있다.

Part 4

13장
선거제도와 투표행태

13장

선거제도와 투표행태

2024년 총선을 앞두고 정치권은 선거제도 개혁 이슈로 논란이 뜨거웠다. 4년 전 제21대 총선부터 도입된 준연동형 선거제도는 비록 한 번만 사용되었을 뿐이지만, 제도가 지나치게 복잡하고 특히 비례대표용 위성정당이라는 꼼수로 인해 유권자의 의사를 제대로 선거 결과에 반영하지 못했다는 비판을 받았다. 따라서 더 공정하고 민주적인 선거제도를 도입하자는 목소리가 봇물 터지듯 쏟아졌지만, 무엇이 공정하고 민주적인 선거제도인가에 대해서는 각자의 입장에 따라 서로 다른 생각이 충돌하였다. 누군가는 준연동형 선거제도를 포기하고 애초의 병립형 제도로 돌아가자고 주장했으며, 극단적으로 아예 비례대표를 폐지하고 지역구 국회의원만 선출하자는 입장도 있었다. 다른 한 편에서는 차제에 전면적인 연동형 선거제도 혹은 완전 비례대표제를 도입하자는 제안도 있었다. 그러나 수많은 개혁안이 제출되었지만, 국회 정치개혁특별위원회는—20년 만의 전원위원회 개최와 사상 최초의 일반 유권자 대상 공론조사(deliberative poll) 실시 등의 노력에도 불구하고—결국 하나의 선거제도 개혁안에 합의하는 데 실패했다. 결국 제22대 총선은 기존의 준연동형 선거제도로 치러졌으며, 민주당과 국민의힘은 예상대로 위성정당을 창당하여 다시 한번 제도의 취지를 왜곡하였다.

어떤 선거제도를 채택하든 유권자 입장에서는 기표소에 들어가 주어진 선택지 중 하나를 고른다는 사실에는 변화가 없다. 그러나 유권자가 동일한 선택을 내리더라도 그렇게 모인 표들이 어떠한 방식으로 의석으로 전환되는가에 따라 선거 결과는 크게 달라질 수 있다. 바로 그러한 이유에서 어떤 선거제도를 채택하는가는 정당 간 유불리에 커다란 영향을 끼치게 되며, 각 정당은 자신에게 불리한 선거제도 채택을 막기 위해 사활을 거는 것이다. 한 걸음 더 나아가면 유권자 역시 자신의 선택이 어떻게 선거 결과에 반영되는가를 예상하여 선택 자체를 바꿀 가능성도 존재한다. 한국의 총선에서 상당수의 유권자가 지역구 투표와 비례대표 정당투표에서 서로 다른 선택을 내리는 것도 비슷한 이유라고 할 수 있다.

이러한 이유에서 유권자의 투표 선택을 이해하기 위해서는 그러한 선택이 이루어지는 선거제도에 대한 고려가 필수적이라고 할 수 있다. 물론 전 세계에는 매우 다양한 선거제도가 존재하며, 이 장에서 수많은 선거제도의 구체적인 내용을 자세히 다루는 것은 불가능하다. 따라서 여기에서는 선거제도[73]의 대표적인 유형에 대한 간략한 소개

73 하나의 국가 내에서도 대통령을 선출하는 선거와 국회의원이나 지방의

와 함께, 유권자의 투표 선택이 다양한 제도 하에서 어떻게 달라지는지에 초점을 맞추어 살펴본다.

1. 선거제도의 유형

유권자를 대신하여 정치적 결정을 내릴 대표자를 선택하고 선거의 본질은 어느 민주주의 국가에서나 마찬가지이지만, 구체적으로 선거가 어떠한 방식으로 실시되는가에 대해서는 다양한 형태가 존재한다. 그리고 이러한 다양한 선거제도는 유권자의 투표가 각 정당의 의석으로 전환되는 방식(electoral formula), 선거구 크기(district magnitude), 그리고 투표용지 구조(ballot structure)의 세 가지 기준으로 크게 구분할 수 있다.

흔히 선거제도의 대표적인 예로 이야기되는 다수제(majoritarian system), 비례대표제(proportional representation), 그리고 혼합형의 구분은 바로 유권자의 투표가 정당의 의석으로 전환되는 방식에 따른 구분이다. 두 번째 기준인 선거구 크기는 하나의 선거구에서 몇 명의 당선자를 선출하는가를 의미한다. 일반적으로 하나의 선거구에서 한 명의 당선자만 선출한다면 소선거구제, 2~4명의 당선자를 선출한다면 중선거구제, 그리고 5명 이상의 당선자를 선출하는 제도를 대선거구제로 구분한다. 마지막으로 투표용지 구조는 유권자가 후보자에게 투

원을 선출하는 선거 사이에 각각 다른 형태의 선거제도를 채택하고 있는 경우가 많다. 이 장에서 논의하는 선거제도는 국회의원을 선출하는 총선을 기준으로 한다.

표하는가 아니면 정당에게 투표하는가, 투표용지에 후보자의 소속 정당이 표시되는가 아닌가, 혹은 주어진 선택지 중 하나를 택해 기표하는가 아니면 선택지들 사이의 순위를 표시하는가 등의 다양한 측면을 포함한다.

1) 다수제 선거제도

다수제는 우리에게 가장 익숙하고 선거제도라고 할 수 있다. 흔히 소선거구제와 결합하는 다수제는 선거구에 출마한 후보 중 가장 많은 표를 얻은 후보가 당선되는 제도이다.[74] 물론 다수제가 반드시 소선거구제와 결합하는 것은 아니며 중선거구나 대선거구제와 결합하는 것도 가능하다. 예를 들어 하나의 선거구에서 3명의 당선자를 선출하는 중선거구 단순다수제라면, 상위 득표자 3명이 당선되는 것이다. 그러나 선거구의 크기와 무관하게 다수제 선거제도가 다른 선거제도에 비해 유권자 입장에서 가장 이해하기 쉽고 직관적인 제도라는 점은 동일하다.

제도적 단순성과 더불어 다수제 선거제도가 가지는 또 다른 장점은 개별 의원 수준에서 정치적 책임성을 확보할 수 있다는 점이다. 각 의원이 개별 지역구를 대표하기 때문에, 유권자 입장에서는 자신을 대표하는 의원이 누구인지 따라서 다음 선거에서 누구에게 책임을

74 다수제는 절대다수제(majority)와 단순다수제(plurality)로 구분되며, 절대다수제에서는 과반의 득표를 얻은 후보가 당선되며 단순다수제에서는 과반에 미치지 못해도 1위 후보가 당선된다. 만일 절대다수제에서 과반의 득표를 얻은 후보가 없다면 상위 2~3명의 후보를 대상으로 결선투표를 치르게 된다.

물어야 하는지 명확하게 인식할 수 있다. 물론 지역구 국회의원이 존재하지 않는 다른 선거제도에서도 정당 차원의 정치적 책임성 확보가 가능하다. 그러나 다수제 선거제도의 경우 정당 차원의 정치적 책임성에 더불어 개별 의원 수준의 정치적 책임성 확보가 가능하다는 장점을 가진다.

반면에 다수제 선거제도의 가장 커다란 단점은 비례성의 문제이다. 특히 소선거구 단순다수제의 경우 90%의 득표율이나 51%의 득표율이나 동일하게 의석 한 석으로 전환되며, 따라서 이론적으로는 모든 선거구에서 51%의 득표율을 기록한 정당이 100%의 의석을 가져가는 결과를 초래할 수도 있다.[75] 다시 말해서 각 정당이 얻은 득표율과 실제로 가져가는 의석 비율 사이의 비례성이 낮다는 것이다. 또한 선거구에서 가장 많은 표를 얻은 한 명의 후보만 당선되고 다른 후보를 지지한 유권자의 선택은 사표(死票)가 되어버린다는 점에서, 소선거구 단순다수제는 대표성이라는 측면에서 비판이 제기될 수 있다.

다수제 선거제도의 또 다른 문제점은 유권자들의 전략 투표(strategic voting)를 강제하는 측면이 있다는 점이다.[76] 소선거구 단순다

---

75 이렇게 극단적인 상황이 현실에서 나타날 가능성은 매우 낮지만, 실제로 불-비례적인 결과가 나타나는 경우가 적지 않다. 대표적인 예로 1983년 영국의 하원의원 선거에서 노동당은 27.6%의 득표율로 전체 650석 중 209석을 차지했지만, 25.4%의 득표율을 기록한 자유당-사민당 연합(Liberal SDP Alliance)의 의석은 23석에 그쳤다.

76 다수제 선거제도에서 유권자는 전략 투표의 필요성을 느낀다면 후보자 역시 전략 출마(strategic entry)의 필요성을 느낄 수 있다(Cox 1997). 1위 후보만 당선이 가능하기 때문에, 현직자와 같이 강력한 상대 후보가 있는 선거구에는 전략적으로 출마를 회피한다는 것이다.

수제의 경우 한 명만 당선되기 때문에 1위 후보와 2위 후보 간의 경쟁만이 실질적인 의미를 가지게 된다. 따라서 3위 이하의 군소 후보를 지지하는 유권자 입장에서는 자신이 지지하는 후보에게 투표해도 결국 사표가 될 뿐이라는 사실을 알기 때문에, 당선가능성을 고려하여 1위와 2위 후보 중에 그나마 마음에 드는 후보에게 투표하는—아니면 아예 투표에 참여하지 않는—상황에 처하게 된다. 그리고 이와 같은 전략투표의 가능성은 유권자의 의사가 투표 선택과 선거 결과에 그대로 반영되기 어렵게 만든다는 것이다.

2) 비례대표제

비례대표제는 유권자는 개별 후보가 아닌 정당에 투표하고, 각 정당이 받은 득표율에 비례하여 의석수를 배분하는 선거제도를 의미한다.[77] 당연히 각 정당의 득표율과 실제 획득하는 의석 비율 사이의 비례성이 높다는 장점을 가진다. 또한 낮은 득표율도 그에 상응하는 의석 비율로 전환되기 때문에, 소수정당의 지지자도 전략투표의 고민 없이 자신이 지지하는 정당에 투표할 수 있다는 점 역시 비례대표제의 장점이라고 할 수 있다. 결과적으로 다수제에 비해 비례대표제는

77 비례대표제 중 폐쇄형 명부(closed-list)와 달리 개방형 명부(open-list) 제도에서는 유권자가 정당이 아닌 비례대표 후보 명부에 등재된 특정 후보에게 투표하는 것이 가능하다. 이러한 표는 해당 정당의 득표율 계산에 동일하게 반영되는 것과 동시에, 개인적으로 받은 표가 일정한 기준을 초과한 후보는 상위 순번 후보를 제치고 우선적으로 당선이 확정된다. 다시 말해서 개방형 명부 제도에서는 정당이 결정한 비례대표 후보 명부의 순위가 유권자의 선택에 의해 바뀔 수 있는 것이다.

다당제를 유도하는 경향이 있으며, 소수집단의 이해관계를 대표하는 정당에게 상대적으로 더 유리하다고 할 수 있다. 그리고 다당제는 선거에 임하는 유권자에게 선택지를 넓혀줌으로써 자신의 의견을 대변하는 정당을 발견할 수 있는 가능성을 높여준다는 점에서 대표성 증진에도 도움을 줄 수 있다.

반면에 다수제 선거제도의 장점이 바로 비례대표제의 단점이라고 할 수 있다. 즉 유권자 입장에서 자신을 대표하는 의원이 누구인지 분명하지 않게 되며, 따라서 개별 의원에게 정치적 책임을 묻는 것이 불가능하며 정당 차원의 정치적 책임성 확보만이 가능하다. 또한 다당제 하에서는 하나의 정당이 단독으로 과반 의석을 차지할 가능성이 작아진다. 따라서 둘 이상의 정당이 연합정부를 구성하는 경우가 나타나기 쉬우며, 이는 정치적 안정성이나 예측가능성이라는 측면에서 약점을 가진다고 할 수 있다.

비록 비례대표제가 다수제 선거제도에 비해 비례성이라는 측면에서 장점을 가지지만, 그렇다고 해서 모든 비례대표제가 항상 비례성이 높다고 할 수는 없다. 정당의 득표율을 의석 비율로 전환하는 과정에서 아무리 적더라도 일정한 사표는 발생할 수밖에 없으며, 따라서 득표율을 의석으로 전환하는 구체적인 공식에 따라 비례성은 다소 높거나 낮아질 수 있다. 또한 선거구의 크기 역시 비례성의 정도에 영향을 끼친다. 전국을 하나의 선거구로 비례대표를 선출하는 것에 비해—소위 '권역별' 비례대표제와 같이—선거구를 나누어 비례대표제를 실시하는 것은 비례성을 감소시키는 효과를 낳는다. 마지막으로 의석을 배분받기 위한 최소한의 득표율을 의미하는 봉쇄 조항(electoral threshold)이 얼마나 높거나 낮게 설정되어 있는가도 비례성의 정도에 변화를 가져올 수 있다.

3) 혼합형 선거제도

혼합형 선거제도는 다수제와 비례대표제가 결합한 형태라고 할 수 있다. 즉 다수제 선거제도의 단점인 불-비례성의 문제를 비례대표제를 통해 보완하는 동시에, 다수제의 장점인 지역구 수준의 정치적 책임성을 확보하고 소수정당의 지나친 난립을 방지하고자 하는 것이다. 이러한 장점으로 인해 1990년대 이후 혼합형 선거제도를 채택하는 국가가 증가하고 있다(Shugart and Wattenberg 2001).

혼합형 선거제도에서 유권자는 지역구 후보자에 1표 그리고 비례대표 선출을 위해 정당에 1표, 총 2표를 행사한다. 그리고 지역구 선거와 비례대표 선거의 결과가 어떠한 관계를 맺는가에 따라 혼합형 선거제도는 병립형(parallel 혹은 mixed members majoritarian representation; MMM)과 연동형(mixed members proportional representation; MMP) 제도로 구분된다. 병립형 선거제도에서 지역구 선거의 결과는 각 지역구의 당선자를 결정하는 데에만 반영되고 비례대표 선거의 결과는 비례대표의원 선출에만 반영되는, 따라서 지역구 선거와 비례대표 선거의 결과가 서로에게 전혀 영향을 끼치지 않는다. 일본의 중의원 선거나 2004년부터 2016년까지의 한국 총선이 대표적인 병립형의 예라고 할 수 있다.

연동형 선거제도는 지역구 선거와 비례대표 선거의 결과가 서로에게 영향을 끼치게 된다. 보다 구체적으로 정당투표 득표율에 따라 각 정당의 총 의석이 결정되고, 각 정당이 배분받은 의석을 지역구 당선인에게 우선 배정한 뒤 남은 잔여 의석을 비례대표 후보 명부 순위에 따라 채우게 된다. 연동형 선거제도를 채택하고 있는 국가의 대표적인 예로는 독일과 뉴질랜드를 들 수 있다. 일반적으로 선거 결과의 비례성을 확보하는 데 있어 병립형보다 연동형이 더 우수하다고 평가된다. 하지만 이와 동시에 연동형 선거제도에서는—정당이 배분받은 총 의석보다 지역구 당선자가 더 많을 경우—초과의석이 발생하여 전체 의석수가 증가할 수 있다는 단점이 존재한다.[78]

2020년부터 한국 총선에서 적용된 준연동형 선거제도는 연동형 선거제도의 변형된 형태라고 할 수 있다. 기존의 병립형에 비해 비례성이 더 우수한 연동형을 도입하되, 초과의석으로 인해 총 의석이 증가하는 상황이 발생하지 않도록 하는 것이 준연동형 선거제도의 목적이라고 할 수 있다. 실제로 준연동형 선거제도가 작동하는 방식은 상당히 복잡하며, 그에 대한 상세한 설명은 본 장의 목적을 벗어나는 것이다. 다만 이러한 제도적 복잡성이야말로 준연동형 선거제도의 가장 큰 단점이라고 할 수 있으며, 비례대표 의석수가 매우 작은 상황에

78 독일의 경우 초과의석의 대량 발생으로 인해 총 의석이 지나치게 늘어나는 상황을 방지하기 위해, 2023년 선거법을 개정하여 초과의석을 폐지하고 총 의석을 고정하였다. 새 제도에서는 정당이 배분받은 총 의석보다 지역구 당선자가 더 많은 경우 지역구 당선자 중 득표율 순으로 의석을 차지하게 된다. 즉 지역구 선거에서 1위 득표를 하더라도 당선하지 못하는 상황이 발생할 수도 있는 것이다.

서 (준)연동형을 도입하다 보니 지역구 의석의 대부분을 차지하는 양대 정당이 비례대표 의석을 확보하기 위해 위성정당과 같은 편법적인 수단을 동원하게 되었다는 점 또한 커다란 한계라고 할 수 있다.

병립형과 연동형, 그리고 준연동형 선거제도가 어떠한 차이가 있는지 보여주기 위해 〈표 13-1〉에서는 가상의 의회선거 결과를 제시하고 있다. 총 300석의 의석은 지역구 의석 200석과 비례대표 의석 100석으로 구성되어 있으며, 4개의 정당이 경쟁하여 표에 제시된 것과 같은 선거 결과를 얻었다고 가정하였다. 먼저 병립형의 경우 정당투표 득표율을 비례대표 의석 배분에만 사용된다는 점에서 의석 배분 결과를 직관적으로 이해할 수 있다. 앞서 언급했듯이 연동형에서는 정당투표 득표율이 각 정당이 배분받을 총 의석을 결정하며, 각 정당은 배분받은 총 의석을 지역구 당선자로 채우고 나머지 잔여 의석을 비례대표로 채우게 된다. 그런데 C당의 경우 정당투표에서 8%를 얻었기 때문에 총 의석이 24석이어야 하지만 지역구 선거에서 이미 26명의 당선자를 배출하였다. 이 경우 C당은 2석의 초과의석을 인정받는 대신에 비례대표 의석은 배분받지 못한다.

〈표 13-1〉 가상의 의회선거 시뮬레이션

		A당	B당	C당	D당	총 의석
선거 결과	지역구 당선자	100	70	26	4	
	정당투표 득표율	36%	40%	8%	16%	
의석 배분	병립형	136 (100+36)	110 (70+40)	34 (26+8)	20 (4+16)	300
	연동형	108 (100+8)	120 (70+50)	26 (26+0)	48 (4+44)	302
	준연동형	122 (100+4+18)	114 (70+25+19)	30 (26+0+4)	34 (4+22+8)	300

준연동형 선거제도에서는 연동형과 마찬가지로 정당투표 득표율에 따라 각 정당의 총 의석을 먼저 계산하고, 각 정당이 배분받은 의석을 지역구 당선자로 먼저 채운다. 다만 연동형과 달리 나머지 잔여 의석 전체를 비례대표로 채우는 것이 아니라 우선 절반만 채운다. 결과적으로 비례대표 의석 100석 중 51석(4+25+0+22)만 채워지고 49석이 남게 된다. 그러면 마지막으로 남아 있는 49석을 다시 정당투표 득표율에 따라 각 정당에 추가 배분하는 것으로 의석 배분이 마무리된다.

2. 다수제와 비례대표제 간 투표행태의 차이

선거제도에 따른 투표행태의 차이로 가장 일찍부터 관심의 대상이 되었던 것은 비례대표제를 채택한 국가가 다수제 선거제도를 택한 국가에 비해—혹은 보다 일반적으로 선거제도의 비례성 및 선거구의 크기가 증가할수록—더 높은 투표율을 기록한다는 것이다(Blais and Aarts 2006; Franklin 2004; Geys 2006; Jackman 1987). 우선 비례대표제는 정당의 득표율과 의석 비율 사이의 비례성이 높기 때문에, 군소정당의 지지자들도 사표에 대한 우려 때문에 선거를 포기할 이유가 적다고 할 수 있다. 또한 비례대표제는 다당제를 유도한다는 점에서 선거에서 유의미하게 경쟁하는 정당의 숫자를 증가시키며, 따라서 유권자 입장에서 자신의 의견을 대변해 주는 정당이나 후보를 발견할 가능성을 높여준다. 세 번째로 다수제 선거제도에서 특정 정당의 지지세가 강한 지역구에서는 선거 결과가 쉽게 예측되기 때문에 유권자가 투표에 참여할 동기가 약해지며, 이러한 지역구가 많을수록 전체적인 투표율은 낮아질 수 있다. 반면에 비례대표제에서는 전국에 걸쳐 경쟁이 이루어지며, 따라서 정당 및 후보에 의한 동원 노력과 유권자의 참여 의지가 높아지기 마련이다.

그렇다고 해서 비례대표제가 투표율에 끼치는 영향력을 과대평가할 이유는 없다. 선거제도의 비례성이 증가할수록 투표율이 상승하는 현상은 대부분 서구 민주주의 국가를 대상으로 한 연구에서 확인되는 것이며, 라틴 아메리카를 비롯하여 민주주의 수준이 낮은 다른 지역에서는 비례성과 투표율 사이의 관계가 약하거나 사라지는 것으로 나타났다(Blais and Dobrzynska 1998; Fornos et al. 2004). 또한 서구 민주주의 국가에서도 비례대표제의 효과는 기존 투표율의 수준에 따라 달라질 수 있다. 즉 애초에 투표율이 낮았던 선거구에서는 비례대표제 도입을 통해 선거 경쟁도가 증가하고 결과적으로 정당의 동원 노력과 투표율이 증가할 수 있지만, 반면에 이미 선거에서 후보 간 경쟁이 치열하게 진행되던 선거구에서는 비례대표제의 도입이 오히려 정당의 동원 노력과 유권자의 참여를 감소시킬 수 있다는 것이다(Cox 2015; Cox et al. 2016).

투표율과 더불어 선거제도는 유권자의 투표 선택에도 차이를 가져올 수 있다. 이론적으로 다수제 선거제도는 양당제를 유도하는 동시에, 각 정당은 가능한 많은 유권자의 지지를 획득하기 위해 중도로 수렴하는 경향을 보인다(Cox 1997; Downs 1957). 따라서 다수제 선거제도에서는 후보 간 이념적·정책적 차별성이 두드러지기보다는 합의 이슈(valence issue)와 관련한 자질과 능력, 혹은 보다 일반적으로 후보자 요인이 가지는 중요성이 커질 수 있다. 반면에 비례대표제에서는 다양한 이념적 지향을 가진 정당이 생존하여 경쟁할 가능성이 높으며, 따라서 유권자의 투표 선택에 있어서도 이념 투표(ideological voting)나 이슈 투표가 가지는 중요성이 상대적으로 더 커질 수 있다(Dalton 2011; Lachat 2011; Norris 2004; Singh 2010).[79]

---

79 비례대표제는 다당제를 유도하는 경향이 있으며, 따라서 한 정당이 과반 의석을 차지하여 단독으로 국정을 운영하는 경우가 많지 않다. 만일 연합 정권이 등장하는 경우라면 실제 정책은 정권에 참여하는 정당 간 협상과 타협을 통해 결정되게 된다. 따라서 유권자 역시 선거 이후 연합 정권의 등장을 예상하여 자신의 이념적·정책적 입장과 거리가 있는—상대적으로 극단적인—정당에 전략적으로 투표할 수 있다(Kedar 2009).

또 다른 차원에서 선거제도의 차이는 경제투표, 혹은 보다 일반적으로 회고적 투표의 중요성에도 차이를 가져올 수 있다. 경제투표 이론에 따르면 유권자가 투표 선택에서 경제상황에 대한 평가를 얼마나 중요하게 고려하는가는, 국정운영의 책임 소재가 얼마나 명확한가에 따라 달라질 수 있다(Duch and Stevenson 2008). 즉 복수의 정당이 연합하여 정부를 구성한 경우라면 경제상황의 부정적 변화의 책임을 어느 정당에게 물어야 할지가 명확하지 않을 수 있으며, 이 경우 유권자의 투표 선택에 경제상황에 대한 평가가 끼치는 영향력은 감소하게 된다. 만일 비례대표제가 다수제 선거제도에 비해 다당제를 유도하고 결과적으로 정당 간 연합정부의 등장을 촉진하는 경향이 강하다면, 이는 경제투표의 중요성이 상대적으로 감소할 수 있다는 것을 의미한다.

3. 혼합형 선거제도에서의 분할투표

혼합형 선거제도에서 유권자는 지역구 후보에게 1표 그리고 비례대표 선출을 위한 정당투표 1표, 즉 총 2표를 행사하게 된다. 비록 투표의 대상은 다르지만, 혼합형 선거제도에서 유권자가 행사하는 2표는 서로 독립적(independent)이지 않다. 우선 정당일체감이나 이념성향, 회고적 평가 등 유권자의 투표 선택을 결정하는 여러 요인들의 영향력은 지역구 선거에서나 정당투표에서나 동일하게 작동한다. 즉 특정 정당에 대해 일체감을 가지고 있는 유권자가 해당 정당 소속 후보를 지지하거나, 대통령의 국정운영을 부정적으로 평가하는 유권자가 여당을 심판하고 야당 후보를 선택하는 것은 지역구 선거에서나 정당투표에서나 마찬가지라는 것이다. 더구나—다양한 투표결정 요인의 영향력을 통제한 이후에도—지역구 선거에서 특정한 후보를 선택했다는 사실 자체가 정당투표에서 어떤 정당을 지지하는가에 영향을 준다는 증거도 존재한다. 다시 말해서 1인 2표제에서 하나의 선거에서의 투표 선택과 다른 선거에서의 투표 선택 사이에는 일종의 파급(contamination 혹은 spill-over) 효과가 존재한다는 것이다(Cox and Schoppa. 2002; Ferrara et al. 2005; Hainmueller and Kern 2008; Karp 2009). 예를 들어 지역구 선거에서 지지하는 후보의 특징—후보 개인에 대한 호감도나 평가, 현직 여부 등—이 해당 지역구의 정당투표 결과에도 유의미한 영향을 끼친다는 증거가 존재한다.

지역구 선거의 투표 선택과 정당투표의 투표 선택에 서로 연관되어 있다는 사실은 유권자 입장에서 두 선거에서 동일한 선택을 내릴 가능성이 크다는 것을 의미한다. 그런데 흥미로운 점은 혼합형 선거제도를 채택한 대부분의 국가에서 적지 않은 수의 유권자들이 지역구 선거와 정당투표에서 서로 다른 정당에 투표한다는 사실이다. 예를 들어 〈표 13-2〉에서는 2024년 제22대 총선 직후 실시된 설문조사에서 응답자들이 지역구 선거와 정당투표에서 어떤 정당에 투표했다고 대답했는지 보여주고 있다. 다만 제21대 총선부터 선거제도가 준연동형으로 바뀌었다는 점을 고려하여, 기존의 병립형 선거제도가 마지막으로 적용된 2016년 제20대 총선 직후 설문조사의 결과를 함께 보여주고 있다. 결과에 따르면 투표한 유권자 중 적게 잡아도 21~24%에 해당하는 비율이 지역구 선거와 정당투표에서 서로 다른 정당에 투표한 것으로 나타났다.[80] 물론 군소정당의 경우 지역구에 아예 후보를 공천하지 않은 경우가 많으며, 이러한 정당의 지지자들은 의도와 무관하게 지역구 선거에서 다른 정당 소속 후보를 선택할 수밖에 없다. 그러나 이를 감안하더라도, 〈표 13-2〉의 결과는 여전히 적지 않은 수의 유권자들이 지역구 선거에서 투표한 후보의 정당이 아닌 다른 정당에 정당투표를 던졌다는 점을 보여주고 있다.

여러 단위의 선거가 동시에 실시될 때 서로 다른 정당 소속의 후보에게 표를 나눠 투표하는 행위를 분할투표(split-ticket voting)라고 한다. 애초에 분할투표에 대한 관심은 4년마다 대통령선거와 상·하원의원 선거가 함께 실시되는 미국에서 서로 다른 정당 소속의 대통령 후보와 상·하원의원 후보에게 투표하는 현상에서 비롯되었다. 예를 들어 대통령선거에서 공화당 후보에게 투표하고 하원이나 상원의원 선거에서 민주당 후보에게 투표하거나 그 반대의 경우를 의미한다. 과거 정당일체감에 따른 일관투표(straight-ticket voting)가 당연하게 생각되던 미국 선거에서, 1970년대 이후 정당일체감이 약화되고 무당파가 증가하면서 분할투표를 하는 유권자의 비율이 증가했다.[81] 그리고 분할투표는 서로 다

80 물론 이 수치는 설문조사에 기반한 것이기 때문에 정확한 분할투표자의 비율을 보여주는 것이라고 볼 수 없다. 실제로 얼마나 많은 유권자들이 분할투표를 하는가는 설문조사에 따라 다르게 추정되며, 예를 들어 이한수(2024)는 다른 설문조사 자료를 사용하여 제22대 총선에서 투표한 유권자 중 분할투표자의 비율이 약 41%에 달한다고 추정한다.

81 그러나 1990년대 이후 미국 정치의 양극화가 진행되면서, 유권자의 투표 선택에서 정당에 대한 태도가 가지는 중요성이 다시 증가하고 분할투표자의 비율은 다시 감소하는 모습을 보인다.

른 정당이 행정부와 입법부를 장악하는 분점정부(divided government) 현상이 빈번하게 발생하게 된 주요한 원인 중 하나로 지목되어 왔다.

〈표 13-2〉 지역구 선거와 정당투표의 투표 선택 (%)

(A) 제22대 총선 (*N*=783)

		정당투표						합계
		더불어민주당	국민의미래	새로운미래	개혁신당	조국혁신당	기타정당	
지역구	더불어민주당	32.3	0.4	0.3	1.2	17.2	0.1	51.6
	국민의힘	0.6	42.8	0.6	1.2	1.3	–	46.5
	새로운미래	–	–	–	0.1	0.3	–	0.4
	개혁신당	–	–	–	0.8	–	–	0.8
	기타 정당	0.1	–	–	0.1	0.2	0.1	0.6
	무소속	–	–	–	–	0.1	–	0.1
합계		33.1	43.2	0.9	3.3	19.0	0.1	100

(B) 제20대 총선 (*N*= 930)

		정당투표					합계
		새누리당	더불어민주당	국민의당	정의당	기타정당	
지역구	새누리당	32.9	1.4	2.6	0.2	1.0	38.2
	더불어민주당	1.4	29.7	4.7	2.0	0.4	38.3
	국민의당	0.9	1.2	13.9	0.1	0.3	16.3
	정의당	–	0.1	0.1	1.2	–	1.4
	기타 정당	0.1	–	0.3	0.2	1.1	1.7
	무소속	1.3	0.6	1.2	0.2	0.8	4.1
합계		36.6	33.0	22.8	4.0	3.7	100

주: 투표한 정당을 밝히지 않은 소수의 유권자들은 제외됨.

자료: 한국정치학회(2024, 2016)

미국 유권자들이 분할투표에 나서는 이유에 대해서는 여러 가지 설명이 제시되었다. 첫 번째는 앞서 6장에서도 다룬 후보자 요인의 중요성 증가이다. 선거에서 정당의 역할이 감소하고 대신에 현직 효과와 같은 후보자 요인이 중요하게 부각되면서, 정당일체감이나 이념성향에 따른 정치적 구도의 변화와 별개로 분할투표에 나서는 유권자의 비율이 증가했다는 것이다(Wattenberg 1991). 두 번째는 유권자들이 대통령 후보에게 기대하는 능력과 자질이 의원에게 기대하는 능력과 자질이 다르다는 설명이다(Jacobson 1990). 즉 대통령으로는 국가적인 차원의 이슈를 잘 해결할 수 있는 후보를 원하지만, 특정 지역구를 대표하는 의원에게는 지역 발전과 민원 해결, 예산 확보 등에 있어서 능력을 발휘할 것을 기대한다. 그런데 각 정당은 서로 다른 분야에서 장점을 가지고 있으며, 이러한 인식의 차이가 분할투표로 이어진다는 것이다. 세 번째 설명은 분할투표의 원인을 정당에 대한 상충적 태도(ambivalence)에서 찾는다. 즉 민주당과 공화당에 대한 선호의 차이가 크지 않은, 혹은 정당에 대해 호감과 비호감을 동시에 느끼는, 유권자들이 상당수 존재하며, 이들이 인지적 부조화(cognitive dissonance)를 해소하는 하나의 방법이 분할투표라는 것이다(Lavine et al. 2012; Mulligan 2011).

분할투표에 대한 마지막 설명은 유권자들의 전략적 선택이다. 대통령제에서 정책은 대통령과 의회 사이의 협상과 타협의 결과로 만들어진다. 그런데 하나의 정당이 행정부와 입법부를 동시에 장악하고 있다면, 지나치게 진보적이거나 보수적인 정책이 만들어질 가능성이 높다. 반면에 분점정부 하에서는 대통령과 의회 어느 한쪽에 치우치지 않는 중도적인 정책이 만들어질 가능성이 높다. 이러한 사실을 이해한 유권자들이 대통령선거에서 특정 정당의 후보에게 투표했다면 의회선거에서는 다른 정당 소속 후보에게 투표함으로써, 행정부와 입법부 사이에 견제와 균형을 맞추고 극단적 정책이 만들어지는 것을 방지하려는 전략적 선택의 결과가 분할투표라는 것이다(Alesina and Rosenthal 1995; Fiorina 1992; Lewis-Beck and Nadeau 2004; Mebane 2000).

물론 미국의 분할투표와 혼합형 선거제도에서 나타나는 분할투표는 성격이 다르다고 할 수 있다. 미국의 경우는 대통령과 의회, 혹은 상원과 하원이라는 서로 다른 정부기구를 구성하는 선거 사이에서 나타나는 투표 선택이라면, 한국의 경우에는 다수제와 비례대표제라는 별개의 규칙이 적용될 뿐 기본적으로 입법부의 구성원을 선출하는 하나의 선거에서 나타나는 것이기 때문이다.[82] 따라서 미국의 분할투표에 대한 설명이 유의미한 출발점을 제공해 줄 수 있지만, 그렇다고 해서 혼합형 선거제도에서 나타나는 분할투표를 설명하는 데 그대로 적용하기는 어렵다. 예를 들어 지역구 선거와 정당투표에서 각기 다른 정당에게 투표하는 이유를 대통령과 의회 사이의 견제와 균형을 달성하고자 하는 전략적 선택에 돌리기에는 한계가 있기 때문이다.

---

82 이러한 관점에서 미국과 같이 서로 다른 수준의 선거 사이에서 나타나는 분할투표를 수직적 분할투표(vertical split-ticket voting)라고 하고 한국과 같이 혼합형 선거제도를 채택한 국가에서 나타나는 분할투표를 수평적 분할투표(horizontal split-ticket voting)라고 구별하기도 한다.

다양한 국가의 혼합형 선거제도를 분석한 연구는 이들 국가의 유권자들은 조금 다른 전략적 목적으로 분할투표에 나선다고 주장한다(Gschwend 2007; Helmke 2009; Karp et al. 2002; Moser and Scheiner 2005, 2009; 박찬욱 2004). 첫 번째는 '사표 방지' 분할투표이다. 군소정당을 지지하는 유권자의 경우 득표율에 따른 의석 배분이 이루어지는 정당투표에서는 지지 정당에 그대로 투표하지만(sincere voting), 지지 정당 소속 후보가 당선가능성이 낮은 지역구 선거에서는 양대 정당 중 좀 더 선호하는 정당 소속 후보에게 전략적으로 투표한다는 것이다. 두 번째는 '연합 보장(coalition insurance)' 분할투표이다. 하나의 정당이 압도적인 의석을 차지하지 않는다면, 의회에서 법안을 통과시키기 위해서는 비슷한 이념적·정책적 지향을 가진 다른 정당의 협조가 필수적이다. 따라서 양대 정당 지지자의 경우 지역구 선거에서는 자신의 선호대로 지지 정당 소속 후보를 선택하는 동시에 정당투표에서는 자신이 지지하는 정당과 연합을 구성할 수 있는 군소정당에 전략적으로 투표한다는 것이다. 세 번째로 미국의 분할투표와 유사한 '견제 균형(balancing)' 전략투표 역시 가능하다. 즉 의회 내에서 양대 정당 간에 견제와 균형을 통해 극단적인 정책이 만들어지지 않도록 하려는—중도 성향 혹은 무당파—유권자가 지역구 선거에서는 좀 더 선호하는 정당의 후보에게 투표하면서, 정당투표에서는 그 후보의 정당과 경쟁하는 다른 큰 정당에 투표할 수 있다는 것이다.

그렇다면 어떤 유권자들이 언제 분할투표라는 전략적 선택을 내리는가? 한국의 총선에서 나타나는 분할투표를 분석한 연구에 따르면 양대 정당 지지자와 군소정당 지지자 사이에서 분할투표 여부에 영향을 끼치는 요인이 달라질 수 있다(이한수 2024; 조성대 2020). 예를 들어 군소정당 지지자의 경우 정당일체감이 강할수록 그리고 정치적 세련도가 높을수록 분할투표 확률이 증가하는 반면에, 양대 정당 지지자의 경우에는 반대로 분할투표 확률이 감소하는 것으로 나타났다. 또한 지역구 선거의 경쟁도가 증가할수록 군소 정당 지지자들에 의한 사표 방지 분할투표가 증가한다.

혼합형 선거제도에서 나타나는 분할투표, 나아가 어떤 유권자가 어떤 상황에서 분할투표에 나서는가의 문제는, 유권자의 투표 선택이 단순히 개인적인 요인에 의해서만 결정되는 것이 아니라는 점을 보여주고 있다. 선거에서 누구를 왜 지지하는가는 선거가 실시되는 제도적·정치적 환경에 따라 달라질 수 있으며, 실제로 유권자들은 자신의 투표가 어떻게 선거 결과에 반영되는가를 고려하여 전략적인 선택을 내리고 있다. 다시 말해서 선거에 임하는 유권자는 주어진 선택지 중 하나를 고르기만 하는 수동적 방관자가 아니며, 자신이 처한 상황에서 최대한 원하는 결과를 만들어내기 위해 노력하는 적극적 참여자라는 것이다.

이 책에서 사용된 설문조사 자료

동아시아연구원(EAI). 2012. 『2012년 총선대선패널조사』.

동아시아연구원(EAI). 2022. 『2002년 EAI 대선패널 조사』.

명지대 미래정치연구소. 2020. 『2020년 국회의원 선거 유권자 인식조사』.

명지대 미래정치연구소. 2017. 『정당과 사회통합에 대한 국민의식조사』.

서울대 사회발전연구소. 2017. 『정치와 민주주의에 관한 의식 조사』.

한국정치학회. 2024. 『제22대 국회의원선거 유권자 정치의식조사』.

한국정치학회. 2022a. 『제20대 대통령선거 관련 유권자 의식조사』.

한국정치학회. 2022b. 『양극화에 대한 일반 국민 인식 조사』.

한국정치학회. 2020. 『제21대 국회의원선거 유권자 정치의식조사』.

한국정치학회. 2017. 『제19대 대통령선거 관련 유권자 의식조사』.

한국정치학회. 2016. 『제20대 국회의원선거 유권자 정치의식조사』.

한국정치학회. 2012a. 『제18대 대통령선거 관련 유권자 의식조사』.

한국정치학회. 2012b. 『제19대 국회의원선거 유권자 정치의식조사』.

한국정치학회. 2008. 『제18대 국회의원선거 유권자 정치의식조사』.

한국정치학회. 2007. 『제17대 대통령선거 관련 유권자 의식조사』.

한국정치학회. 2004. 『제17대 국회의원선거 유권자 정치의식조사』.

참고 문헌

가상준. 2008. "노무현 대통령에 대한 평가가 2007년 대통령선거에 미친 영향력 분석"『현대정치연구』 제1권 1호, 33-57.

가상준. 2016. "사전투표제는 투표율을 제고하는가?"『한국정당학회보』 제15권 1호, 5-28.

강신구. 2016. "사전투표제도와 투표율: 제20대 국회의원선거 유권자 조사자료분석."『한국정치연구』 제25권 3호, 225-251.

강우진. 2013. "제18대 대선과 경제투표: 경제성장에 대한 정책선호의 일치의 영향력을 중심으로"『한국정치학회보』 제47집 5호, 213-233.

강우진. 2013. "박정희 신드롬과 한국의 민주주의: 네 가지 쟁점을 중심으로."『한국과 국제정치』 제29권 2호, 73-105.

강우창. 2016. "선거 당일 날씨와 정당 투표."『한국정당학회보』 제15권 1호, 107-130.

강우창·이준호. 2024. "오인과 과장 사이: 한국 유권자의 정서적 양극화에 대한 종단 분석(2000년~2022년)."『한국정치학회보』 제58집 1호, 7-32.

강우창·구본상·이재묵·정진웅. 2020. "제21대 국회의원 이념성향과 정책 태도."『의정연구』 제26권 3호, 37-83.

강원택. 2003.『한국의 선거 정치: 이념, 지역, 세대와 미디어』. 서울: 푸른길.

강원택. 2005. "한국의 이념 갈등과 진보·보수의 경계."『한국정당학회보』 제4권 2호, 193-217.

강원택. 2008. "2007년 대통령 선거와 이슈: 회고적 평가 혹은 전망적 기대?"『의정연구』 제14권 1호, 31-58.

강원택. 2010.『한국 선거정치의 변화와 지속: 이념, 이슈, 캠페인과 투표참여』. 서울: 나남.
강원택. 2011. “한국에서 정치 균열 구조의 역사적 기원: 립셋–록칸 모델의 적용.”『한국과 국제정치』 제27권 3호, 99–129.
강원택. 2012a. “3당 합당과 한국 정당 정치.”『한국정당학회보』 제11권 1호, 171–193.
강원택. 2012b. “왜 회고적 평가가 이뤄지지 않았을까: 2012년 국회의원 선거 분석.”『한국정치학회보』 제46집 4호, 129 - 147.
강원택. 2013. “한국 선거에서의 ‘계급 배반 투표’와 사회 계층.”『한국정당학회보』 제12권 3호, 5–28.
강원택. 2017. “2017년 대통령선거에서의 보수 정치: 몰락 혹은 분화?”『한국정당학회보』 제16권 2호, 5–33.
강원택. 2019. “정당 지지의 재편성과 지역주의의 변화: 영남 지역의 2018년 지방선거 결과를 중심으로.”『한국정당학회보』 제18권 2호, 5–27.
구본상. 2021. “여성, 간과된 변수: 투표율에서의 성차(Gender Gap) 분석.”『의정연구』 제27권 1호, 5–40.
구본상・윤상진・최준영. 2015. “20~30대 남녀 유권자 투표율의 성별 역전 현상에 관한 퍼즐.”『한국정당학회보』 제14권. 2호, 115–140.
권혁용. 2023. “한국의 민주주의 퇴행.”『한국정치학회보』 제57집 1호, 33–58.
권혁용・한서빈. 2018. “소득과 투표참여의 불평등: 한국 사례 연구, 2003–2014.”『정부학연구』 제24권 2호, 61–84.
길정아. 2019 “정부 신뢰, 회고적 투표, 그리고 당파적 편향: 2014년과 2018년 지방선거를 중심으로.”『한국정당학회보』 제18권 3호, 31–69.
길정아・강원택. 2020. “제21대 국회의원선거에서의 회고적 투표: 대통령의 코로나 대응 평가와 당파적 편향.”『한국정당학회보』 제19권 4호, 101–140.
김기동・이재묵. 2021. “한국 유권자의 당파적 정체성과 정서적 양극화.”『한국정치학회보』 제55집 2호, 57–87.
김기동・이재묵. 2022. “한국 유권자의 지역정체성과 지역주의 태도.”『한국정치학회보』 제56권 1호, 123–160.
김낙년. 2018. “한국의 소득집중도: update, 1933–2016.”『한국경제포럼』 제11권 1호, 1–32.

김도균 · 최종호. 2018. “주택소유와 자산기반 투표 : 17대~19대 대통령 선거 분석.” 『한국정치학회보』 제47집 5호, 57-86.
김성연. 2017a. “제18대 대통령 선거에서 이념의 영향: 패널 데이터 분석 결과.” 『의정연구』 제23권 2호, 148-177.
김성연. 2017b. “20대 총선에서 정책 투표의 영향: 안보와 복지 이슈를 중심으로.” 『한국정치학회보』 제16권 3호, 47-78.
김성연. 2023. “한국 유권자들의 이념적 양극화와 당파적 정렬: 21세기 이후 다섯 차례 대통령 선거 분석 결과.” 『한국정치연구』 제32집 3호, 123-143.
김성연 · 김준석 · 길정아. 2013. “한국 유권자들은 정책에 따라 투표하는가?: 정책선호, 정책인식, 그리고 정책투표.” 『한국정치학회보』 제47집 1호, 167-183.
김수인 · 강원택. 2022. “자산과 투표 선택: 수도권 지역 유권자를 중심으로.” 『한국정치학회보』 제56집 1호, 187-215.
김연숙. 2018. “부정적 정당 감정과 후보자 선택: 2017년 대통령 선거 결과 분석.” 『한국정치학회보』 제52집 4호, 5-32.
김용철 · 조영호. 2015. “지역주의적 정치구도의 사회심리적 토대: ‘상징적 지역주의’로의 진화?” 『한국정당학회보』 제14권 1호, 93-128.
노환희 · 송정민 · 강원택. 2013. “한국 선거에서의 세대 효과: 1997년부터 2012년까지의 대선을 중심으로.” 『한국정당학회보』 제12권 1호, 113-140.
도묘연. 2020. “포퓰리즘 성향의 한국 대중들은 어떠한 민주주의를 선호하는가?” 『한국정치연구』 제31권 3호, 183-213.
도묘연. 2021. “한국 대중의 이념 정향이 포퓰리즘 성향에 미치는 영향.” 『의정연구』 제27권 1호, 117-154.
문우진. 2017. “지역주의 투표의 특성과 변화: 이론적 쟁점과 경험분석.” 『의정연구』 제23권 1호, 81-111.
문우진. 2024. “한국의 두 주요 정당은 누구의 이념을 대표하는가?: 집토끼와 산토끼 선택의 딜레마와 이념 양극화.” 『의정연구』 제30권 1호, 66-97.
민정훈 · 이현석 · 정석원 · 이현우. 2018. “누가 왜 대안을 원하는가?: 한국인의 직접, 대표제, 전문가 민주주의 지지.” 『한국정당학회보』 제

17권 4호, 5-41.

박선경. 2020a. “젠더 내 세대격차인가, 세대 내 젠더격차인가?: 청년 여성의 자기평가이념과 정책태도 분석.”『한국정당학회보』 제19권 2호, 5-36.

박선경. 2020b. “21대 총선은 코로나 로 결정된 선거인가?: 코로나 대응평가와 야당심판론에 의한 투표 변경 분석.”『현대정치연구』 제13권 3호, 87-118.

박윤희·김민수·박원호·강신구·구본상. 2016. “제20대 국회의원선거 당선자 및 후보자의 이념성향과 정책태도.”『의정연구』 제22권 3호, 117-158.

박원호. 2013. “정당일체감의 재구성.” 박찬욱·강원택 편.『2012년 대통령 선거 분석』. 서울: 나남.

박원호·송정민. 2012. “정당은 유권자에게 얼마나 유의미한가?: 한국의 무당파층과 국회의원 총선거.”『한국정치연구』 제21집 2호, 115-143.

박원호·신화용. 2014. “정당 선호의 감정적 기반: 세월호 사건과 지방선거를 중심으로.”『한국정치학회보』 제48집 5호, 119-142.

박원호·안도경·한규섭. 2013. “제18대 대통령 선거의 경제민주화 쟁점에 대한 실험설문: 프레이밍 효과를 중심으로.”『한국정치연구』 제22권 1호, 1-28.

박지영. 2020. “빅데이터 분석을 통해 살펴본 미디어의 정치적 편향성 및 선택적 미디어 노출로 인한 정치적 양극화.”『한국정치연구』 제29권 3호, 213-243.

박찬욱. 2004. “제17대 총선에서 2표 병립제와 유권자의 분할투표: 선거제도의 미시적 효과 분석.”『한국정치연구』 13(2), 39-85.

손낙구. 2010.『대한민국 정치사회지도』. 서울: 후마니타스.

송경재. 2015. “네트워크 사회, 소셜 시티즌의 사회적 자본.”『한국정당학회보』 제14권 2호, 167-194.

송경재. 2020. “한국의 소셜미디어 사용과 다층적 참여 시민에 관한 연구.”『한국정치연구』 제29권 2호, 153-181.

송진미. 2020.『합의이슈정치와 유권자의 선택: 2012년, 2017년 대통령선거에서의 이슈경쟁과 이슈소비』. 서울대학교 박사학위논문.

송진미·박원호. 2014. “이슈선점과 정당일체감 : 제18대 대통령선거를 중심으로.”『한국정당학회보』 제13권 1호, 5-31.

신정섭. 2020. “코로나19가 제21대 국회의원 선거 투표 선택에 미친 영향: 정부대응 평가와 개인피해를 중심으로.”『한국정치연구』 제29권 3호, 155-182.

오현주·송진미·길정아·강원택. 2014. “정당 호감도와 회고적 평가: 2014년 지방선거를 중심으로”『한국정당학회보』 제13권 2호, 69-97.

윤광일. 2018. “균열구조와 19대 대선: 완전한 균열로서 지역균열.”『한국정치연구』 제27권 1호, 241-280.

윤성이. 2008. “17대 대선에 나타난 온라인 선거운동의 특성과 한계.”『한국정치학회보』 제42집 2호, 203-230.

윤성이. 2014. “뉴미디어 확산과 선거의 변화.”『국가전략』 제26권 2호, 67-92.

윤왕희. 2022. “‘비호감 대선’과 정당의 후보 경선에 관한 연구: 경선 방식과 당원구조 변화를 중심으로.”『한국정당학회보』 제21권 2호, 83-120.

이갑윤·이현우. 2008. “이념투표의 영향력 분석: 이념의 구성, 측정 그리고 의미.”『현대정치연구』 제1권 1호, 137-166.

이내영. 2011. “한국사회 이념갈등 원인: 국민들의 양극화인가, 정치엘리트들의 양극화인가?”『한국정당학회보』 제10권 2호, 251-285.

이내영·안종기. 2013. “제18대 대통령선거와 회고적 투표: 왜 제18대 대통령선거에서 집권정부에 대한 회고적 평가가 중요한 영향을 미치지 못했나?”『한국정당학회보』 제12권 2호, 5-36.

이내영·정한울. 2007. “이슈와 한국 정당지지의 변동”『한국정치학회보』 제41집 1호, 31-55.

이내영·허석재. 2010. “합리적인 유권자인가, 합리화하는 유권자인가?: 17대 대선에 나타난 유권자의 이념과 후보선택.”『한국정치학회보』 제44집 2호, 45-67.

이상신. 2010. “정부신뢰의 위기: 천안함 사건을 중심으로.”『한국정치학회보』 제44집 4호, 97-117.

이준호·강우창. 2025. “인지된 이념적 양극화와 정서적 양극화.”『한국정치학회보』 제59집 1호, 5-28.

이지은 · 강원택. 2020. "계급 투표의 재구성: 자산과 소득의 연계를 중심으로." 『한국정치연구』 제29집 3호, 123-153.

이한수. 2022. "제20대 대통령선거의 분열쟁점과 쟁점투표." 『의정연구』 제28권 2호, 6-41.

이한수. 2024. "누가 분할투표를 하는가?: 정치지식과 이념 인식에 따른 정당 지지의 영향력." 『의정연구』 제30권 2호, 93-122.

장기영 · 박지영. 2018. "한국 정당지지자는 대통령선거 후보자와의 '이념거리'를 어떻게 인식하는가?: 한국 정당지지자의 '투사효과' 비교분석." 『한국정당학회보』 제17권 1호, 77-102.

장승진. 2012a. "한국 유권자들의 정당에 대한 태도: 정당지지와 정당투표의 이념적, 정서적 기초." 박찬욱 · 강원택 편. 『2012년 국회의원선거 분석』. 서울: 나남.

장승진. 2012b. "제19대 총선의 투표 선택: 정권심판론, 이념 투표, 정서적 태도" 『한국정치학회보』 제46집 52호, 99-120.

장승진. 2013a. "2012년 양대 선거에서 나타난 계층균열의 가능성과 한계." 『한국정치학회보』 제47집 4호, 51-70.

장승진. 2013b. "민주통합당은 좌클릭 때문에 패배하였는가?: 제18대 대선에서의 이념투표." 『의정연구』 제19권 2호, 73-98.

장승진. 2013c. "경제민주화와 제18대 대선: 쟁점 투표(Issue Voting)와 정치지식(Political Knowledge)." 『한국정당학회보』 제12권 1호, 87-112.

장승진. 2016. "제20대 총선의 투표 선택: 회고적 투표와 세 가지 심판론" 『한국정치학회보』 제50집 4호, 151-169.

장승진. 2019. "한국 지방선거의 다층적 회고적 투표" 『한국정당학회보』 제18권 1호, 5-27.

장승진. 2020a. "보수적이지 않은 보수주의자와 진보적이지 않은 진보주의자: 이념성향, 정책선호, 그리고 가치 정향" 『한국정당학회보』 제19권 1호, 129-156.

장승진. 2020b. "유권자들은 총선에서 누구를 언제 심판하는가?: 제21대 총선에서 나타난 조건부 회고적 투표" 『한국정치학회보』 제54집 4호, 83-105.

장승진. 2021. "당파적 양극화 속 새로운 정치적 대상에 대한 이념적 인식: 윤석열 현상을 사례로" 『한국정치학회보』 제55집 4호, 43-62.

장승진. 2023. 『한국의 선거와 회고적 투표: 한국의 유권자들은 지지후보 및 정당을 어떻게 선택하는가』. 파주: 경인문화사.

장승진・장한솔. 2020. "경제적 양극화 시대의 정치 참여: 계층이동성 인식에 따른 참여 양식의 차이를 중심으로." 『한국정치연구』 제29집 3호, 245−266.

장승진・장한일. 2020. "당파적 양극화의 비정치적 효과." 『한국정치학회보』 제54집 5호, 153−175.

장승진・장한일. 2021. "당파적 편향은 회고적 평가를 왜곡하는가?: 실험설문 분석." 『한국정당학회보』 제20권 2호, 73−97.

장승진・장한일. 2022. "당파적 양극화와 포퓰리즘, 그리고 당내 민주주의: 정당 지지자의 당내 이견에 대한 관용성 연구." 『한국정치학회보』 제56집 5호, 87−109.

장승진・하상응. 2022. "한국 유권자의 정당일체감: 사회적 정체성인가, 정치적 이해관계인가?" 『한국정치학회보』 제56집 2호, 37−58.

장승진・한정훈. 2021. "유튜브는 사용자들을 정치적으로 양극화시키는가?: 주요 정치 및 시사 관련 유튜브 채널 구독자에 대한 설문조사 분석." 『현대정치연구』 14(2), 5−35.

정동준. 2018. "2018년 지방선거 이후 유권자들의 정치 양극화: 당파적 배열과 부정적 당파성을 중심으로." 『OUGHTOPIA』 제33권 3호, 143−180.

정동준. 2023. "한국 시민의 좌파 포퓰리즘 성향과 우파 포퓰리즘 성향 비교 : 쟁점입장과 민주주의에 대한 태도를 중심으로." 『현대정치연구』 제16권 2호, 7 - 50.

정진민・길정아. 2014. "18대 대선에서 나타난 한국 무당파 유권자의 특성과 행태: 인지적 동원을 중심으로." 『국가전략』 제20권 3호, 135−162.

조기숙. 1998. "쉬운 쟁점의 선거전략 : 미국의 인종쟁점과 한국의 지역주의 쟁점 비교분석." 『한국정치학회보』 제32집 4호, 129−149.

조성대. 2015. 『이념의 정치와 한국의 선거: 공간이론으로 본 한국의 대통령 선거』. 서울: 오름.

조성대. 2020. "준연동형 비례대표제 아래 정당 선호순위와 전략적 분할투표에 관한 연구: 21대 한국 총선 사례." 『한국정치학회보』 제54집 5호, 125−151.

조영호·김용철. 2017. "한국 민주주의 불안정의 문화적 기반: 한국인들은 어떤 민주주의를 지지하는가?"『한국정치학회보』 제51집 5호, 5-28.

지병근. 2012. "투표율 상승이 민주통합당에게 이로울까? 제19대 총선에서 나타난 투표율의 정당편향."『한국정치연구』 제21권 3호, 127-153.

최준영·박상희·구본상. 2024. "정서적 양극화 줄이기: 상위정체성과 협치의 효과에 관한 두 개의 실험."『한국정치학회보』 제58집 3호, 85-112.

최준영·조진만. 2005. "지역균열의 변화 가능성에 대한 경험적 고찰: 제17대 국회의원 선거에서 나타난 이념과 세대 균열의 효과를 중심으로."『한국정치학회보』 제39집 3호, 375-394.

하상응. 2018. "한국 유권자의 포퓰리즘 성향이 정치행태에 미치는 영향."『의정연구』 제24권 1호, 135-170.

한정훈. 2012. "정당일체감 형성요인 분석: 정강, 정당지도자 및 정당활동가."『한국과 국제정치』 제28권 3호, 93-128.

한정훈. 2019. "정당의 명칭변경에 대한 한국 유권자의 인식과 정당일체감."『한국과 국제정치』 제35권 2호, 1-35.

허석재. 2014a. "세대와 생애주기, 그리고 투표 선택: 1992~2012 대통령선거 분석."『한국과 국제정치』 제30권 2호, 167-199.

허석재. 2014b. "한국에서 정당일체감의 변화: 세대교체인가, 생애주기인가."『한국정당학회보』 제13권 1호, 65-93.

황아란. 2013. "2000년대 지방선거의 변화와 지속성: 현직효과와 중앙정치의 영향"『한국정치학회보』 제47집 5호, 277-295.

황아란. 2017. "국회의원선거와 현직의 직·간접적인 효과: 제20대 총선을 중심으로."『한국정치학회보』 제51집 4호, 123-146.

Abramowitz, Alan I., and Kyle L. Saunders. 1998. "Ideological Realignment in the U.S. Electorate." *Journal of Politics* 60(3), 634-652.

Abramowitz, Alan I., and Kyle L. Saunders. 2008. "Is Polarization a Myth?" *Journal of Politics* 70(2), 542-555.

Abramowitz, Alan. I., and Steven W. Webster. 2018. "Negative Partisanship: Why Americans Dislike Parties but Behave Like Rabid Partisans."

Political Psychology 39(1), 119–135.

Achen, Christopher. 1992. "Social Psychology, Demographic Variables, and Linear Regression: Breaking the Iron Triangle in Voting Research." *Political Behavior* 14(3), 195–211.

Achen, Christopher, and Larry M. Bartels. 2016. *Democracy for Realists: Why Elections Do Not Produce Responsive Government*. Princeton: Princeton University Press.

Adams, James F., Samuel Merrill III, and Bernard Grofman. 2005. *A Unified Theory of Party Competition: A Cross-National Analysis Integrating Spatial and Behavioral Factors*. Cambridge: Cambridge University Press.

Ahler, Douglas J., and Gaurav Sood. 2018. "The Parties in Our Heads: Misperceptions about Party Composition and Their Consequences." *Journal of Politics* 80(3), 964–981.

Akkerman, Agnes, Cas Mudde, and Andrej Zaslove. 2014. "How Populist Are the People? Measuring Populist Attitudes in Voters." *Comparative Political Studies* 47(9), 1324–1353.

Aldrich, John H., Jamie L. Carson, Brad T. Gomez, and David W. Rohde. 2019. *Change and Continuity in the 2016 and 2018 Elections*. Thousand Oaks, CA: CQ Press.

Aldrich, John H., Christopher Gelpi, Peter Feaver, Jason Reifler, and Kristin Thompson Sharp. 2006. "Foreign Policy and the Electoral Connection." *Annual Review of Political Science* 9, 477–502.

Aldrich, Joh H., John L. Sullivan, and Eugene Borgida. 1989. "Foreign Affairs and Issue Voting: Do Presidential Candidates "Waltz Before A Blind Audience?"" *American Political Science Review* 83(1), 123–141.

Alesina, Alberto, and Eliana La Ferrara. 2005. "Preferences for Redistribution in the Land of Opportunities." *Journal of Public Economics* 89(5), 897–931.

Alesina, Alberto, and Howard Rosenthal. 1995. *Partisan Politics, Divided Government, and the Economy*. New York: Cambridge University Press.

Almond, Gabriel A., and Sidney Verba. 1963. *Civic Culture: Political Attitudes and Democracy in Five Nations*. Princeton, NJ: Princeton University

Press.

Alvarez, R. Michael. 1997. *Information and Elections*. Ann Arbor: University of Michigan Press.

Anderson, Christopher J. 2000. "Economic Voting and Political Context: A Comparative Perspective." *Electoral Studies* 19(2–3), 151–170.

Anderson, Christopher J. 2007. "The End of Economic Voting? Contingency Dilemmas and the Limits of Democratic Accountability." *Annual Review of Political Science* 10, 271–296.

Ansolabehere, Stephen, Jonathan Rodden, and James M. Snyder Jr. 2008. "The Strength of Issues: Using Multiple Measures to Gauge Preference Stability, Ideological Constraint, and Issue Voting." *American Political Science Review* 102(2), 215–232.

Ashworth, Scott. 2012. "Electoral Accountability: Recent Theoretical and Empirical Work." *Annual Review of Political Science* 15, 183–201.

Bafumi, Joseph, and Robert Y. Shapiro. 2009. "A New Partisan Voter." *Journal of Politics* 71(1), 1–24.

Bankert, Alexa, 2021. "Negative and Positive Partisanship in the 2016 U.S. Presidential Elections." *Political Behavior* 43(4), 1467-1485.

Barnes, Samuel H., M. Kent Jennings, Ronald Inglehart, and Barbara Farah. 1988. "Party Identification and Party Closeness in Comparative Perspective." *Political Behavior* 10(3), 215–231.

Bartels, Larry M. 1993. "Messages Received: The Political Impact of Media Exposure." *American Political Science Review* 87(2), 267–285.

Bartels, Larry M. 2000. "Partisanship and Voting Behavior, 1952–1996." *American Journal of Political Science* 44(1), 35–50.

Bartels, Larry M. 2002. "Beyond the Running Tally: Partisan Bias in Political Perceptions." *Political Behavior* 24(2), 117–150.

Bartels, Larry M. 2008. *Unequal Democracy: The Political Economy of the New Gilded Age*. New York: Russell Sage Foundation.

Baum, Matthew A., and Tim Groeling. 2008. "New Media and the Polarization of American Political Discourse," *Political Communication* 25(4): 345–365.

Bell, Angela, Collette Eccleston, Leigh Bradberry, William Kidd, Catherine Mesick, and Abraham Rutchick. 2021. "Ingroup Projection in American Politics: An Obstacle to Bipartisanship." *Social Psychological and Personality Science* 13(5), 906–915.

Berelson, Bernard, Paul F. Lazarsfeld, and William N. McPhee. 1954. *Voting: a Study of Opinion Formation in a Presidential Campaign*, Chicago: Chicago University Press.

Berry, Christopher R., and William G. Howell. 2007. "Accountability and Local Elections: Rethinking Retrospective Voting." *Journal of Politics* 69(3), 844–858.

Bertsou, Eri, and Daniele Caramani. 2022. "People Haven't Had Enough of Experts: Technocratic Attitudes among Citizes in Nine European Democracies." *American Journal of Political Science* 66(1), 5–23.

Bertsou, Eri, and Giulia Pastorella. 2017. "Technocratic Attitudes: A Citizens' Perspective of Expert Decision–Making." *West European Politics* 40(2), 430–458.

Bird, Karen, Thomas Saalfeld, and Andreas M. WUst. eds. 2011. *The Political Representation of Immigrants and Minorities: Voters, Parties and Parliaments in Liberal Democracies*. New York: Routledge.

Blais, André. 2000. *To Vote Or Not To Vote: The Merits and Limits of Rational Choice Theory*, Pittsburgh: University of Pittsburgh Press.

Blais, André, and Kees Aarts. 2006. "Electoral Systems and Turnout." *Acta Politica* 41(2), 180–96.

Blais André, and Agnieszka Dobrzynska. 1998. "Turnout in Electoral Democracies." *European Journal of Political Research* 33(2), 239–261.

Bloeser, Andrew J., Tarah Williams, Candaisy Crawford and Brian M. Harward. 2022. "Are Stealth Democrats Really Committed to Democracy? Process Preferences Revisited." *Perspectives on Politics* 22(1), 1–15.

Bobo, Lawrence, and Frederick C. Licari. 1989. "Education and Political Tolerance: Testing the Effects of Cognitive Sophistication and Target Group Affect." *Public Opinion Quarterly* 53(3), 285–308.

Box-Steffensmeier, Janet M., Suzanna De Boef, and Tse-min Lin. 2004. "The Dynamics of the Partisan Gender Gap." *American Political Science Review* 98(3), 515-528.

Boyne, George A., Oliber James, Peter John, and Nicolai Petrovsky. 2009. "Democracy and Government Performance: Holding Incumbents Accountable in English Local Governments." *Journal of Politics* 71(4), 1273-1284.

Brady, Henry E. 2004. "An Analytical Perspective on Participatory Inequality and Income Inequality." In Kathryn M. Neckerman, ed. *Social Inequality*. New York: Russell Sage Foundation.

Brady, Henry E., Sidney Verba, and Kay Lehman Schlozman. 1995. "Beyond SES: A Resource Model of Political Participation." *American Political Science Review* 89(2), 271-294.

Brennan, Geoffrey, and Alan Hamlin. 1998. "Expressive Voting and Electoral equilibrium." *Public Choice* 95(1), 149-175.

Brody, Richard A., and Benjamin I. Page. 1972. "Comment: The Assessment of Policy Voting." *American Political Science Review* 66(2), 450-458.

Bryan, James D. 2023. "What Kind of Democracy Do We All Support?: How Partisan Interest Impacts a Citizen's Conceptualization of Democracy." *Comparative Political Studies* 56(10), 1597-1627.

Budge, Ian, Ivor Crewe, and Dennis Farlie. eds. 1976. *Party Identification and Beyond: Representatives of Voting and Party Competition*. New York: John Wiley & Sons.

Burns, Nancy, Kay Lehman Schlozman, and Sidney Verba. 2001. *The Private Roots of Public Action: Gender, Equality, and Political Participation*. Cambridge, MA: Harvard University Press.

Cain, Bruce, John Ferejohn, and Morris Fiorina. 1987. *The Personal Vote: Constituency Service and Electoral Independence*. Cambridge: Harvard University Press.

Campbell, Angus., Gerald Gurin, and Warren E. Miller. 1954. *The Voter Decides*. Evanston, IL: Row & Peterson.

Campbell, Angus, Philip E. Converse, Warren E. Miller, and Donald E.

Stokes. 1960. *The American Voter*. New York: Wiley.

Campbell, James E., Bryan J. Dettrey, and Hongxing Yin. 2010. "The Theory of Conditional Retrospective Voting: Does the Presidential Record Matter Less in Open-Seat Elections?" *Journal of Politics* 72(4), 1083-1095.

Campbell, Rosie, and Philip Cowley. 2014. "What Voters Want: Reactions to Candidate Characteristics in a Survey Experiment." *Political Studies* 62(4), 745-765.

Caothers, Thomas, and Richard Youngs. 2015. *The Complexities of Global Protests*. Washington, DC: Carnegie Endowment for International Peace.

Caramani, Daniele. 2017. "Will vs. Reason: The Populist and Technocratic Forms of Political Representation and Their Critique to Party Government." *American Political Science Review* 111(1), 54-67.

Carmines, Edward G., and James A. Stimson. 1980. "The Two Faces of Issue Voting." *American Political Science Review* 74(1), 78-91.

Carnes, Nicholas, and Noam Lupu. 2016. "Do Voters Dislike Working-Class Candidates? Voter Biases and the Descriptive Underrepresentation of the Working Class." *American Political Science Review* 110(4), 832-844.

Chang, Yu-tzung, Yunhan Zhu and Chong-min Park. 2007. "Authoritarian Nostalgia in Asia." *Journal of Democracy* 18(3), 66-80.

Chong, Dennis, and Reuel Rogers. 2005. "Racial Solidarity and Political Participation." *Political Behavior* 27(4), 347-74.

Chu, Yun-Han, Larry Diamond, Andrew J. Nathan, and Doh Chull Shin. 2008. *How East Asians View Democracy*, New York: Columbia University Press.

Citrin, Jack, Eric Schickler, and John Sides. 2003. "What if Everyone Voted? Simulating the Impact of Increased Turnout in Senate Elections." *American Journal of Political Science* 47(1), 75-90.

Conover, Pamela Johnston, and Stanley Feldman. 1981. "The Origins and Meaning of Liberal/Conservative Self-Identifications." *American*

Journal of Political Science 25(4), 617–645.

Conover, Pamela Johnston, and Stanley Feldman. 1989. "Candidate Perception in an Ambiguous World: Campaigns, Cues, and Inference Processes." *American Journal of Political Science* 33(4), 912–940.

Converse, Phillip E. 1964. "The Nature of Belief Systems in Mass Publics." In David E. Apter, ed., *Ideology and Discontent*. New York: Free Press.

Converse, Philip E. 1972. "Change in the American Electorate." In Angus Campbell and Philip E. Converse, eds., *The Human Meaning of Social Change*. New York: Russell Sage Foundation, 263–337.

Cox, Gary W. 2015. "Electoral Rules, Mobilization, and Turnout." *Annual Review of Political Science* 18, 49–68.

Cox, Gary W. 1997. *Making Votes Count: Strategic Coordination in the World's Electoral Systems*. Cambridge: Cambridge University Press.

Cox, Gary W., Jon H. Fiva, and Daniel M. Smith. 2016. "The Contraction Effect: How Proportional Representation Affects Mobilization and Turnout." *Journal of Politics* 78(4), 1249–1263.

Cox, Karen E., and Leonard J. Schoppa. 2002. "Interaction Effects in Mixed-member Electoral Systems: Theory and Evidence from Germany, Japan, and Italy." *Comparative Political Studies* 35(9), 1027–1053.

Craig, Stephen C. 1980. "The Mobilization of Political Discontent." *Political Behavior* 43(2), 514–522.

Craig, Stephen C., and Paulina S. Cossette. 2020. "Who Owns What, and Why? The Origins of Issue Ownership Beliefs." *Politics & Policy* 48(1), 107–134.

Dahl, Robert A. 1971. *Polyarchy: Participation and Opposition*. Yale University Press.

Dahl, Robert A. 1989. *Democracy and Its Critics*. New Haven, CT.: Yale University Press.

Dalton, Russell J. 1984. "Cognitive Mobilization and Partisan Dealignment in Advanced Industrial Democracies." *Journal of Politics* 46(1), 264–284.

Dalton, Russell J. 2008. "Citizenship Norms and the Expansion of Political Participation." *Political Studies* 56(1), 76–98.

Dalton, Russell J. 2011. "Left–Right Orientations, Context, and Voting Choices." In Russell J. Danton, and Christopher J. Anderson, eds. *Citizens, Context, and Choice: How Context Shapes Citizens' Electoral Choices*. Oxford: Oxford University Press.

Dalton, Russell J. 2020. *Citizen Politics: Public Opinion and Political Parties in Advanced Industrial Democracies,* 7th ed. Thousand Oaks, CA: CQ Press.

Dalton, Russell J., and Martin P. Wattenberg. 2000. *Parties without Partisans: Political Change in Advance Industrial Democracies*. New York: Oxford University Press.

Dalton, Russell J., and Christian Welzel, eds. 2013. *The Civic Culture Transformed: From Allegiant to Assertive Citizens*. Cambridge, UK: Cambridge University Press.

Dalton, Russell J., Doh C. Shin, and Willy Jou. 2007. "Understanding Democracy: Data from Unliekly Places." *Journal of Democracy* 18(4), 142–156.

Dawkins Ryan, and Abigail Hanson. 2024. "'American' is the Eye of the Beholder: American Identity, Racial Sorting, and Affective Polarization among White Americans" *Political Behavior* 46(3), 501–521.

Dawson, Michael C. 1995. *Behind the Mule: Race and Class in African-American Politics*. Princeton, NJ: Princeton University Press.

de la Garza, Rodolfo, Louis DeSipio, F. Chris Garcia, John Garcia, and Angelo Falcon. 1992. *Latino Voices: Mexican, Puerto Rican, And Cuban Perspectives On American Politics*. Boulder, CO: Westview Press.

Delli Carpini, Michael X., and Scott Keeter. 1997. *What Americans Know About Politics and Why It Matters*. New Haven: Yale University Press.

Devine, Christopher J. 2014. "Ideological Social Identity: Psychological Attachment to Ideological In–Groups as a Political Phenomenon and a Behavioral Influence." *Political Behavior* 37(1), 1–27.

Donovan, Todd, and Jeffrey A. Karp. 2006. "Popular Support for Direct Democracy." *Party Politics* 12(5), 671–688.

Downs, Anthony. 1957. *An Economic Theory of Democracy*. New York: Harper and Row.

Druckman, James N., and Matthew S. Levendusky. 2019. "What Do We Measure When We Measure Affective Polarization?" *Public Opinion Quarterly* 83(1), 114–122.

Druckman, James N., Matthew S. Levendusky, and Audrey McLain. 2018. "No Need to Watch: How the Effects of Partisan Media Can Spread via Interpersonal Discussions." *American Journal of Political Science* 62(1), 99–112.

Druckman, James N., Erik Peterson, and Rune Slothuus. 2013. "How Elite Partisan Polarization Affects Public Opinion Formation." *American Political Science Review* 107(1), 57–79.

Duch, Raymond M., and Randy Stevenson. 2008. *The Economic Vote: How Political and Economic Institutions Condition Election Results*. Cambridge: Cambridge University Press.

Edlin, Aaron, Andrew Gelman, and Noah Kaplan. 2007. "Voting as a Rational Choice: Why and How People Vote To Improve the Well-Being of Others." *Rationality and Society* 19(3), 293–314.

Ellis, Christopher, and James A. Stimson. 2012. *Ideology in America*. Cambridge University Press.

Enelow, James M., and Melvin J. Hinich, 1984. *The Spatial Theory of Voting: An Introduction*. Cambridge: Cambridge University Press.

Erikson, Robert S. 1971. "The Advantage of Incumbency in Congressional Elections." *Polity* 3(3), 395–405.

Erikson, Robert S. 1989. "Economic Conditions and the Presidential Vote." *American Political Science Review* 83(2), 568–573.

Erikson, Robert S., and Kent L. Tedin. 2019. 10th ed. *American Public Opinion: Its Origins, Content, and Impact*. New York: Routledge.

Evans, Geoffrey. ed. 1999. The *End of Class Politics? Class Voting in Comparative Context*. Oxford: Oxford University Press.

Evans, Geoffrey. 2000. "The Continued Significance of Class Voting." *Annual Review of Political Science* 3, 401–417.

Evans, Geoffrey, and Robert Andersen. 2006. "The Political Conditioning of Economic Perceptions." *Journal of Politics* 68(1), 194–207.

Fearon, James D. 1999. "Electoral Accountability and the Control of Politicians: Selecting Good Types versus Sanctioning Poor Performance." In Adam Przeworski, Susan C. Stokes, and Bernard Manin, eds. *Democracy, Accountability, and Representation*. New York: Cambridge University Press.

Ferejohn, John. 1986. "Incumbent Performance and Electoral Control." *Public Choice* 50(1), 5–25.

Feldman, Stanley and Pamela J. Conover. 1983. "Candidates, Issues, and Voters: The Role of Inference in Political Perception." *Journal of Politics* 45(4), 810–39.

Ferrara, Federico, Erik S. Herron, and Misa Nishikawa. 2005. *Mixed Electoral Systems: Contamination and Its Consequences*. New York: Palgrave MacMillan.

Fiorina, Morris P. 1981. *Retrospective Voting in American National Elections*. New Haven: Yale University Press.

Fiorina, Morris P. 1992. *Divided Government*. New York: Macmillan.

Fiorina, Morris P., Samuel J. Abrams, and Jeremy C. Pope. 2006. *Culture War? The Myth of a Polarized America*, 2nd ed. New York: Pearson Longman.

Ford, Robert, and Will Jennings. 2020. "The Changing Cleavage Politics of Western Europ." *Annual Review of Political Science* 23, 295–314.

Fornos Carolina A., Timothy J. Power, and James C. Garand. 2004. "Explaining Voter Turnout in Latin America, 1980 to 2000." *Comparative Political Studies* 37(8), 909–940.

Fowler, James H. 2006. "Altruism and Turnout." *Journal of Politics* 68(3), 674–683.

Fraga, Luis R., John A. Garcia, Rodeney E. Hero, Michael Jones–Correa, Valerie Martinez–Ebers, and Gary M. Segura. 2012. *Latinos in the New Millennium: An Almanac of Opinion, Behavior, and Policy Preferences*. New York: Cambridge University Press.

Frank, Thomas. 2004. *What's the Matter With Kansas?* New York: Metropolitan Books.

Franklin, Charles H., and John E. Jackson. 1983. "The Dynamics of Party Identification." *American Political Science Review* 77(4), 957-973.

Franklin Mark N. 2004. *Voter Turnout and the Dyנamics of Electoral Competition in Established Democracies Since 1945*. Cambridge: Cambridge University Press.

Franklin, Mark N, Thomas T. Mackie, and Henry Valen. 1992. *Electoral Change: Responses to Evolving Social and Attitudinal Structures in Western Countries*. Cambridge: Cambridge University Press.

Frederiksen, Kristian Vrede Skaaning. 2022. "Does Competence Make Citizens Tolerate Undemocratic Behavior?" *American Political Science Review* 116(3), 1147-1153.

Funk, Carolyn L. 1999. "Bringing the Candidate into Models of Candidate Evaluation." *Journal of Politics* 61(3), 700-720.

Gaines, Brian J., James H. Kuklinski, Paul J. Quirk, Buddy Peyton, and Jay Verkuilen. 2007. "Same Facts, Different Interpretations: Partisan Motivation and Opinion on Iraq." *Journal of Politics* 69(4), 957-974.

Garzia, Diego, and Frederico Ferreira da Silva. 2024. *Negative Voting in Comparative Perspective*. New York: Palgrave Macmillan.

Garzia, Diego, Frederico Ferreira da Silva, and Simon Maye. 2023. "Affective Polarization in Comparative and Longitudinal Perspective." *Public Opinion Quarterly* 87(1), 219-231.

Gelman, Andrew, Boris Shor Park, Joseph Bafumi, and Jeronimo Cortina. 2010. *Red State, Blue State, Rich State, Poor State: Why Americans Vote the Way They Do*. Princeton, NJ: Princeton University Press.

Gerber, Alan S., James G. Gimpel, Donald P. Green, and Daron R. Shaw. 2011. "How Large and Long-lasting Are the Persuasive Effects of Televised Campaign Ads? Results from a Randomized Field Experiment." *American Political Science Review* 105(1), 135-150.

Gerber, Alan S., and Donald P. Green. 1990. "Rational Learning and Partisan Attitudes." *American Journal of Political Science* 42(3), 794-818.

Gerber, Alan S., and Donald P. Green. 2000. "The Effects of Canvassing, Telephone Calls, and Direct Mail on Voter Turnout: A Field Experiment." *American Political Science Review* 94(3), 653–663.

Gerber, Alan S., and Gregory A. Huber. 2009. "Partisanship, Political Control, and Economic Assessments." *American Journal of Political Science* 54(1), 153–173.

Gerber, Alan S., Gergory A. Huber, David Doherty, Conor M. Dowling, and Shang E. Ha. 2010. "Personality and Political Attitudes: Relationships across Issue Domains and Political Contexts." *American Political Sci&ence Review* 104 (1), 111–33.

Geys, Benny. 2006. "Explaining Voter Turnout: A Review of Aggregate–level Research." *Electoral Studies* 25(4), 637–663.

Geys, Benny, Tom–Reiel Heggedal, and Rune J. Sørensen. 2022. "Age and Vote Choice: Is There a Conservative Shift Among Older Voters?" *Electoral Studies* 78, 102485.

Gibson, Rachel K., Michael Margolis, David Resnick, and Stephen J. Ward. 2003. "Election Campaigning on the WWW in the USA and UK: A Comparative Analysis." *Party Politics* 9(1), 47–75.

Gidron, Noam, James Adams, and Will Horne. 2020. *American Affective Polarization in Comparative Perspective*. Cambridge: Cambridge University Press.

Gilley, Bruce. 2016. "Do East Asian States Enjoy a Legitimacy Premium?" In Joseph Chan, Doh Chull Shin, and Melissa S. Williams, eds. *East Asian Perspectives on Political Legitimacy: Bridging the Empirical-Normative Divide*. New York: Cambridge University Press.

Gomez, Brad T., Thomas G. Hansford, and George A. Krause. 2007. "The Republicans Should Pray for Rain: Weather, Turnout, and Voting in U.S. Presidential Elections." *Journal of Politics* 69(3), 649–663.

Gomez, Brad T., and J. Matthew Wilson. 2001. "Political Sophistication and Economic Voting in the American Electorate: A Theory of Heterogeneous Attribution." *American Journal of Political Science* 45(4), 899–914.

Gomez, Brad T., and J. Matthew Wilson. 2003. "Causal Attribution and Economic Voting in American Congressional Elections." *Political Research Quarterly* 6(3), 271–282.

Goren, Paul. 1997. "Political Expertise and Issue Voting in Presidential Elections." *Political Research Quarterly* 50(2), 387–412.

Goren, Paul. 2012. *On Voter Competence*. Oxford University Press.

Gschwend, Thomas. 2007. "Ticket-splitting and Strategic Voting Under Mixed Electoral Rules: Evidence from Germany." *European Journal of Political Research* 46(1), 1-23.

Gurr, Ted Robert. 1970. *Why Men Rebel*. Princeton: Princeton University Press.

Graham, Jesse, Jonathan Haidt, and Braian A. Nosek. 2009. "Liberals and Conservatives Rely on Different Stages of Moral Foundations." *Journal of Personality and Social Psychology* 96(5), 1029–1046.

Graham, Matthew H., and Milan W. Svolik. 2020. "Democracy in America? Partisanship, Polarization, and the Robustness of Support for Democracy in the United States." *American Political Science Review* 114(2), 392–409.

Grasso, Maria T., and Marco Giugni. 2016. "Protest Participation and Economic Crisis: The Conditioning Role of Political Opportunities." *European Journal of Political Research* 55(4), 663–680.

Green, Donald, Bradley Palmquist, and Eric Schickler. 2002. *Partisan Hearts and Minds: Political Parties and the Social Identities of Voters*. New Haven: Yale University Press.

Grossmann, Matt, and David A. Hopkins. 2024. *Polarized Degrees: How the Diploma Divide and the Culture War Transformed American Politics*. New York: Cambridge University Press.

Gutermann, Eric, and Mikael Persson. 2023. "Issue Voting and Government Responsiveness to Policy Preferences." *Political Behavior* 45(2), 561–584.

Haidt, Jonathan. 2012. *The Righteous Mind: Why Good People Are Divided by Politics and Religion*. New York: Pantheon Books.

Hainmueller, Jens, and Holger Lutz Kern. 2008. "Incumbency as a Source of Spillover Effects in Mixed Electoral Systems: Evidence from a Regression-discontinuity Design." *Electoral Studies* 27(2), 213–227.

Hibbing, John R., and Elizabeth Theiss-Morse. 2002. *Stealth Democracy: Americans' Beliefs about How Government Should Work*. New York: Cambridge University Press.

Hillman, Arye L. 2010. "Expressive Behavior in Economics and Politics." *European Journal of Political Economy* 26(4), 403–418.

Hayes, Danny. 2005. "Candidate Qualities through a Partisan Lens: A Theory of Trait Ownership." *American Journal of Political Science* 49(4), 908–923.

Healy, Andrew, and Neil Malhotra. 2013. "Retrospective Voting Reconsidered." *Annual Review of Political Science* 16, 285–306.

Healy, Andrew, and Neil Malhotra, Cecilia H. Mo. 2010. "Irrelevant Events Affect Voters' Evaluations of Government Performance." *Proceedings of the National Academy of Sciences* 107(29), 804–809.

Hellwig, Timothy T., and David Samuels. 2008. "Electoral Accountability and the Variety of Democratic Regimes." *British Journal of Political Science* 38(1), 65–90.

Helmke, Gretchen. 2009. "Ticket Splitting as Electoral Insurance: The Mexico 2000 Elections." *Electoral Studies* 28(1), 70–78.

Hetherington, Marc J. 1996. "The Media's Role in Forming Voters' National Economic Evaluations in 1992." *American Journal of Political Science* 40(2), 372–395.

Hetherington, Marc J. 2001. "Resurgent Mass Partisanship: The Role of Elite Polarization." *American Political Science Review* 95(3), 619–631.

Hetherington, Marc J. 2008. "Turned Off or Turned On?: How Polarization Affects Political Engagement." In Pietro S. Nivola, and David W. Brady, eds. *Red and Blue Nation?: Consequences and Correction of America's Polarized Politics*. Washington, D.C: Brookings Institution Press.

Hetherington Marc J., and Thomas J. Rudolph. 2015. *Why Washington Won't*

Work: Polarization, Political Trust, and the Governing Crisis. Chicago: University of Chicago Press.

Hibbs, Douglas A. 1987. *The American Political Economy: Macroeconomics and Electoral Politics*. Cambridge: Harvard University Press.

Hibbs, Douglas A. 2000. "Bread and Peace Voting in U.S. Presidential Elections." *Public Choice* 104(1–2), 149–180.

Highton, Benjamin. 2010. "The Contextual Causes of Issue and Party Voting in American Presidential Election." *Political Behavior* 32(4), 453–471.

Highton, Benjamin, and Raymond E. Wolfinger. 2001. "The Political Implications of Higher Turnout." *British Journal of Political Science* 31(1), 179–223.

Hinich, Melvin J., and Michael Munger. 1994. *Ideology and the Theory of Political Choice*. Ann Arbor: University of Michigan Press.

Hobolt, Sara B., James Tilley, and Jill Wittrock. 2013. "Listening to the Government: How Information Shapes Responsibility Attributions." *Political Behavior* 35(1), 153–174.

Hooghe, Marc, and Sofie Marien. 2013. "A Compartive Analysis of the Relation between Political Trust and Forms of Political Participation in Europe." *European Societies* 15(1), 131–152.

Huber, Gregory A., Seth J. Hill, and Gabriel S. Lenz. 2012. "Sources of Bias in Retrospective Decision Making: Experimental Evidence on Voters' Limitations in Controlling Incumbents." *American Political Science Review* 106(4), 720–741.

Huddy, Leonie, Alexa Bankert, and Caitlin Davies. 2018. "Expressive Versus Instrumental Partisanship in Multiparty European Systems." *Political Psychology* 39(s1), 173–199.

Huddy, Leonie, Lilliana Mason, and Lene Aarøe. 2015. "Expressive Partisanship: Campaign Involvement, Political Emotion, and Partisan Identity." *American Political Science Review* 109(1), 1–17.

Huddy, Leonie, and Omer Yair. 2020. "Reducing Affective Polarization: Warm Group Relations or Policy Compromise?" *Political Psychology* 42(2),

291–309.

Inglehart, Ronald. 1977. *The Silent Revolution: Changing Values and Political Styles Among Western Publics*. Princeton, NJ: Princeton University Press.

Inglehart, Ronald. 2008. "Changing Values Among Western Publics from 1970 to 2006." *West European Politics* 31(1–2), 130–146.

Inglehart, Ronald, and Pippa Norris. 2000. "The Developmental Theory of the Gender Gap: Women's and Men's Voting Behavior in Global Perspective." *International Political Science Review* 21(4), 441–463.

Inglehart, Ronald, and Pippa Norris. 2003. *Rising Tide: Gender Equality and Cultural Change around the World*. New York: Cambridge University Press.

Inglehart, Ronald, and Christian Welzel. 2005. *Modernization, Cultural Change, and Democracy*. New York: Cambridge University Press.

Ivarsflaten, Elisabeth 2008. "What Unites Right–Wing Populists in Western Europe? Re–Examining Grievance Mobilization Models in Seven Successful Cases." *Comparative Political Studies* 41(1), 3–23.

Iversen, Torben and Frances Rosenbluth. 2006. "The Political Economy of Gender: Explaining Cross–National Variation in the Gender Division of Labor and the Gender Voting Gap." *American Journal of Political Science* 50(1), 1–19.

Iversen, Torben, and David Soskice. 2001. "An Asset Theory of Social Policy Preferences." *American Political Science Review* 95(4), 875–94.

Iyengar, Shanto. 1990. "Framing Responsibility for Political Issues: The Case of Poverty." *Political Behavior* 12(1), 19–40.

Iyengar, Shanto, and Kyu S. Hahn. 2009. "Red Media, Blue Media: Evidence of Ideological Selectivity in Media Use." *Journal of Communication* 59(1), 19–39.

Iyengar, Shanto, and Donald R. Kinder. 1987. *News That Matters*. Chicago: University of Chicago Press.

Iyengar, Shanto, and Masha Krupenkin. 2018. "The Strengthening of Partisan Affect." *Political Psychology* 39(S1), 201–218.

Iyengar, Shanto, Mark D. Peters, and Donald R. Kinder. 1982. "Experimental

Demonstrations of the "Not-So-Minimal" Consequences of Television News Programs." *American Political Science Review* 76(4), 848-858.

Iyengar, Shanto, Yphtach Lelkes, Matthew Levendusky, Neil Malhotra, and Sean J. Westwood. 2019. "The Origins and Consequences of Affective Polarization in the United States." *Annual Review of Political Science* 22, 129-146.

Jackman, Robert W. 1987. "Political Institutions and Voter Turnout in the Industrial Democracies." *American Political Science Review* 81(2), 405-23.

Jacobson, Gary C. 1990. *The Electoral Origins of Divided Government: Competition in U.S. House Elections, 1946–1988*. Boulder, CO: Westview.

Jennings, M. Kent, and Gregory B. Markus. 1984. "Partisan Orientations over the Long Haul: Results from the Three-Wave Political Socialization Panel Study." *American Political Science Review* 78(4), 1000-1018.

Jennings, M. Kent, and Richard G. Niemi. 1981. *Generations and Politics: A Panel Study of Young Adults and Their Parents*. Princeton: Princeton University Press.

Jhee, Byong-Kuen. 2006. "Ideology and Voter Choice in Korea: An Empirical Test of the Viability of Three Ideological Voting Models." *Korean Political Science Review* 40(4), 61-83.

Jost, John T. 2021. *Left and Right: The Psychological Significance of a Political Distinction*. New York: Oxford University Press.

Jost, John T., Jack Glaser, Arie W. Kruglanski, and Frank J. Sulloway. 2003. "Political Conservatism as Motivated Social Cognition." *Psychological Bulletin* 129(3), 339-375.

Katz, Richard S., and Peter Mair. eds. 1994. *How Parties Organize: Change and Adaptation in Party Organizations in Western Democracies*. London: Sage.

Karol, David, and Edward Miguel. 2007. "The Electoral Cost of War: Iraq War Casualties and the 2004 U.S. Presidential Election." *Journal of*

Politics 69(3), 633–648.

Karp, Jeffrey A. 2009. "Candidate Effects and Spill–over in Mixed Systems: Evidence from New Zealand." *Electoral Studies* 28(1), 41–50.

Karp, Jeffrey A., Jack Vowles, Susan A. Banducci, and Todd Donovan. 2002. "Strategic Voting, Party Activity, and Candidate Effects: Testing Explanations for Split Voting in New Zealand's New Mixed System." *Electoral Studies* 21(1), 1–22.

Kaufmann, Karen M. and John R. Petrocik. 1999. "The Changing Politics of American Men: Understanding the Sources of the Gender Gap." *American Journal of Political Science* 43(3), 864–887.

Kedar, Orit. 2009. *Voting for Policy, Not Parties: How Voters Compensate for Power Sharing*. New York: Cambridge University Press.

Keith, Bruce E., David B. Magleby, Candice J. Nelson, Elizabeth A. Orr, Mark C. Westlye, and Raymond E. Wolfinger. 1992. *The Myth of the Independent Voter*. Berkeley, C.A.: University of California Press.

Kern, Anna, Sofie Marien, and Marc Hooghe. 2015. "Economic Crisis and Levels of Political Participation in Europe (2002–2010): The Role of Resources and Grievances." *West European Politics* 38(3), 465–490.

Key, V.O. 1966. *The Responsible Electorate*. Cambridge: Harvard University Press.

Kinder, Donald R. 1986. "Presidential Character Revisited." In Richard R. Lau, and David O. Sears, eds. *Political Cognition*. Hillsdale, NJ: Lawrence Erlbaum.

Kinder, Donald R., and Nathan P. Kalmoe. 2017. *Neither Liberal Nor Conservative: Ideological Innocence in the American Public*. Chicago: The University of Chicago Press.

Kinder, Donald R., and Cindy D. Kam. 2010. *Us against Them: Ethnocentric Foundations of American Opinion*. Chicago: University of Chicago Press.

Kinder, Donald R., and D. Roderick Kiewiet. 1981. "Sociotropic Politics: The American Case." *British Journal of Political Science* 11(2), 129–161.

Kingzette, Jon. 2021. "Who Do You Loathe? Feelings toward Politicians vs.

Ordinary People in the Opposing Party." *Journal of Experimental Political Science* 8(1), 75–84.

Kingzette, Jon, James N. Druckman, Samara Klar, Yanna Krupnikov, Matthew Levendusky, and John Barry Ryan. 2021. "How Affective Polarization Undermines Support for Democratic Norms." *Public Opinion Quarterly* 85(2): 663–677.

Kirchheimer, Otto. 1966. "The Transformation of the Western European Party Systemss." In Joseph La Polombara, and Myron Weiner, eds. *Political Parties and Political Development*. Princeton: Princeton University Press.

Kitschelt, Herbert. 1994. *The Transformation of European Social Democracy*. Cambridge: Cambridge University Press.

Klapper, Joseph T. 1960. *The Effects of Mass Communication*. Glencoe, IL: The Free Press.

Klašnja, Marko, Noam Lupu, and Joshua A. Tucker. 2021. "When Do Voters Sanction Corrupt Politicians?" *Journal of Experimental Political Science* 8(2), 161–171.

König, Pascal D., Markus B. Siewert, and Kathrin Ackermann. 2022. "Conceptualizing and Measuring Citizens' Preferences for Democracy: Taking Stock of Three Decades of Research in a Fragmented Field." *Comparative Political Studies* 55(2), 2015–2049.

Kriner, Douglas L., and Francis X. Shen. 2007. "Iraq Casualties and the 20006 Senate Elections." *Legislative Studies* Quarterly 32(4), 507–530.

Kunda, Ziva. 1990. "The Case for Motivated Reasoning." *Psychological Bulletin* 108(3), 480–498.

Lachat, Romain. 2011. "Electoral Competitiveness and Issue Voting." *Political Behavior* 33(4), 645–663.

Lau, Richard R., and David P. Redlawsk. 1997. "Voting Correctly." *American Political Science Review* 91(3), 585–598.

Lavine, Howard G., Christopher D. Johnston, and Marco R. Steenbergen. 2012. *The Ambivalent Partisan: How Critical Loyalty Promotes*

Democracy. Oxford: Oxford University Press.

Lazarsfeld, Paul F., Bernard Berelson, and Hazel Gaudet. 1948. *The People's Choice: How the Voter Makes Up His Mind in a Presidential Campaign*. New York: Colombia University Press.

Lebo, Matthew J., and Daniel Cassino. 2007. "The Aggregated Consequences of Motivated Reasoning and the Dynamics of Partisan Presidential Approval." *Political Psychology* 28(6), 719–746.

Lee, Kuan Yew. 1994. "Culture is Destiny, an Interview with Fareed Zakaria." *Foreign Affairs* 73, 109–126.

Lelkes, Yphtach, Gaurav Sood, and Shanto Iyengar. 2017. "The Hostile Audience: The Effect of Access to Broadband Internet on Partisan Affect." *American Journal of Political Science* 61(1), 5–20.

Levendusky, Matthew. 2009. *The Partisan Sort: How Liberals Became Democrats and Conservatives Became Republicans*. Chicago: University of Chicago Press.

Levendusky, Matthew. 2013. *How Partisan Media Polarize America*. Chicago: University of Chicago Press.

Levendusky Matthew S. 2018. "Americans, Not Partisans: Can Priming American National Identity Reduce Affective Polarization?" *Journal of Politics* 80(1), 59–70.

Levendusky, Matthew, and Neil Malhotra. 2016a. "Does Media Coverage of Partisan Polarization Affect Political Attitudes?" *Political Communication* 33(2), 283–301.

Levendusky, Matthew, and Neil Malhotra. 2016b. "(Mis)perceptinos of Partisan Polarization in the American Public." *Public Opinion Quarterly* 80(S1), 378–391.

Levitsky, Steven, and Daniel Ziblatt. 2018. *How Democracies Die*. New York: Crown Publishing.

Lewis–Beck, Michael S. 1988. *Economics and Elections: The Major Western Democracies*. Ann Arbor, MI: University of Michigan Press.

Lewis–Beck, Michael S. 2006. "Does Economics Still Matter? Econometrics and the Vote," *Journal of Politics* 68(1), 208–212.

Lewis−Beck, Michael S., William G. Jacoby, Helmut Norpoth, and Herbert F. Weisberg. 2008. *The Ameircan Voter Revisited*. Ann Arbor: University of Michigan Press.

Lewis−Beck, Michael S, and Richard Nadeau. 2004. "Split−ticket Voting: The Effects of Cogniᄐtive Madisonianism." *Journal of Politics* 66(1), 97−112.

Lewis−Beck, Michael S., Richard Nadeau, and Angelo Elias. 2008. "Economics, Party, and the Vote: Causality Issues and Panel Data." *American Journal of Political Science* 52(1), 84−95.

Lewis−Beck, Michael S., and Mary Stegmaier. 2000. "Economic Determinants of Electoral Outcomes." *Annual Review of Political Science* 3, 183−219.

Lijphart, Arend. 1997. "Unequal Participation: Democracy's Unresolved Dilemma." *American Political Science Review* 91(1), 1−14.

Lipset, Seymour M., and Stein Rokkan. 1967. *Party Systems and Voter Alignments: Cross-National Perspectives*. New York: The Free Press.

Lodge, Milton, and Ruth Hamill. 1986. "A Partisan Schema for Political Information Processing." *American Political Science Review* 80(2), 505−519.

Lodge, Milton, and Charles S. Taber. 2000. "Three Steps toward a Theory of Motivated Reasoning." In Arthur Lupia, Matthew D. McCubbins, and Samuel L. Popkin, eds. *Elements of Reason: Cognition, Choice, and the Bounds of Rationality*. New York: Cambridge University Press.

Lodge, Milton, and Charles S. Taber. 2013. *The Rationalizing Voter*. Cambridge University Press.

MacDonald, Stuart Elaine, George Rabinowitz, and Ola Listhaug. 1989. "Political Sophistication and Models of Issue Voting." *British Journal of Political Science* 25(4), 453−483.

Malhotra, Neil, and Alexander G. Kuo. 2008. "Attributing Blame: The Public' s Response to Hurricane Katrina." *Journal of Politics* 70(1), 120−135.

Manza, Jeff and Clem Brooks. 1998. "The Gender Gap in U.S. Presidential Elections: When? Why? Implications?" *American Journal of Sociology*

103(5), 1235–1266.

Manza, Jeff, Michael Hout, and Clem Brooks. 1995. "Class Voting in Capitalist Democracies Since World War II: Dealignment, Realignment, or Trendless Fluctuation?" *Annual Review of Sociology* 21, 137–162.

Mason, Lilliana. 2015. "I disrespectfully Agree: The Differential Effects of Partisan Sorting on Social and Issue Polarization." *American Journal of Political Science* 59(1), 128–145.

Mason, Lilliana. 2018. *Uncivil Agreement: How Politics Became Our Identity*. Chicago: University of Chicago Press.

McCarty, Nolan, Keith T. Poole, and Howard Rosenthal. 2006. *Polarized America: The Dance of Ideology and Unequal Riches*. Cambridge, MA: MIT Press.

McClain, Paula D., Jessica D. Johnson Carew, Eugene Walton Jr, and Candis S. Watts. 2009. "Group Membership, Group Identity, and Group Consciousness: Measures of Racial Identity in American Politics?" *Annual Review of Political Science* 12, 471–85.

McCombs, Maxwell E., and Donald L. Shaw. 1972. "The Agenda–Setting Function of Mass Media." *Public Opinion Quarterly* 36(2), 176–187.

McDonnell, Duncan, and Marco Valbruzzi. 2014. "Defining and Classifying Technocrat–Led and Technocratic Governments." *European Journal of Political Research* 53(4), 654–671.

Mebane, Walter R. 2000. "Coordination, Moderation, and Institutional Balancing in American Presidential and House Elections." *American Political Science Review* 94(1), 37–57.

Meltzer, Allan H., and Scott F. Richard. 1981. "A Rational Theory of the Size of Government." *Journal of Political Economy* 89(5), 914–927.

Merrill III, Samuel, and Bernard Grofman. 1999. *A Unified Theory of Voting: Directional and Proximity Spatial Models*. Cambridge: Cambridge University Press.

Miller, Warren E., and J. Merrill Shanks. 1996. *The New American Voter*. Cambridge, MA: Harvard University Press.

Miller, Arthur H., Martin P. Wattenberg, and Oksana Malanchuk. 1986. "Schematic Assessments of Presidential Candidates." *American Political Science Review* 80(2), 521–540.

Mondak, Jeffrey J. 1995. "Competence, Integrity, and the Electoral Success of Congressional Incumbents." *Journal of Politics* 57(4), 1043–1069.

Mohrenberg, Steffen, Robert A. Huber, and Tina Freyburg. 2021. "Love at First Sight? Populist Attitudes and Support for Direct Democracy." *Party Politics* 27(3), 528–539.

Morris, James. P., Nancy K. Squires, Charles S. Taber, and Milton Lodge. 2003. "Activation of Political Attitudes: A Psychophysiological Examination of the Hot Cognition Hypothesis." *Political Psychology* 24(4), 727–745.

Morton, Rebecca B. 1991. "Groups in Rational Turnout Models." *American Journal of Political Science* 35(3), 758–776.

Moser, Robert G., and Ethan Scheiner. 2005. "Strategic Ticket Splitting and the Personal Vote in Mixed–member Electoral Systems." *Legislative Studies Quarterly* 30(2), 259–276.

Moser, Robert G., and Ethan Scheiner. 2009. "Strategic Voting in Established and New Democracies: Ticket Splitting in Mixed–member Electoral Systems." *Electoral Studies* 28(1), 51–61.

Mudde, Cas. 2004. "The Populist Zeitgeist." *Government and Opposition* 39(4), 541–563.

Mudde, Cas, and Cristóbal Rovira Kaltwasser. 2013. "Exclusionary vs. Inclusionary Populism: Comparing Contemporary Europe and Latin America." *Government and Opposition* 48(2), 147–174.

Mulligan, Kenneth. 2011. "Partisan Ambivalence, Split–Ticket Voting, and Divided Government." *Political Psychology* 32(3), 505–530.

Mutz Diana C. 2002. "Cross–Cutting Social Networks: Testing Democratic Theory in Practice." *American Political Science Review* 96(1), 111–126.

Mutz Diana C. 2006. *Hearing the Other Side: Deliberative Versus Participatory Democracy*. New York: Cambridge University Press.

Nawara, Steven P. 2015. "Who Is Responsible, the Incumbent or the Former President? Motivated Reasoning in Responsibility Attributions." *Presidential Studies Quarterly* 45(1), 110–131.

Nicholson, Stephen P. 2005. *Voting the Agenda: Candidates, Elections, and Ballot Propositions*. Princeton University Press.

Nie, Norman H., Jane Junn, and Kenneth Stehlik–Barry. 1996. *Education and Democratic Citizenship in America*. Chicago: University of Chicago Press.

Nie Norman H., Sidney Verby, and John R. Petrocik. 1976. *The Changing American Voter*. Cambridge: Harvard University Press.

Niemi, Richard G., and M. Kent Jennings. 1991. "Issues and Inheritance in the Formation of Party Identification." *American Journal of Political Science* 35(4), 970–988.

Nelson, Thomas E., Rosalee A. Clawson, and Zoe M. Oxley. 2014. "Media Framing of a Civil Liberties Conflict and Its Effect on Tolerance." *American Political Science Review* 91(3), 567–583.

Norris, Pippa. 2000. *A Virtuous Circle: Political Communication in Postindustrial Societies*. Cambridge: Cambridge University Press.

Norris, Pippa. 2004. *Electoral Engineering: Voting Rules and Political Behavior*. Cambridge: Cambridge University Press.

Norpoth, Helmut. 2001. "Divided Government and Economic Voting." *Journal of Politics* 63(2), 414–435.

Norris, Pippa. 2002. *Democratic Phoenix: Reinventing Political Activism*. Cambridge, UK: Cambridge University Press.

Norris, Pippa. 2011. *Democratic Deficit: Critical Citizens Revisited*. New York: Cambridge University Press.

Norris, Pippa, and Ronald Inglehart. 2019. *Cultural Backlash: Trump, Brexit and Authoritarian Populism*. Cambridge: Cambridge University Press.

Noury, Abdul, and Gerard Roland. 2020. "Identity Politics and Populism in Europe." *Annual Review of Political Science* 23, 421–439.

Oesch, Daniel. 2008. "Explaining Workers' Support for Right–Wing Populist Parties in Western Europe: Evidence from Austria, Belgium, France,

Norway, and Switzerland." *International Political Science Review* 29(3), 349–373.

Oliver, J. Eric and Wendy M. Rahn. 2016. "Rise of the Trumpenvolk Populism in the 2016 Election." *The Annals of the American Academy of Political and Social Science* 667(1), 189–206.

Orhan, Yunus Emre. 2022. "The Relationship between Affective Polarization and Democratic Backsliding: Comparative Evidence." *Democratization* 29(4), 714–735.

Page, Benjamin I., and Calvin C. Jones. 1979. "Reciprocal Effects of Policy Preferences, Party Loyalties, and the Vote." *American Political Science Review* 73(4), 1071–1089.

Peterson, Johnathan C. , Kevin B. Smith, and John R. Hibbing. 2022. "Do People Really Become More Conservative as They Age?" *Journal of Politics* 82(2), 600–611.

Petrocik, John R. 1996. "Issue Ownership in Presidential Elections, with a 1980 Case Study." *American Journal of Political Science* 40(3), 825–850.

Petrocik, John R, William L Benoit, and Glenn J Hansen. 2003. "Issue Ownership and Presidential Campaigning, 1952–2000." *Political Science Quarterly* 118(4), 599–626.

Phelan, Jo, Bruce G. Link, Ann Stueve and Robert E. Moore. 1995. "Education, Social Liberalism, and Economic Conservatism: Attitudes Toward Homeless People." *American Sociological Review* 60(1), 126–140.

Pollock, Philip H. 1983. "The Participatory Consequences of Internal and External Political Efficacy: A Research Note." *Western Political Quarterly* 36(3), 400–409.

Popkin, Samuel L. 1991. *The Reasoning Voter: Communication and Persuasion in Presidential Campaigns*. Chicago: University of Chicago Press.

Powell, G. Bingham Jr. 2000. *Elections as Instruments of Democracy: Majoritarian and Proportional Visions*. New Haven: Yale University Press.

Powell, G. Bingham, and Guy D. Whitten. 1993. "A Cross-National Analysis of Economic Voting: Taking Account of the Political Context." *American Journal of Political Science* 37(2), 391–414.

Price, Vincent, Joseph N. Cappella, and Lilach Nir. 2002. "Does Disagreement Contribute to More Deliberative Opinion?" *Political Communication* 19(1), 95–112.

Prior, Markus. 2007. *Post-broadcast Democracy: How Media Choice Increases Inequality in Political Involvement and Polarizes Elections*. Cambridge University Press.

Prior, Markus. 2013. "Media and Political Polarization." *Annual Review of Political Science* 16, 101–127.

Putnam, Robert D. 2000. *Bowling Alone: The Collapse and Revival of American Community*. New York: Simon and Schuster.

Rabinowitz, George, and Stuart Elaine Macdonald. "A Directional Theory of Issue Voting." *American Political Science Review* 83(1), 93–121.

Rahn, Wendy M. 1993. "The Role of Partisan Stereotypes in Information Pro햫cessing about Political Candidates." *American Journal of Political Science* 37(2), 472–496.

Redlawsk, David P. 2002. "Hot Cognition or Cool Consideration? Testing the Effects of Motivated Reasoning on Political Decision Making." *Journal of Politics* 64(4), 1021–1044.

Reiljan, Andres. 2020. "'Fear and Loathing Across Party Lines' (Also) in Europe: Affective Polarisation in European Party Systems." *European Journal of Political Research* 59(2), 376–396.

RePass, David E. 1971. "Issue Salience and Party Choice." *American Political Science Review* 65(2), 389–400.

Richardson, Bradley M. 1991. "European Party Loyalties Revisited" *American Political Science Review* 85(3), 751–775.

Riker, William H., and Peter C. Ordeshook. 1968. "A Theory of the Calculus of Voting." *American Political Science Review* 62(1), 25–42.

Rogowski, Jon C., and Joseph L. Sutherland. 2016. "How Ideology Fuels Affective Polarization." *Political Behavior* 38(2), 485-508.

Roemer, John. 1998. "Why the Poor do not Expropriate the Rich: An Old

Argument in New Garb." *Journal of Public Economics* 70(3), 399–424.

Rosenstone, Steven J., and John Mark Hansen. 1993. *Mobilization, Participation, and Democracy in America*. New York: Macmillan.

Santoso, Lie Philip. 2024. "Who Cooperates with Whom? The Role of Day–to–Day Partisan Cooperation on Affective Polarization" *Party Politics*, https://doi.org/10.1177/13540688241242273.

Schuessler, Alexander A. 2000. "Expressive Voting." Rationality and Society 12(1), 87–119.

Sears, David O. 1988. "Symbolic Racism." In Phyllis A. Katz, and Dalmas A. Taylor, eds. *Eliminating Racism: Profiles in Controversy*. New York: Plenum Press.

Sears, David O., and Carolyn L. Funk. 1991. "The Role of Self–interest in Social and Political Attitudes." *Advances in Experimental Social Psychology*, 24, 1–85.

Sears, David O., and Carolyn L. Funk. 1999. "Evidence of the Long–Term Persistence of Adults' Political Predispositions." *Journal of Politics* 61(1), 1–28.

Shachar, Ron, and Barry Nalebuff. 1999. "Follow the Leader: Theory and Evidence on Political Participation." *American Economic Review*, 89(3), 525–547.

Shin, Doh Chull, and Jason Wells. 2005. "Is Democracy the Only Game in Town?" *Journal of Democracy* 16(2), 88–101.

Shugart, Matthew Soberg, and Martin P. Wattenberg. 2001. *Mixed-Member Electoral Systems: The Best of Both Worlds?* Oxford: Oxford University Press.

Simonovits, Gabor, Jennifer McCoy, and Levente Littvay. 2022. "Democratic Hypocrisy and Out–Group Threat: Explaining Citizen Support for Democratic Erosion." *Journal of Politics* 84(3), 1806–1811.

Singh, Shane P. 2010. "Contextual Influences on the Decision Calculus: A Cross–national Examination of Proximity Voting." *Electoral Studies* 29(3), 425–434.

Smidt, Corwin D. 2017. "Polarization and the Decline of the American Floating Voter." *American Journal of Political Science* 61(2), 365–381.

Smith, Daniel M. 2018. "Electoral Systems and Voter Turnout." In Erik S. Herron, Robert J. Pekkanen, and Matthew S. Shugart, eds. *Oxford Handbook of Electoral Systems*. New York: Oxford University Press.

Snyder, James M. and Michael M. Ting. 2002. "An Informational Rationale for Political Parties." *American Journal of Political Science* 46(1), 90–110.

Sobieraj, Sarah, and Jeffrey M. Berry. 2011. "From Incivility to Outrage: Political Discourse in Blogs, Talk Radio, and Cable News." *Political Communication* 28(1), 19–41.

Solt, Frederick. 2008. "Economic Inequality and Democratic Political Engagement." *American Journal of Political Science* 52(1), 48–60.

Solt, Frederick. 2015. "Economic Inequality and Nonviolent Protest." *Social Science Quarterly* 96(5), 1314–1327.

Stokes, Donald E. 1963. "Spatial Models of Party Competition." *American Political Science Review* 57(2), 368–377.

Stubager, Rune, and Rune Slothuus. 2013. "What Are the Sources of Political Parties' Issue Ownership? Testing Four Explanations at the Individual Level." *Political Behavior* 35(3), 567–588.

Taber, Charles S., and Milton Lodge. 2006. "Motivated Skepticism in the Evaluation of Political Beliefs." *American Journal of Political Science* 50(3), 755–769.

Tajfel, Henri. 1981. *Human Groups and Social Categories*. Cambridge: Cambridge University Press.

Tajfel, Henri. and John Turner. 1979. "An Integrative Theory of Intergroup Conflict." In William G. Austin and Stephen Worchel, eds. *The Social Psychology of Intergroup Relations*. Monterey, CA: Brooks Cole.

Tarman, Christopher, and David O. Sears. 2005. "The Conceptualization and Measurement of Symbolic Racism." *Journal of Politics* 67(3): 731–761.

Tate, Katherine. 1994. *From Protest to Politics: The New Black Voters in American*

Elections. Cambridge, MA: Harvard University Press.

Teixeira, Ruy A. 1992. *The Disappearing American Voter*. Washington, DC: Brookings Institution.

Tilley, James, and Geoffrey Evans. 2014. "Ageing and Generational Effects on Vote Choice: Combining Cross-sectional and Panel Data to Estimate APC Effects" *Electoral Studies* 33, 19-27.

Tilley, James, and Sara B. Hobolt. 2011. "Is the Government to Blame? An Experimental Test of How Partisanship Shapes Perceptions of Performance and Responsibility." *Journal of Politics* 73(2), 316-330.

Thomassen, Jacques J. A. 2005. *The European Voter: A Comparative Study of Modern Democracies*. Oxford: Oxford University Press.

Thomassen, Jacques, and Martin Rosema. 2009. "Party Identification Revisited." In John Bartle and Paolo Bellucci. *Political Parties and Partisanship: Social Identity and Individual Attitudes*. London: Routledge.

Tomz, Micheal and Robert P. Van Houweling. 2008. "Candidate Positioning and Voter Choice." *American Political Science Review* 102(3), 303-318.

Tversky, Amos, and Daniel Kahneman. 1981. "The Framing of Decisions and the Psychology of Choice." *Science* 211(4481), 453-458.

Uhlaner, Carole J. 1989. "Rational Turnout: The Neglected Role of Groups." *American Journal of Political Science*, 33(2), 390-422.

Van Hauwaert, Steven M., Christian H. Schimpf, and Flavio Azevedo. 2020. "The Measurement of Populist Attitudes: Testing Cross-National Scales Using Item Response Theory." *Politics* 40(1), 3-21.

Verba, Sidney and Norman H. Nie. 1972. *Participation in America: Political Democracy and Social Equality*. Chicago, IL: University of Chicago Press.

Verba, Sidney, Key Lehman Schlozman, and Henry E. Brady. 1995. *Voice and Equality: Civic Voluntarism in American Politics*. Cambridge, MA: Harvard University Press.

Wagner, Markus. 2021. "Affective Polarization in Multiparty Systems." *Electoral Studies* 69, 102199.

Ward, Dalston G., and Margit Travits. 2019. "How Partisan Affect Shapes Citizens' Perception of the Political World." *Electoral Studies* 60(4), 102045.

Wattenberg, Martin P. 1991. *The Rise of Candidate-Centered Politics*. Cambridge, MA: Harvard University Press.

Webster, Steven W., and Alan I. Abramowitz. 2017. "The Ideological Foundations of Affective Polarization in the U.S. Electorate." *American Politics Research* 45(4), 621–647.

Welzel, Christian. 2011. "The Asian Values Thesis Revisited: Evidence from the World Values Surveys." *Japanese Journal of Political Science* 12(1), 1–31.

Werner, Hannah, and Kristof Jacobs. 2021. "Are Populists Sore Losers? Explaining Populist Citizens' Preferences for and Reactions to Referendums." *British Journal of Political Science* 52(3), 1409–1417.

West, Emily A., and Shanto Iyengar. 2022. "Partisanship as a Social Identity: Implications for Polarization." *Political Behavior* 44(2), 807–838.

Westwood, Sean J., Shanto Iyengar, Stefaan Walgrave, Rafael Leonisio, Luis Miller, and Oliver Strijbis. 2018. "The Tie That Divides: Cross-national Evidence of the Primacy of Partyism." *European Journal of Political Research* 57(2), 333–354.

Wlezien, Christopher, Mark Franklin, and Daniel Twiggs. 1997. "Economic Perceptions and the Vote Choice: Disentangling the Endogeneity." *Political Behavior* 19(1), 7–17.

Wolfinger, Raymond E., and Steven J. Rosenstone. 1980. *Who Vote?* New Haven, CT: Yale University Press.

Zaller, John R. 1992. *The Nature and Origins of Mass Opinion*. New York: Cambridge University Press.

찾아보기

ㅇ

ㅈ

ㅊ